普通高等教育通识类课程精品系列

新时代大学生安全教育

主　编　朱金广　刘易国
副主编　杜占红　刘兴波　潘浩波
　　　　申　镇　刘　瑜

北京理工大学出版社
BEIJING INSTITUTE OF TECHNOLOGY PRESS

内 容 简 介

本书依据教育部颁发的《普通高等学校学生安全教育及管理暂行规定》和其他相关法律法规的规定，是一本由从事高校学生工作、校园综合治理、心理健康、校园安全稳定的一线工作者，结合日常工作职责和目前高校大学生的安全教育工作实践编写的教材。全书紧紧围绕大学生在校期间的各项行为活动，对国家安全、人身安全、财产安全、网络安全、交通安全、学习安全、生命安全、消防安全、心理健康等方面内容结合案例进行分析和系统阐述。书中融入了最新的国家安全、电信网络诈骗等方面的知识，旨在通过对在校大学生进行系统性的安全教育，促进其提高自身安全意识和应急防范处理能力，进而将教育教学工作科学地融为一体，保障莘莘学子身心健康地成人、成长与成才，从根本上减少影响校园安全稳定事件的发生，确保校园平安和谐。

全书结构完整、布局合理、内容新颖，既可作为高等院校开展大学生安全教育的基础教材，也可供普通大众参考、学习。

版权专有　侵权必究

图书在版编目（CIP）数据

新时代大学生安全教育／朱金广，刘易国主编. --北京：北京理工大学出版社，2024.4
ISBN 978-7-5763-3871-3

Ⅰ.①新… Ⅱ.①朱… ②刘… Ⅲ.①大学生-安全教育-高等学校-教材 Ⅳ.①G641

中国国家版本馆 CIP 数据核字（2024）第 085061 号

责任编辑：江　立	文案编辑：李　硕
责任校对：刘亚男	责任印制：李志强

出版发行 /	北京理工大学出版社有限责任公司
社　　址 /	北京市丰台区四合庄路 6 号
邮　　编 /	100070
电　　话 /	（010）68914026（教材售后服务热线）
	（010）68944437（课件资源服务热线）
网　　址 /	http://www.bitpress.com.cn
版 印 次 /	2024 年 4 月第 1 版第 1 次印刷
印　　刷 /	涿州市京南印刷厂
开　　本 /	787 mm×1092 mm　1/16
印　　张 /	15.75
字　　数 /	369 千字
定　　价 /	45.00 元

图书出现印装质量问题，请拨打售后服务热线，负责调换

前 言

党的二十大报告对青年寄予厚望，提出"全党要把青年工作作为战略性工作来抓，用党的科学理论武装青年，用党的初心使命感召青年，做青年朋友的知心人、青年工作的热心人、青年群众的引路人"。青年大学生是家庭的寄托、民族的希望、祖国的未来，他们的健康成长与安全，关系着社会的稳定与发展。大学生安全教育是高校思想政治教育的一个重要内容和组成部分，抓好大学生安全教育是高校构建平安校园、文明校园、法制校园的重要举措。对于大学生而言，安全教育是维护自身权益、保障自身安全的重要保障。

大学生正处于人生成长的关键时期，面临升学、就业等一系列人生重大课题，作为中国特色社会主义事业的合格建设者和可靠接班人，大学生增强安全防范意识，掌握必要的安全知识和安全防范技能，消除各种安全隐患，维护校园稳定，维护国家安全，刻不容缓。

作为高校思想政治工作者，编者在为每一件高校大学生受伤害事件深感痛心的同时，也在不断反思当前大学生安全教育中存在的缺陷和不足。俗话说"吃一堑，长一智"，亲身的经历和经验对人的教育是最深刻的。基于此，编者希望用大学生身边鲜活的案例警示身边人，使我们的青年大学生从其同龄人的教训中受到启发，帮助和引导他们提高安全意识、增强防护能力。

本书在编写过程中，参阅了大量的相关著作、教材、论文等研究成果，充分借鉴了其中许多的成果和思想，其中所选取的案例绝大部分都是发生在高校大学生身边的真实的典型案例，它们为本书的编写提供了坚实而丰富的内容基础，在此对相关研究者、整理者及编写者表示感谢！

最后，期望本书不仅仅是大学生的安全自救锦囊，还是他们健康成长的一道安全阀门。希望本书的出版，能助力营造高校的安全文化氛围，促使大家共建平安和谐校园。

目 录

第一讲　安全教育　任重道远 ·· (1)
　　第一课　大学生安全教育概论 ·· (3)
　　第二课　大学生安全教育的必要性 ······································· (6)

第二讲　国家安全　人人有责 ··· (12)
　　第一课　维护国家安全义不容辞 ··· (13)
　　第二课　国家安全教育　刻不容缓 ······································ (19)
　　第三课　正确认知危害国家安全行为 ···································· (23)

第三讲　人身安全　时刻注意 ··· (27)
　　第一课　校园社交安全　不容忽视 ······································ (29)
　　第二课　防范校园暴力　维护校园安全 ································· (33)
　　第三课　防范性骚扰　避免性侵害 ······································ (42)
　　第四课　学会正当防卫　确保自身安全 ································· (45)

第四讲　财产安全　防范为先 ··· (51)
　　第一课　如何防止被盗 ·· (52)
　　第二课　注意租房安全 ·· (58)
　　第三课　如何防范校外抢劫 ··· (61)
　　第四课　如何防止校园诈骗 ··· (65)
　　第五课　如何防范校园贷陷阱 ·· (70)

第五讲　网络安全　事关你我 ··· (77)
　　第一课　我国网络安全体系现状 ··· (78)
　　第二课　大学生应合理看待与使用网络 ································· (92)
　　第三课　大学生如何远离网络诈骗 ······································ (97)
　　第四课　大学生如何抵制网络成瘾 ······································ (104)

第六讲　交通出行　安全为要 ··· (110)
　　第一课　交通安全系心间 ··· (111)

第二课　出行安全要牢记 …………………………………………………(116)
　　第三课　旅行安全需重视 …………………………………………………(122)

第七讲　学习安全　筑牢防线 ……………………………………………(130)
　　第一课　运动安全 …………………………………………………………(131)
　　第二课　实验安全 …………………………………………………………(144)
　　第三课　实习与创业安全 …………………………………………………(150)

第八讲　生命安全　重于一切 ……………………………………………(159)
　　第一课　饮食与健康安全 …………………………………………………(160)
　　第二课　远离各种传染病 …………………………………………………(166)
　　第三课　面对险情，及时逃生 ……………………………………………(174)
　　第四课　沉着应对踩踏与恐袭事故 ………………………………………(184)

第九讲　消防安全　预防先行 ……………………………………………(188)
　　第一课　消防常识应掌握 …………………………………………………(189)
　　第二课　如何确保校园消防安全 …………………………………………(193)
　　第三课　煤气中毒重在预防 ………………………………………………(201)

第十讲　心理健康　共育成长 ……………………………………………(204)
　　第一课　心理健康基础知识 ………………………………………………(205)
　　第二课　大学生自我评价的偏差及调适 …………………………………(213)
　　第三课　大学生常见心理问题与解决途径 ………………………………(218)

附录1　中华人民共和国国家安全法 ………………………………………(223)

附录2　普通高等学校学生安全教育及管理暂行规定 ……………………(230)

附录3　学生伤害事故处理办法 ……………………………………………(233)

附录4　高等学校消防安全管理规定 ………………………………………(238)

参考文献 ……………………………………………………………………(246)

第一讲 安全教育 任重道远

素质教育导读

安全是人类生存发展过程中最基本的需求之一。它不仅关乎个体生命财产的安危，关乎家庭的美满幸福，更关乎社会的和谐稳定，关乎国家的长治久安。大学生作为一个庞大的群体，其安全教育还存在许多薄弱环节，加强对大学生的安全教育具有重大的理论和现实意义。

案例导入

既讲经典古训也讲惨痛案例　他的安全课学生抢着上

仙桃某化工企业爆炸事故现场，他埋头进行事故调查；黄冈某天然气公司里，他提供安全生产技术咨询；武汉某集团高处坠落和火灾事故预防工作中，他负责现场安全技术诊断；某化工园区里，他负责将企业事故隐患控制在萌芽阶段……

这个总是头戴安全帽出现在各类生产安全事故调查和安全技术指导现场的身影，其实是一名高校教师——来自武汉工程大学资源与安全工程学院（兴发矿业学院）的周德红。

作为国家级安全生产专家，周德红长期在企业生产一线，解决企业安全生产"瓶颈性"工程技术与管理难题，并以此反哺课堂教学，围绕我国"大安全"观和安全生产重大战略，强化学生工程伦理教育。

1. 从成语中汲取安全智慧，把课堂开到生产一线

周德红从事安全生产工作20多年，深知"没有良好的职业素养，很难成为一名合格的安全工程师"。如何让安全知识入脑入心，引起学生的重视呢？周老师不断探索教学方法，将历史典故融入专业知识。

"同学们听说过曲突徙薪的故事吗？"周德红将"曲突徙薪""防微杜渐""未雨绸缪"等成语典故引入课堂。课堂前10分钟，他安排学生自主讲解、演绎、讨论，从成语中汲取安全智慧。周老师常对学生说："等你们走上工作岗位，若还能记得这些小故事里的安全启示，这节课就没白上。"他将"居安思危""凡事预则立，不预则废"践行在课程实操中，教学生人工呼吸和心肺复苏、掌握"黄金救援四分钟"，彰显安全工程师的责任担当。

"尽最大努力避免事故的发生等于救人。"周老师把学生带到事故现场，参与调研；他把课堂搬进企业安全生产陈列室，用VR技术还原灾祸诱因，培养学生对安全生产的敬畏之心。

在周德红及团队的精心打磨下，这门《安全管理学》获批为国家级一流本科课程、教育部课程思政示范课程。"周老师的课上看不到学生'低头'上课、老师唱'独角戏'的场景，大家都听得津津有味、积极互动。"该学院专业老师吴燕玲老师说，"口碑是一届届传下来的，学生们都抢着上他的课！"曾有学生骑行8公里从老校区追到新校区，只为向周老师请教生涯规划的问题。

从教13年，周德红带了一届又一届学生，教案却从不落窠臼，他会每学期根据不同年级学生情况，更新教案和实验，激发学生课堂积极性。

2. 他一句鼓励的话，学生保存了10年

无论是作为一名专业课教师，还是作为班主任，周德红始终坚持为学生排忧解难，帮助学生成长成才。

李文是周德红老师2014级的硕士研究生，如今博士毕业后在省内一所高校任教。李文从专升本到读研、考博，求学之路十分坎坷。读研期间，周老师给了她最大的支持，"不论你遇到了什么困难，我都会是你的后盾。"周老师鼓励的话语，给了她挑战未知的底气。"读研至今已有10年，我换了3部手机，但当初周老师加油打气的截图，我一直存在手机里。"

学生小圆（化名）因家庭原因，加之高考发挥失常，入校时十分内向，几乎不与他人交流，还接连逃课打游戏、夜不归宿，愁坏了家长。

"每个学生都是一张白纸，都具有很强的可塑性。"为了发掘小圆身上的闪光点，周老师安排小圆担任班干部。一次偶然，周老师发现小圆擅长电脑操作，便请小圆帮忙维修电脑，一来二去，两人有了交流的话题。此后但凡与计算机相关的比赛，周老师都推荐并亲自指导他参赛，竞赛经历和获奖体验唤起小圆对学习的兴趣，性格也越来越阳光。

大四，小圆主动找周老师咨询未来规划，周老师鼓励他继续深造。小圆不负期待，最终考上中国矿业大学研究生，圆了自己的名校梦。

在周德红"不放弃每一个学生"的育人理念背后，他当班主任的那届，两个班的学生100%实现高端就业，考研学生中90%被"211"和"985"高校录取。

这些年，周德红指导学生参加大学生创新创业计划训练项目获批国家级项目2项、省级项目1项，指导学生参加学校大学生"互联网+"创新创业项目荣获一等奖1项、二等奖1项、三等奖1项。

（资料来源：楚天都市报2023年8月14日）

案例点评：

以上案例中的周德红老师，就是一个长期在企业生产一线，解决企业安全生产"瓶颈性"工程技术与管理难题的安全管理专家，也是一个以生产安全管理理念来反哺课堂教学，常年在高校教育中坚持围绕我国"大安全"观和安全生产重大战略两大主题进行教学的一线教师。通过以上这个案例，我们欣慰地看到，周老师的善举不仅加强了他所在学校的安全教育工作，还带动并鼓励了少数"愁坏了家长"的"问题学生"的积极转变与成长、促进了家校和谐发展。

第一课　大学生安全教育概论

一、大学生安全教育的内涵

什么是安全？所谓安全就是指人的身心、财产、隐私、尊严等没有危险，不受危害损失，它既包括国家、社会层面的安全，也包括人类及个体的安全。安全是人类生存和发展最基本的需要，是生命和健康的基本保障。

什么是安全教育？所谓安全教育既指教育者对教育对象施加的以安全问题为主要内容的系统性教育活动和教育影响，也包括教育对象进行的自我安全教育。

什么是大学生安全教育？所谓大学生安全教育是指高校依照国家有关法律、法规，组织教师对大学生进行国家安全法规、学校安全规章及纪律、安全防范知识和技能教育的活动。

高校对大学生进行安全教育，旨在引导大学生树立正确的世界观和人生观，增强其安全意识与法制观念，提高其安全防范、自我保护和应急救护的能力，最终促进大学生的全面发展，维护社会的安全稳定。

二、大学生安全教育的主要特征

大学生安全教育既具有教育的一般特征，也具有其特殊性。概括来讲，大学生安全教育的特征主要表现为以下几个方面。

（一）全面性

一方面，安全教育是大学生综合素质教育的重要组成部分，是面向全体大学生的安全素质教育；另一方面，安全教育涉及的内容丰富，种类繁多，因此，在开展安全教育时要面向全体学生，使学生全面掌握安全知识和技能，保障和促进学生综合素质的整体提升。

（二）实用性

进行安全教育的最终目的是通过提升大学生的安全意识，防范安全事故、安全灾害的发生。而要实现这样的安全教育目的，应当通过学习、生活、工作中的活动去实践。因此，在对学生进行安全教育时，教师和安全教育实际工作者不能仅仅把安全教育停留在空洞的说教上，只是让学生了解安全知识和技能，还应采取现场说法、案例分析、模拟演练、实习实践等形式，让学生在实践中学习、锻炼和提升。

（三）长期性

安全教育不可能一蹴而就，必须长期坚持。绝大多数学生在学习、生活、工作中很难遇到刻骨铭心的安全事故和安全灾害，容易认为安全事故、安全灾害离自己很远，导致自身整体的安全意识不强，加之学习安全知识和安全技能后不经常使用，掌握的安全知识很容易淡化。所以，在开展安全教育时，必须根据安全形势的需要，以灵活多样的方式方法，开展经常性的安全教育，使安全教育常态化、制度化、科学化，从而不间断地巩固学生的安全意识、安全知识和技能，实现其递进强化的效果。

（四）创新性

随着科学技术的迅速发展和人类生产、生活方式的变化，诱发安全事故、安全灾害的因素也在不断地发生改变。大学生已有的安全意识、安全知识和技能，随着时间的推移和环境、条件的不断变化，也需要不断地更新和创新。因此，教师和安全教育实际工作者要积极主动地结合新知识、新技术、新案例、新技能，教育学生与时俱进地掌握安全知识，增强安全意识，提升安全技能，排除学习、生活中的安全隐患，正确应对新型安全事故和安全灾害。

三、大学生安全教育的目标

大学生安全教育具有重要的目标指向，在于使大学生在安全意识、安全知识和安全技能三个层面取得进步。

（一）意识层面目标

通过安全教育，大学生应当彻底走出不把安全问题当回事的思想认知误区，牢固树立"安全重于泰山""安全无小事"的安全观念，形成"安全第一"的安全意识；培养树立积极正确的社会安全责任感，把安全问题与个人发展和国家需要、社会发展相结合，为构筑平安中国、平安社会、平安校园做出积极的努力。

（二）知识层面目标

通过安全教育，大学生应当了解和具备基本的安全知识；学习和掌握与安全问题息息相关的法律法规和校纪校规；学习和掌握安全问题所包含的基本内容与诱发因素；学习和掌握必要的安全信息、相关的安全问题分类及安全保障的基本知识。

（三）技能层面目标

通过安全教育，大学生应当了解和掌握安全防范技能、安全信息搜索与安全管理技能；了解和掌握以安全为前提的自我保护技能、沟通技能、问题解决技能；了解和掌握必要的急救技能；养成在日常生活和突发安全事故、安全灾害中正确应对的行为习惯，最大程度预防和减少安全事故和安全灾害对自身造成的危险与伤害，从而保障自身健康快乐地成长。

四、大学生安全教育的原因分析

近年来，高校校园安全和大学生安全问题得到了党和政府的高度重视，对大学生的安全教育已纳入社会主义法制轨道。1992年颁布的《普通高等学校学生安全教育及管理暂行规定》（具体详情见附录2）中明确指出："高等学校应将对学生进行安全教育作为一项经常性工作，列入学校工作的重要议事日程，加强领导"。此外，在《高等教育法》《高等学校学生行为准则（试行）》《高等学校校园秩序管理若干规定》等法规中，也都明确了高校在大学生安全教育管理中的权利和义务。2002年6月25日教育部令第12号公布的《学生伤害事故处理办法》（具体详情见附录3）则从法律法规层面将开展大学生安全教育、依法治校确定为高校的法定义务，推动了高校各级组织对大学生安全教育的管理工作。

然而在工作实践中，我们发现高等院校对大学生的安全教育工作尚存不足，大学生的安全状况、安全意识和安全技能等现状不容乐观。在安全状况方面，近年来随着高等教育改革和高校建设步伐的加快，高校对外交流机会增多，办校规模和招生人数扩大，高校及其周边治安状况日趋复杂，各类刑事、治安案件时有发生，不安全因素增多。

据新京报2023年2月23日报道，从公安部获悉，在2022年校园安全专项整顿工作中，全国公安机关累计排查整改各类校园安全隐患72万处，清理整治校园周边治安乱点

12万处，排查化解涉校涉生矛盾纠纷2.2万起。2022年涉校刑事案件同比下降30.7%，涉校刑事案件连续10年下降。

虽然这种情况在好转，但还是可以从中看出校园安全隐患的存在，并且无法完全避免涉校涉生矛盾纠纷、刑事案件的发生。

上述高校不安全局面的形成因素较多，主要原因在于以下两个方面。

(一) 客观方面

第一，高校与国际接轨，校园实行开放式管理，进出校园的校外人员流量猛增；第二，高校后勤社会化，校内外聘人员、临时工增多，进校经商的社会人员增多；第三，随着经济、社会的发展，学生的娱乐和消遣方式呈多样化，校园及其周边的娱乐场所虽然迅速增多，但配套的规范管理并不到位，各类娱乐场所成为治安事件的多发地点；第四，在应试教育和独生子女两大背景下，大学生的生理与心理年龄差距增大，少数当代大学生进入大学后普遍缺乏安全意识和安全防范基本常识，部分学生心理素质较差，遇到挫折或失败时，易走极端，导致事故发生。

(二) 主观方面

主观方面表现为高校在大学生安全教育中的缺位，其具体表现在以下几个方面。

(1) 部分高校管理层对大学生安全教育的认识不足，安全教育在高校日常工作中的重要程度得不到体现。

(2) 安全教育在高校各部门中权责划分不明晰，某些二级学院认为安全教育是保卫部门的工作，而保卫部门或是认为安全教育是学院和教育部门的责任，或是因"无权管辖"而兴叹。

(3) 现有安全教育无体系可言，没有规范的教材，没有固定的课时和相应的学分，没有专职教师从事安全教育，因此，多数的大学生安全教育流于形式，"任务来了一阵风，任务走了都轻松"。

(4) 安全教育经费不足，安全教育与其他课程相同，需要投入一定的人力、物力才能取得预期的效果，而现实中，鲜有高校能够将安全教育作为一个常规项目给予足够的经费支持，导致不少好的安全教育活动无法开展，或不能满足年轻受众的需求。

以大学生在安全意识和安全技能方面的调查为例，有调查显示：52%的大学生曾在寝室违规使用电器，71%的大学生不知道如何使用灭火器，43%的大学生对安全防范抱有侥幸心理；80%的受调查人员的消防观念仅仅局限于火警电话119或发生火灾后等待消防队员的扑救，对于消防监督、火灾隐患整改、火场逃生和疏散以及如何加强消防工作感到茫然；63%的受调查人员对消防防范工作认识不清或持无所谓的态度。由此可见，在各个大学开展大学生安全教育工作势在必行，如此才能为全校师生的安全保驾护航。

安全知识互动 >>

1. 简述大学生安全教育的内涵、特征与目标。

2. 请结合自己对于身边的校园安全事故，对大学生是否有必要接受安全教育做一个总结性的论述，不少于500字。

第二课　大学生安全教育的必要性

安全是社会发展的基础,是人类个体发展的基本保证。高等院校的安全稳定,不仅关系到师生员工的合法权益和人身财产安全,也是大学生在校学习、生活、成长和全面发展的根本前提。近年来,我国高等教育事业的快速发展使高校学生管理工作面临许多新的问题和挑战,管理的对象变得数量巨大化、形式多样化、内容复杂化,公共安全已成为学生管理的重点和难点问题。据有关部门统计,近年来高校每年非正常死亡人数占学生总数的万分之 0.5 至万分之 0.7。而成为热点和焦点话题的失窃现象也比比皆是,近年来高校内单车、书包、手机、计算机、钱包等物品被盗事件,更是破案工作的难点。

因此,加强大学生安全教育,提高大学生安全防范意识,掌握安全方面的知识和应对处理突发事件的措施和办法,对确保大学生安全、顺利完成学业,维护高校治安、社会稳定,有着重大意义。

一、我国高校安全现状

(一) 校园治安状况及特点

总体来说,高校的治安状况良好,校园安全保卫力量较强,学校安全环境不断得到改善。但是,近年来随着高校开放程度不断扩大,学生人数不断增加,外来人口大量涌入,刑事、治安案件呈上升趋势。这类案件的特点主要有以下几点。

1. 盗窃案件居高不下

在某省高校 2021 年上半年 400 余起案件中,盗窃案件 337 起,其中重大案件 109 起。在重特大案件中,盗窃案件占 47.18%。2021 年 3 月 10 日、24 日,海南某高校学生宿舍连续发生多起盗窃案件。2018 年 1 月,湖南某高校连续发生 6 起盗窃案。2019 年 3 月,安徽某公安局抓获一名校园惯犯,通过审讯,犯罪嫌疑人盛某供述了作案事实,自 2015 年以来,他多次通过自制的三环锁针形开锁器开锁,串入宿舍内对学生的笔记本电脑、手机、照相机等财物实施盗窃,已经查证落实的案件 40 余起,涉案价值高达 10 多万元。

2. 诈骗案件增多

2021 年 1 至 6 月,某高校诈骗案件共发生 32 起,比 2012 年同期增加 21 起。2017 年,据不完全统计,有据可查的校园贷诈骗案的受骗人数约 3 679 人,涉案金额达 5 496 余万元,涉及全国 22 个省市。

3. 恶性案件时有发生

2005 年 3 月 14 日晚上,某高校机电工程系学生余某在校园内被人用刀捅死;2008 年 5 月 13 日,某高校电子与信息工程学院学生饶某在寝室内被同班同学杀死;2013 年 6 月,徐州某高校一名女大学生在当家教时惨遭杀害;2014 年 9 月,连续 3 所高校的 3 名女大学生分别在返校途中遇害;2018 年 11 月 23 日,云南某高职院校发生一起持械伤人事件,造成 1 名学生死亡,11 人(含两名教师)受伤。

4. 公共场所失窃多

高校的宿舍、食堂、图书馆、体育馆、教室、操场等公共场所，人员较复杂；由于有些学生安全意识差，吃饭时用书包占座，洗澡时携带贵重物品，下课时忘拿手机、书本，宿舍不关门等行为，致命失窃案件屡屡发生。

据相关统计数据显示，宿舍发案次数最多，占44%；教室次之，占21%；再次为停车场、操场、食堂等场所，占35%。由此可见，校园盗窃的犯罪区域集中在宿舍、教室、食堂、图书馆等公共场所。

5. 外来流动人员作案比例高

中国高校传媒联盟曾针对"高校校园安全问题"向全国100余所高校的601名大学生发起问卷调查。调查结果显示，7.58%的受访大学生在校内遭遇过校外不明人员的骚扰；65.24%的受访大学生表示，虽然自己没有遭遇过不明校外人士的骚扰，但周围的同学有过这种遭遇。以某省高校为例，2018年1至6月抓获的85名犯罪嫌疑人中有57名是外来流动人员，占比为67%。

6. 少数大学生参与作案

有些大学生人生观、价值观扭曲，对自己的不良意识缺乏理性的控制，导致违法犯罪。在高校发生的案件中，有些作案人是在校大学生。例如，在某高校2021年抓获的37名犯罪嫌疑人中，在校大学生就有18人（男14人，女4人）；在已破获的21起学生宿舍被盗案件中，有15起是在校大学生所为。

（二）高校成为不法分子作案的重点目标

近年来，随着国家经济的不断发展，老百姓的生活不断改善，大学生手中的零用钱越来越多，计算机、手机、相机一应俱全。这就使社会上的一些不法分子把目光转向了高校。有的诈骗、抢劫、盗窃团伙专"吃"高校，而一些师生又不按规定保管公、私财物，使犯罪分子很容易得手。

1. 不法分子混入校园内实施盗窃、诈骗

2017年某高校保安人员抓获一名专门在高校行窃的犯罪分子，她在供述中谈到之所以到高校作案，一是高校门卫看守不严，进出方便；二是上午8至10点学生、老师上课，治安防范薄弱，容易得手；三是大学生有钱，现金和手机等贵重物品多，得手后收获大；四是大学生丢东西后不及时报案，容易脱身。因此，她先后在高校作案30余起，获得赃物、赃款数万元。

2. 不法分子将大学生引出校外实施犯罪

每逢大学生打工的旺季，一些非法中介公司抓住学生急于打工赚钱的心理，收取高额的中介费却不履行合同，造成不少大学生上当受骗。例如，小李是某高校大三学生，2019年7月初，他通过一家中介公司找到一份推销员的工作，中介让他交纳产品抵押金500元，他一时无法交纳，后返回中介公司欲要求其按约定另换岗位，却发现该中介公司已是"人去屋空"，门口已经围着十来个要求退款的求职者，此时他才知道遇到了"皮包公司"。

3. 不法分子利用网络设骗局

随着网络的普及和科技的发展，信息传播的速度和广度大大提高，由于网络信息的传

播速度快，真假难以分辨，犯罪分子利用这些特点，在网上设置骗局诱人上当。

例如，2021年12月，某高校大一新生小杜回家心切，在网上订购了一张机票。不久，自称是航空公司的工作人员打来电话，告知机票已出票，但是由于机器故障，需要小杜拨打某电话"激活"。小杜拨打了该电话后，被告之"激活"需要在ATM（自动取款机）上输入验证码。

小杜鬼使神差地来到ATM旁插入银行卡按照提示不断输入验证码，后来才得知，所谓的"验证码"其实是转账的金额。等小杜反应过来自己上当时，已被骗走了9 852元。

（三）大学生缺乏必要的安全防范意识

高校校园刑事、治安案件居高不下，除了犯罪分子活动猖獗及内部防范相对薄弱外，大学生缺乏安全防范意识是重要原因，其主要反映在以下几个方面。

1. 独立生活能力不强，对财物疏于管理

据有关统计，近年来，高校发生最多的是盗窃案，失窃的地点多是学生宿舍，而在失窃物品中，较多的是笔记本电脑或手机等贵重物品。这说明部分大学生缺少独立生活的经验，防盗意识较差，经常在宿舍无人或休息时不锁门关窗，对贵重财物疏于管理，随意乱丢乱放，使盗贼有机可乘。

例如，2023年2月13日，某高校大二学生朱某将手机放在床上，在未锁门的情况下出去踢球，回来时发现手机丢失；2022年3月5日，某高校大一学生孙某把手机放在桌上充电，开着门离开，几小时后回来发现手机丢失；2021年12月，某高校音乐舞蹈专业学生何某将新买的手机放在床上，到公共卫生间洗漱，未关门，几分钟后回寝室发现手机丢失；2020年6月，某高校多间学生宿舍发生失窃，共有13台电脑和6部手机被盗，价值近10万元。经调查，多间宿舍门窗未关，小偷是从二楼窗户爬进宿舍进行行窃的。

2. 自我保护意识不强

大学生由于缺乏社会经验，思想比较单纯，自我保护意识薄弱，有时会轻易相信陌生人，对社会上的人和事的辨识能力不强，对可能遇到的危险认识不足，容易导致人身和财产遭受侵害。

例如，2023年6月，某高校学生陈某在校外阳光商厦附近打电话时，遇见一个外地女青年与其搭话，对方谎称自己的钱用完了，父亲打算汇钱过来，但自己又无账号，想借账号和储蓄卡用一下。这位同学欣然同意，结果"帮助"女青年从自己的卡上骗走了5 000元现金，等这位同学发现自己上当时，那个人早已不知去向。

3. 安全意识淡薄

很多大学生安全意识不强，不愿意认真遵守相关的安全规定，往往会因小失大，造成严重的后果。

例如，2018年11月，上海某高校女生在六楼宿舍内违规使用"热得快"电热棒，由于忘了及时拔掉电源插头，导致火灾，4名女生跳楼身亡；2017年2月，兰州某医学院女生宿舍违规使用电热棒，引起火灾，所幸消防人员及时扑灭，才没有造成人员伤亡；2014年6月，河北某高校5名男生和3名女生在邯郸市光明南桥一烧烤摊就餐。其中一男生不知何因落入水中，其他4名男生相继跳水施救。随后2名男生爬上岸，而跳水施救的另外2名男生和落水者没有爬上岸。后经医院护士证实，3名男生已经死亡。

二、高校实行大学生安全教育的必要性

随着高校改革开放深入，大学生的生活空间和交流领域也不断拓宽。在校期间，他们除了进行正常的学习、生活外，还需要走出学校参加各种的社会实践活动。在这种情况下，如果缺乏必要的社会生活知识，尤其是安全知识，势必会导致各种安全问题的发生。因此，加强大学生的安全教育，增强安全意识和自我防范能力刻不容缓。

（一）加强大学生安全教育，是维护国家安全和利益的需要

首先，从国家面临的安全环境来看，当前我国面临的环境复杂多变，安全形势不容乐观。主要表现为境外敌对势力和间谍情报机构为达到分化、西化中国的目的，一方面利用各种渠道，以公开或秘密的方式，传播西方的政治和经济模式、价值观念及腐朽的生活方式，培养和平演变的"内应力量"。另一方面采取物质利诱、出国担保等手段，或打着学术交流、参观访问、洽谈业务等幌子，刺探、套取、收买国家和单位秘密。

其次，大学生对国家安全也存在着种种模糊的认识。

（1）大学生对国家安全还停留在军事、战争、国防、领土、情报等一些传统的、局部的认识上。当前，国家安全既包括国土安全、主权安全、政治安全、经济安全、国防安全、国民安全等传统内容，也包括文化安全、科技安全、金融安全、信息安全等新内容。因此，全方位理解国家安全，有助于端正大学生的思想认识，增强其国家安全意识。

（2）讲国家安全，大学生会自然联想到美国的中央情报局、联邦调查局及国家安全机关、军队、警察，这种把国家安全等同于情报间谍活动的认识，使大学生不能自觉地把维护国家安全与自身的责任联系起来，或多或少、有意无意地认为"国家安全与自己无关"。

（3）随着我国经济发展、社会稳定、人民安居乐业，国际地位不断提高，和平环境使大学生自觉或不自觉地对国内外敌对势力的破坏活动放松了警惕，淡化了安全意识，认为"对外开放无密可保""和平期间无间谍"等。由于思想麻痹，国家的一些机密被泄露，更有甚者经不起诱惑，不惜出卖情报，给国家安全和利益造成重大损失，教训极为惨痛深刻！

总之，我国面临着复杂严峻的安全形势，而大学生的国家安全意识又相对薄弱，迫切需要对大学生进行安全教育，使他们了解国家安全知识，树立新国家安全观，这既是必要的，也是紧迫的。

（二）加强大学生安全教育，是高校治安形势的需要

随着改革开放的不断深入，高校由过去的封闭型办学变为开放型办学，由一般教学、科研机构，变为教学、科研、生产、商贸等多元化的社会机构。当前高校管理方式社会化，办学形式多样化，学生结构复杂化，校园与社会相互交叉、相互渗透，校园治安形势日趋复杂。其主要表现为以下几点。

1. 校园环境日趋社会化、复杂化

随着高等教育事业的发展和改革开放的深入，高校由原来单一的教学封闭转变为全方位、多功能、开放型的"小社会"。校园内不仅有教学区、生活区，有的还混杂家属区、居民区；不仅有教学、科研设施，还有工厂、公司、超市、书店、银行、邮局、医院、招待所、影剧院等生活服务设施和机构。一所高校就像一个小型城市，这种复杂的环境，客观上也给高校的安全造成诸多不利因素。社会上的一些不法之徒，时常窜入高校进行盗

窃、抢劫、诈骗等犯罪活动，有的甚至危害师生的人身安全，直接影响学校的安全稳定。

2. 外来人员涌入校园，给学校的治安管理带来困难

随着高校后勤社会化的形成，大量的社会人员来校务工、经商。他们当中大部分人文化素质偏低，法制观念淡薄，流动性较大，不易管理，部分外来人员违法犯罪现象比较突出。据调查，高校外来人员引发的案件占高校刑事、治安案件的40%以上。有的外来务工人员在工作以外的时间，惹是生非，寻衅滋事；有的以打工做掩护，盗窃学校公私财物；也有的聚众赌博、打架斗殴，严重扰乱了校园治安秩序。

3. 多校区运营，交通安全存在较大的隐患

高校合并办学，打破了学校独门独院的办学格局。由于校区分散，相邻校区间的人流、车流、物流互动，有的院（系）学生每天从甲校区到乙校区上课或去图书馆学习，校区之间人员流动性增大，稍有疏忽，就容易发生交通事故。

4. 校园周边治安环境日趋复杂

当前高校周边治安形势仍然严峻，引发校园及周边地区治安问题的消极因素仍然大量存在，侵害学校师生人身及财产安全的治安、刑事案件时有发生。有关统计数据表明，高校校园内外发生的刑事、治安案件或安全问题，大多数与学生本身相关。这些案（事）件的发生，不仅会给学生本人及其家庭造成伤害，而且会直接影响到学校正常的教学、生活秩序，严重时将危及整个社会的稳定。

因此，在社会治安形势严峻、高校周边治安环境复杂、校园治安形势不容乐观的情况下，加强大学生安全教育，提高他们的安全防范能力，可以有效地减少和避免发生在大学生中的各种安全问题，从而起到维护高校安全和稳定的积极作用。

（三）加强大学生安全教育，是大学生自我完善的需要

大学阶段，是大学生人生当中人格发展与完善的关键时期。近年来，在校园内外发生了许多学生意外伤害事故，究其原因虽然各不相同，但都有一个共同点，就是大多数当事学生对事故的发生没有任何心理准备和自我保护意识，面对伤害不知所措。尤其是有少数大学生从小在父母和老师的呵护下长大，社交需求强烈，但经验不足，思想比较单纯，对社会上的不良风气和一些坏人坏事不能做出理性的认识，因而出现了很多不该发生的事故。

（四）大学生安全教育是适应高校改革的需要

随着我国高等教育事业的蓬勃发展和各项改革的不断深化，多层次、多形式办学格局已经形成，后勤社会化改革也在逐步深入，市场经济的触角迅速地伸入校园，校园已由过去封闭型的"世外桃源"变为开放型的"小社会"。社会上的服务行业，校园里几乎都有，且各类从业人员和消费者（包括学生）参与其中，使得学校的安全保卫工作更加困难，防不胜防。有的不法之徒伺机作案，导致大学生成为被侵害的直接对象，人身和财产安全常遭受不法侵害。因此，加强对大学生的安全教育与管理，让大学生有针对性地学习必要的安全知识和法律法规，掌握必备的安全防范技能，增强遵纪守法观念和安全防范意识，提高自我保护能力，对于预防和减少违法犯罪，具有十分重要的意义。

（五）大学生安全教育是提高大学生综合素质的需要

我国的大学生安全教育，经过漫长的历史发展，已逐步由低级走向高级、由不成熟走

向成熟。今天，大学生安全教育已发展为一门学科并进入课堂。随着我国改革开放步伐的加快，社会经济文化快速发展，教育事业发展迅猛，学生的毕业就业问题逐步显现，人才市场竞争激烈，用人单位对综合素质高的人才青睐有加，而良好的安全意识和一定的安全知识正是体现大学生综合素质的重要指标。从实践看，全国高校已普遍将安全教育列为学生入学教育的重要组成部分，有关的教育手册、资料日益丰富，大大方便了学生的学习。通过这样的方式，大学生的法律意识和安全防范意识将普遍得到提高。

三、如何开展大学生安全教育

（一）安全教育主体权责明确

高校保卫部门，具有特有的人力资源和对本校及周边环境熟悉的优势，应当成为高校中开展大学生安全教育工作的责任单位。同时，高校内部其他相关部门，如学生管理、教育、后勤保障等部门，应当根据各自的职能和特点，共同做好配合工作，最终形成"齐抓共管"的良好工作格局。

（二）安全教育系统化、常规化

大学生的安全素质，包括安全意识和安全技能，与政治素质、法律意识等一样，是大学生自我修养的重要组成部分，应当被列入大学生基础课程中，并配给适当的学分。同时，教育管理部门，应当尽量为安全教育课程安排固定的课时和教师。通过上述措施，建立起安全教育的长效机制，避免形式主义。

（三）安全教育应手段丰富，能够吸引年轻学生

由于安全本身的内涵与外延极广，安全教育所涵盖的内容也应相对全面，以使受教育者掌握尽可能多的安全知识，从而实现教育目的。同时，由于大学生这一群体的特殊性，安全教育手段应当丰富多彩，利用前沿的教学手段和技术，以保证受教育者参与的积极性。近年来，某些高校在学校安保工作实践中，尝试开展了贴近学生安全教育，诸如主题征文、知识竞赛和座谈等活动，对于提高学生的安全意识具有良好的效果。

安全知识互动 》

1. 请结合正文中的案例，说说自己对于大学生安全教育的看法。
2. 回顾一下自己经历过的校园安全事故，总结造成该事故的原因和以后应注意的问题。
3. 对于高校安全教育课程，你有一些什么看法与意见，请以书面形式回答（不少于600字）。

第二讲
国家安全 人人有责

素质教育导读

党的二十大报告强调："青年强，则国家强"。大学时期是国家安全意识养成的最重要的时期，但大部分大学生对国家安全还停留在军事、战争、国防、领土、情报、间谍这样一些传统的、局部上的一些认识。因此，对大学生实施国家安全教育，有利于端正大学生的思想，提高大学生的国家安全意识，构筑牢不可破的精神长城。同时对于维护我国的国家安全，也具有深远的现实意义和战略意义。

案例导入

刘某出卖国家核电资料案

据国家安全机关 2020 年 11 月披露，河南省平顶山市某企业技术人员刘某，曾在多家招聘网站上投放个人简历，最终被境外间谍以"兼职"名义拉拢策反。境外间谍除向刘某打听雄安新区建设情况、整体规划情况等以外，还要求刘某搜集指定的国内某家核电站的现场施工图片以及相关图纸，出价 6 万元。就在双方准备交易时，该市国家安全机关的办案人员将刘某抓捕归案，涉案的电脑、手机等工具也同时被扣押。

幸运的是，国家安全机关的及时介入，阻止了我国家相关秘密的外泄，避免对重要能源基础设施安全造成重大损害。后经平顶山市中级人民法院依法审判，刘某因犯为境外刺探、非法提供情报罪，受到法律的惩处。博士学历的刘某为自己的犯罪行为付出了沉痛的代价。他在接受惩罚的同时，也希望人们以他为戒，提高警惕。反奸防谍，从自身做起。

（资料来源：https://wenku.baidu.com/aggs/3b47394bcf84b9d528ea7a65.html？_wkts_=1696384435729&bdQuery,http://www.thepaper.cn/newSDeta:l_forward_9796991）

案例点评：

刘某坦言自己起初只是抱着兼职的目的，并没有意识到对方的复杂身份。随着深入交流，对方搜集我国境内敏感信息的目标逐渐暴露，自己却很"傻"，仍然和对方保持联系。分析原因，一方面是自己法律意识和国家安全意识淡薄，防范意识和保密意识不强；另一方面就是自己受金钱利益的诱惑和驱使，且抱有侥幸心理，才一步步走向犯罪的深渊。

第一课　维护国家安全义不容辞

一、什么是国家安全

国家安全是国家的基本利益，是一个国家处于没有危险的客观状态，它既包括国家没有外部的威胁和侵害，也包括没有内部的混乱和疾患。

(一) 国家安全是国家没有外部的威胁与侵害的客观状态

所谓外部的威胁与侵害，大致可分为外部自然界的威胁和侵害与外部社会的威胁和侵害两大类，但由于国家安全是一种社会现象，国家的外部威胁和侵害也就主要是指处于一国之外的其他社会对本国造成的威胁和侵害。

从威胁和侵害者看，这种外部威胁和侵害包括其他国家的威胁；非国家的其他外部社会组织和个人的威胁，如某些国际组织或地区组织对某国的威胁和侵害；国内力量在外部所形成的威胁和侵害，如国内反叛组织在国外从事的威胁和侵害本国的活动。

(二) 国家安全是国家没有内部的混乱与疾患的客观状态

危及国家生存的力量不仅来源于一个国家的外部，而且还时常来源于一个国家的内部。国内的混乱及其他各种形式的疾患，都会直接危害到国家生存，造成国家的不安全。因此国家安全必然包括没有内部混乱和疾患的要求。仅仅是没有外部的威胁和侵害，国家并不一定就会安全。

(三) 国家安全是同时没有内外两方面的危害

只有内外两个方面统一，才是国家安全的特有属性。无论是"没有外部威胁"，还是"没有内部混乱"，都不是国家安全的特有属性，由此并不能把国家安全与国家不安全完全区别开来，单独从这两方面的任何一方面来定义国家安全都是片面的、无效的。但是，如果把这两个方面结合起来，表述为"既没有外部威胁和侵害，又没有内部混乱与疾患"，那么这就把国家安全与国家不安全区别开了，因而也就抓住了国家安全的特有属性，从而就形成了一个真实有效的定义，"国家安全是国家既没有外部威胁和侵害也没有内部混乱与疾患的客观状态"。

二、《中华人民共和国国家安全法》是为了维护国家安全而制定的法律

《中华人民共和国国家安全法（2015）》第二条指出："国家安全是指国家政权、主权、统一和领土完整、人民福祉、经济社会可持续发展和国家其他重大利益相对处于没有危险和不受内外威胁的状态，以及保障持续安全状态的能力。"

《中华人民共和国国家安全法》是为了维护国家安全，保卫人民民主专政的政权和中国特色社会主义制度，保护人民的根本利益，保障改革开放和社会主义现代化建设的顺利进行，实现中华民族伟大复兴，根据《中华人民共和国宪法》制定的。

2015年7月1日第十二届全国人民代表大会常务委员会第十五次会议通过了《中华人民共和国国家安全法》（具体详情见附录1）。该法将每年的4月15日定为全民国家安全

教育日。此前的《国家安全法》于 1993 年制定，主要是规定国家安全机关的职权和以反间谍工作为主要内容的，已难以适应全面维护各领域国家安全的需要，于 2014 年 11 月 1 日被废止，其大部分内容进入新修订的《中华人民共和国反间谍法》。新的《国家安全法》对政治安全、国土安全、军事安全、经济安全、文化安全、社会安全、科技安全、信息安全、生态安全、资源安全、核安全 11 个重点领域的国家安全任务进行了明确，共 7 章 84 条，自 2015 年 7 月 1 日起施行。

三、国家安全的主要内容

2014 年 4 月 15 日，中央国家安全委员会第一次会议在北京召开，会上提出 11 种国家安全：政治安全、国土安全、军事安全、经济安全、文化安全、社会安全、科技安全、信息安全、生态安全、资源安全、核安全。

（一）维护政治安全

政治安全，主要是指一个国家由政权、政治制度和意识形态为要素组成的政治体系，相对处于没有危险和不受威胁的状态，以及面对风险和挑战时能及时有效防范、应对，从而确保国家良好政治秩序的能力。政治安全是国家安全的根本。习近平同志在十九届中央国家安全委员会第一次会议上强调，坚持人民安全、政治安全、国家利益至上的有机统一，人民安全是国家安全的宗旨，政治安全是国家安全的根本，国家利益至上是国家安全的准则，实现人民安居乐业、党的长期执政、国家长治久安。习近平同志关于政治安全的系列重要论述，深刻阐明了维护国家政治安全的极端重要性，明确提出了中国特色社会主义进入新时代维护国家政治安全的新要求，具有鲜明的时代性、强烈的针对性、科学的指导性，是做好维护国家政治安全工作的根本遵循。

（二）维护国土安全

党的二十大报告指出："我们要坚持以人民安全为宗旨、以政治安全为根本、以经济安全为基础、以军事科技文化社会安全为保障、以促进国际安全为依托，统筹外部安全和内部安全、国土安全和国民安全、传统安全和非传统安全、自身安全和共同安全，统筹维护和塑造国家安全，夯实国家安全和社会稳定基层基础，完善参与全球安全治理机制，建设更高水平的平安中国，以新安全格局保障新发展格局。"

完善国土安全法律法规体系，依法维护国土安全，是贯彻全面依法治国战略、加强国家治理体系建设的必然要求。要从法律上进一步明确维护国土安全的任务、原则、方式和手段，确保各项工作有法可依、有法必依、违法必究，如制定综合性海洋立法、加强管辖海域内的司法执法。事实证明，法律法规完全可以成为维护国土安全工作的有力武器。《反分裂国家法》的施行，对促进海峡两岸关系和平发展起到了重要作用。《国家安全法》的相关规定也为新时期推进维护国土安全工作提供了有力的法律依据。

（三）维护军事安全

当前，世界新军事革命加速发展，战争形态和作战样式发生新的变化，不仅对国际政治军事格局产生了重大影响，而且对我军建设发展提出了严峻挑战。战争形态向信息化战争演变，信息主导成为制胜关键，体系对抗成为基本形态，精准作战成为主要形式。军事战略、作战思想和军事力量建设也面临新的环境，有的国家发展新型航母、无人作战平台及动能、定向能等新概念武器，打造新型作战力量，太空、网络、人工智能等新型安全领域的斗争日趋尖锐复杂。这些都为我国维护军事安全提出新的挑战。党的十九大报告提出，要"适应世界新军事革命发展趋势"，对维护军事安全提出了新的要求。

（四）维护经济安全

维护经济安全，要树立经济安全的前瞻意识。经济安全与否，往往取决于对国家经济安全态势的评价，对国家经济利益得失的判断及对国内外未来经济、政治形势的预测。因而，在制定经济安全战略时，必须周密思考、正确判断和预测。准确地判断新时期我国所处的经济安全环境和安全威胁，就可以正确选择中国的经济安全战略和安全目标。要强化国家经济安全战略意识，强化科技兴国的国策意识，提高科技竞争力，努力掌握先进的科学技术。要强化对重要领域和部门的经济安全主动权意识，制定远景目标，掌握国内主要产业的控制权，特别要强化金融风险防范意识，强化竞争和保护意识，大力发展民族工业，保护民族经济，维护民族利益。

维护经济主权安全，必须牢牢把握对外开放的主动权。在国际合作中维护经济安全，应树立全球观战略，在与他国交往的过程中应以经济"双赢"或"共赢"为准则确立国家经济安全观，正视全球经济一体化和区域经济集团化的趋势这一客观现实，参与国际经济竞争与合作，确立国家经济安全的战略。我国参与多边合作的前提是保证国家领土完整、主权不受侵犯、经济运行和发展不受干扰，基础是国家经济利益不受侵害。因此，参与多边合作要以维护经济主权安全为前提，维护经济方针政策自主制定的权利，维护有效掌握自己重要资源的权利，维护有效掌握自己战略产业的权利，维护参与重要国际经济组织的权利，维护自由利用国际市场的权利。在经济全球化背景下，为使国家经济处于安全状态，必须采取相应的法律应对措施。一是构建一个高效、灵活而又稳定的国内法律保障体系；二是积极参与制定国际规则，形成完善的国际行为规范。

（五）维护文化安全

深入开展理想信念教育，坚持以马克思列宁主义、毛泽东思想、邓小平理论、"三个代表"重要思想、科学发展观和习近平新时代中国特色社会主义思想为指导，深入贯彻习近平同志系列重要讲话精神，用中国梦和社会主义核心价值观凝聚共识、汇聚力量。推进马克思主义理论研究和建设工程、中国特色社会主义理论体系研究中心、马克思主义学院、报刊网络理论宣传阵地四大平台建设。加强思想道德建设和社会诚信建设，增强国家意识、法治意识、社会责任意识，倡导科学精神，注重通过法律和政策向社会传导正确的价值取向。

当然，文化既有共享的一面，又有斗争的一面。在全球化背景下，世界各国不同文化类型之间的相互交流、冲突、渗透及融合，构成了生机勃勃的国际文化发展图景，为我国社会主义文化的发展提供了良好条件。但也应当看到，一些西方发达国家凭借其在信息全球化中的先发优势，正对我国实施大规模的文化渗透和扩张。因而，必须牢固树立国家文化安全意识，保持高度的文化自觉和文化自信，对外来的文化挑战进行客观的、辩证的分析与鉴别，更好地学习和吸收一切先进文明成果，创造中国特色社会主义先进文化。

（六）维护社会安全

维护社会安全就是维护国家的社会安全。《国家安全法》第二十九条规定："国家健全有效预防和化解社会矛盾的体制机制，健全公共安全体系，积极预防、减少和化解社会矛盾，妥善处置公共卫生、社会安全等影响国家安全和社会稳定的突发事件，促进社会和谐，维护公共安全和社会安定。"

社会安全是指防范、消除、控制直接威胁社会公共秩序和人民群众生命财产安全的治安、刑事、暴力恐怖事件以及规模较大的群体性事件等，涉及打击犯罪、维护稳定、社会治理、公共服务等各个方面，与人民群众切身利益息息相关。

维护国家的社会安全，是全社会的责任，需要全社会的共同努力。以下是国家维护社会安全的主要方式。

1. 加强法律法规

建立健全法律法规体系，制定严格的法律来打击犯罪行为，保障社会安全。

2. 增强执法动量

加强公安、司法等执法部门的建设，提高执法效率，加大对犯罪行为的打击力度。

3. 加强边境管理

加强边境管控，防止非法移民、贩毒等跨国犯罪活动。

4. 提高公众意识

加强宣传教育，提高公众对安全问题的意识，增强自我保护意识和能力。

5. 建设安全环境

改善社会治安环境，提高公共场所的安全水平，保障公众的生命财产安全。

6. 加强网络安全

建立健全网络安全体系，加强对网络犯罪的打击和防范。

7. 打击恐怖主义

加强反恐斗争，打击恐怖主义活动，维护国家安全。

每一个公民都有责任维护国家的社会安全，为确保社会安定团结、人民安居乐业尽一份自己的力量。

（七）维护科技安全

《国家安全法》第二十四条规定："国家加强自主创新能力建设，加快发展自主可控的战略高新技术和重要领域核心关键技术，加强知识产权的运用、保护和科技保密能力建设，保障重大技术和工程的安全。"

加强科技安全，一方面要加快提升自主创新能力，壮大科技实力，维护科技自身安全；另一方面，要充分应用科技实力，为保障国家主权、安全、发展利益提供强大的科技支撑。

要深化科技体制改革，破除一切制约科技创新的思想障碍和制度藩篱，最大限度地解放和激发科技作为第一生产力所蕴藏的巨大潜能。引导构建产业技术创新联盟，推动跨领域跨行业协同创新，促进科技与经济深度融合。加强技术和知识产权交易平台建设，建立从实验研究、中试到生产的全过程科技创新融资模式，促进科技成果资本化、产业化。构建普惠性创新支持政策体系，加大金融支持和税收优惠力度。深化知识产权领域改革，加强知识产权保护。

（八）维护信息安全

国家信息安全，尤其是网络安全是指从国家的角度出发，对本国网络安全采取的一系列保护措施。信息化的发展，极大地提高了我国的综合国力，带来了实现现代化的机遇。同时也应看到，网络安全问题也相伴而生，世界范围内侵害个人隐私、侵犯知识产权、网络犯罪等时有发生，网络监听、网络攻击、网络恐怖主义活动等成为全球公害。网络安全已经成为我国面临的最复杂、最现实、最严峻的非传统安全问题之一。

互联网治理体系的重心，应该放在全面推进网络空间的法治化。通过法治的确认、引领、规范、调整、保护和罚禁等独特功能，营造网络空间创新发展、协调发展、绿色发展、开放发展、共享发展。要加快信息安全相关法律法规、制度规范建设，明确网络空间行为规范，实现依法治网、依法管网。要制定和完善对网络直播、自媒体、知识社区问答等新媒体业态和算法推荐、深度伪造等新技术应用的规范管理办法。

（九）维护生态安全

党的二十大指出："大力推进生态文明建设，坚决维护国家安全，防范化解重大风险，保持社会大局稳定。"

目前，我国生态方面的立法缺乏系统性和完整性，多头执法、选择性执法现象仍然存在。加强国家生态安全的法治保障，一是要加强立法工作，在现有各类法律法规基础上，立足国家生态安全需求，健全具有中国特色的国家生态安全法律支撑体系；二是要加强执法工作，对于事关国家生态安全的重大事件，要开展多部门联合执法，做到不越雷池一步；三是要完善民主监督制度，大力开展生态安全法治教育，培育广大群众的生态安全意识，积极主动地监督危害国家生态安全的行为，形成良好的社会法治环境。

落实并完善促进节能减排、保护生态环境的税收政策，加快推进环境保护费改税和资源税费改革。深化自然资源及其产品价格改革，探索建立全面反映市场供求和资源稀缺程度、体现生态价值和代际补偿的资源有偿使用制度，建立健全生态保护补偿机制。

（十）维护资源安全

习近平同志在党的十九大报告中指出，"我们要牢固树立社会主义生态文明观""推进资源全面节约和循环利用"。维护资源安全必须以提高资源开发利用水平为重要抓手，推进资源全面节约和循环利用。一是要降低能耗、物耗，提高资源利用效率。逐步提高水耗、能耗和物耗等标准，有助于不断强化企业等社会主体增强节约资源和提高资源利用率的意识和动力，有助于激励企业通过加快技术创新提高资源利用能力，是促进资源节约和保护环境的有效手段；二是要实现生产系统和生活系统循环链接，大力发展循环经济；三是要倡导简约适度、绿色低碳的生活方式，把住资源消耗的最终关口。减少不必要的资源消费是实现资源节约进而保护生态环境的关键性、决定性措施。

同时，绿色技术创新正成为全球新一轮工业革命和科技竞争的重要新兴领域。伴随我国绿色低碳循环发展经济体系的建立健全，以市场为导向的绿色技术创新日益成为绿色发展的重要动力，成为打好污染防治攻坚战、推进生态文明建设、推动高质量发展的重要支撑。

（十一）维护核安全

维护核安全首先要加强事故预防，应注重顶层规划，加强能力建设，不断提升核安全水平。完善核安全法规体系，加强核设施安全改造、技术升级和更新换代，强化核设施建设质量保证，强化核电站运行安全管理。加强核设施安全技术、先进反应堆技术、严重事故应对技术的研发。提高核设施防范和应对自然灾害的能力，提高安全隐患的预警能力。最后，要进一步加强安全监管，特别是对重点工程和核电站的建设、运行等进行全方位监管，加强监管能力建设。

四、国家安全教育正走在全民普及的大道上

据国家安全部有关负责人介绍，近年来，随着全民国家安全教育的普及，人民群众国家安全意识不断增强，特别是通过国家安全机关12339举报受理电话和网络举报平台，主动举报反映情况的明显增多，为维护国家安全作出积极贡献。作为新时代的大学生，如果遭遇疑似危害国家安全的行为，可以及时拨打12339或者登录国家安全机关举报受理平台（www.12339.gov.cn）举报或主动自首。

有国才有家，国安方能民强。千万不要小看一张"随手拍"、一次网络发言，那后面也许紧跟着一连串的陷阱，让你在违法犯罪的路上越走越远。请记住，维护国家安全是每个公民义不容辞的责任，只要我们每个人都擦亮眼睛、提高警惕，全民维护国家安全的钢铁长城就能越筑越牢。

法律链接

《国家安全法》第七十七条规定，公民和组织应当履行下列维护国家安全的义务。
(1) 遵守宪法、法律法规关于国家安全的有关规定。
(2) 及时报告危害国家安全活动的线索。
(3) 如实提供所知悉的涉及危害国家安全活动的证据。
(4) 为国家安全工作提供便利条件或者其他协助。
(5) 向国家安全机关、公安机关和有关军事机关提供必要的支持和协助。
(6) 保守所知悉的国家秘密。
(7) 法律、行政法规规定的其他义务。

任何个人和组织不得有危害国家安全的行为，不得向危害国家安全的个人或者组织提供任何资助或者协助。

安全知识互动

(1) 谈谈你对国家安全的认识。
(2) 简要回答国家安全的内容有哪些？
(3) 通读《国家安全法》，简述自己对其中哪一条印象最深刻。

第二课　国家安全教育　刻不容缓

一、国家安全教育不容忽视

某大学生被外教利用泄露科研机密

某外国语学院大学生吕某，学习非常努力，经常与外教玛丽交流学习情况，玛丽也对她特别关照。在玛丽的引导下，吕某将父亲的科研资料拿来翻译，并交给外教评判，父亲知道后非常生气，严厉批评了吕某，在父亲的指导下，吕某向国家安全机关进行了反映，经过调查，证实了玛丽以外教身份收集我国科技情报的违法事实。

（资料来源：https://bwc.imu.edu.cn//info11008/1106.htm）

2020年9月28日，教育部印发《大中小学国家安全教育指导纲要》（以下简称《纲要》），目的是贯彻落实总体国家安全观，指导大中小学系统、规范、科学地开展国家安全教育；通过国家安全教育，使学生能够深入理解和准确把握总体国家安全观，牢固树立国家利益至上的观念，增强自觉维护国家安全意识，具备维护国家安全的能力。其中大学阶段的目标是重点围绕理解中华民族命运与国家关系，践行总体国家安全观，系统掌握总体国家安全观的内涵和精神实质，理解中国特色国家安全体系，树立国家安全底线思维，将国家安全意识转化为自觉行动，强化责任担当。

对大学生进行国家安全教育是维护大学生安全的一项基础教育，是学生素质教育的一部分，是人才保障的根本教育，它始终贯穿于人才培养的全过程。

当前，中华民族伟大复兴展现出光明前景，国家安全形势保持总体稳定、缓和、向好的基本态势，但同时也面临着前所未有的挑战，影响国家安全的因素日渐增多、日趋复杂。面对国家安全形势变化出现的新特点、新趋势，为构筑更为坚固的国家安全屏障，必须以全新的理念认识国家安全，以全局的视角定位国家安全，以整体的思路规划国家安全。

二、高校开展大学生国家安全教育是人才培养的需要

某高校在读硕士私自外传研究资料，结果竟成他人成果

某大学的几个研究生，在导师的指导下，经过几年的苦心钻研获得了一些学术研究成果。这时，有的想尽快得到国际上的认可，有的想拉关系出国，私自将研究资料寄出境外。结果寄出去的东西石沉大海，在相隔一年后被改头换面变成了他人的成果。

（资料来源：https://www.sohu.com/a/27983367_100015237）

(一) 立足国家安全的内涵及其现实性的解析

国家安全是指国家政权、主权、统一和领土完整、人民福祉、经济社会可持续发展和国家其他重大利益相对处于没有危险和不受内外威胁的状态，以及保障持续安全状态的能力。国家安全是明确具体的，它与每个人息息相关。

国家安全不仅关乎国家的兴亡，而且关乎每个公民的切身利益。维护好国家安全，既能保护国家利益，也能保护个体利益，而一旦国家安全受损，就有可能付出巨大的代价。以往发生过一些人因故意或过失危害国家安全的事件，后果严重、性质恶劣，这些教训非常深刻，要引以为戒。加强国家安全教育，可以让维护国家安全成为每个大学生的自觉行为。

(二) 以践行总体国家安全观为统领

在总体国家安全观中，国家安全与每个人息息相关，大学生也不例外。坚持以民为本、以人为本，坚持国家安全一切为了人民，一切依靠人民，真正夯实国家安全的群众基础。这里面包括两层含义，维护国家安全，是为了维护最广大人民的根本利益；维护国家安全，也需要发挥每个公民的力量。维护国家安全，每个人都应该参与其中，贡献一份力量。作为大学生，要坚持底线意识和责任意识，明辨权利边界，承担起公民义务。

总体国家安全观是以习近平同志为核心的党中央对国家安全理论和实践的重大创新，体现了党和国家奋力开拓国家安全工作新局面的战略智慧和使命担当。作为新时代的大学生，"国家兴亡，匹夫有责"，一定要树立总体国家安全观，只有了解了总体的国家安全观，才能对自己所在国家的社会安全有更准确的认识。

1. 总体国家安全观是集多领域于一体的国家安全体系

总体国家安全观是习近平新时代中国特色社会主义思想的重要组成部分。国家安全内涵十分丰富，涵盖领域广泛。总体国家安全观所涵盖的领域，既包括政治安全、国土安全、军事安全等传统安全领域，也包括经济安全、文化安全、社会安全、科技安全、网络安全、生态安全、资源安全、核安全、海外利益安全和新型领域安全等非传统安全领域。随着时代的进步，总体国家安全观的内涵将不断丰富，外延将不断拓展。

2. 各领域安全相互关联、相互支撑，构成有机整体

国家安全不是多个领域安全的简单叠加，而是各个领域安全相互关联、相互支撑，构成一个有机整体。任何一个领域安全出现问题，都会影响、波及整个国家安全。维护国家安全，不能一叶障目，条块分割，而是既要维护各个领域的安全，也要维护整体和系统的国家安全。

总体国家安全观是一个富有中国特色的安全概念，其内涵和外延可以归结为五大要素和五对关系。

其中五大要素具体包括以下内容。

(1) 以人民安全为宗旨。即坚持以民为本、以人为本，坚持国家安全一切为了人民，一切依靠人民，真正夯实国家安全的群众基础。

(2) 以政治安全为根本。即坚持中国共产党的领导和中国特色社会主义制度不动摇，

把制度安全和政权安全摆在首要位置，为国家安全提供根本政治保证。

（3）以经济安全为基础。即确保国家经济发展不受干扰，促进经济持续稳定健康发展，增强国家经济实力，为国家安全提供坚实物质基础。

（4）以军事、文化、社会安全为保障。即要高度关注这些领域面临的大量新情况、新问题，遵循不同领域的特点规律，建立健全强基固本、化险为夷的各项对策措施，为维护国家安全提供硬实力和软实力的保障。

（5）以促进国际安全为依托。即要始终不渝走和平发展道路，在注重维护本国安全利益的同时，注重维护共同安全，推动建设持久和平、共同繁荣的和谐世界。

这五大要素清晰反映了国家安全的内在逻辑关系。

五对关系具体包括以下内容。

（1）既重视外部安全，又重视内部安全，强调两者的彼此联系、相互影响。

（2）既重视国土安全，又重视国民安全，强调两者的有机统一。

（3）既重视传统安全，又重视非传统安全，强调两者间相互影响，并在一定条件下可能相互转化。

（4）既重视发展问题，又重视安全问题，强调两者必须兼顾。

（5）既重视自身安全，又重视共同安全，强调全球化和相互依赖使中国与世界的安全密不可分。

这五对关系准确反映了辩证、全面、系统的国家安全理念。

（三）以影响国家安全的现实问题为切入点

通过对现实问题的阐释，激发大学生的兴趣，增强大学生对国家安全内涵及外延等内容的了解，培养大学生自觉维护国家安全的使命感和责任感。随着网络空间日渐渗入人们的生产生活，网络安全威胁越来越多地来自有组织的行为。通过网络的破坏，可以直接扰乱社会秩序并威胁人们的生命财产安全。近年来，从伊朗"震网"病毒攻击、俄乌冲突网络战到乌克兰电网遭大规模瘫痪等事件的发生，可以看出网络安全在实战中所展现出的突出地位逐渐显现，而这只是网络空间对于现代战争影响的冰山一角，其颠覆性的军事效应预示着网络作战将成为未来重要的作战形式。更为重要的是，信息时代防范网络政治颠覆行为的难度进一步加大，表现在难以控制的信息跨国流动。在不平衡的信息流动中，信息输出国更容易将本国价值观和意识形态传递给其他国家。

（四）加强大学生国家安全法治观念

在国家安全教育中，培养大学生确立国家安全法治观念是必要的，以此帮助大学生正确认识《国家安全法》的法律地位和法律性质。《国家安全法》是一部关于国家安全的基本法和专门法，它与我国已经制定的《中华人民共和国宪法》《中华人民共和国反分裂国家法》《中华人民共和国反间谍法》等法律一起构成了我国国家安全方面的法律体系，体现了国家安全法律化的总体立法思路。

要明确《国家安全法》的调整对象和主要内容。《国家安全法》以习近平同志为核心的党中央的总体国家安全观为指导，以适应新时期国家安全形势发展变化需要，以完善国家安全体制和机制、解决国家安全工作突出问题为任务，体现了鲜明的中国特色和时代特点，体现了高度的政治性、政策性和顶层设计，突出了依法统领国家安全的"法治国安"

思路，明确了党领导下的集中统一、高效权威的国家安全领导体制，贯穿了法治思想和法治思路。正确理解和贯彻《国家安全法》具有重要意义。

三、加强大学生国家安全教育的现实意义

（一）加强大学生国家安全教育是学生成长成才的需要

德育教育是对学生进行思想、政治、道德、法律和心理健康等方面的教育，它是高校教育工作的重要组成部分。高校德育教育的核心是使学生热爱祖国，拥护党的领导和党的基本路线，坚定中国特色社会主义事业的理想信念，具有为人民服务、奉献社会的使命感和责任感。这是大学生树立正确的世界观、人生观、价值观的前提和基础。而这些教育内容是基于国家安全而存在的，没有国家安全，其他均无从谈起。因此，德育教育应围绕国家安全教育展开。学生努力成长为全面发展的社会主义建设者和接班人，要具备良好的道德素质，维护国家安全是其中的重要内容，也是加强大学生国家安全教育是学生成长成才的需要。

（二）加强大学生国家安全教育有利于培养大学生的法制观念

2015年7月1日，第十二届全国人民代表大会常务委员会第十五次会议通过《国家安全法》，其中第十四条规定："每年4月15日为全民国家安全教育日。"国家以法律的形式设立全民国家安全教育日，有利于提高政府和社会公众维护国家安全的法律意识。《国家安全法》以总体国家安全观作为指导思想，规定了一系列不同于传统国家安全观的国家安全制度，将国家安全的内涵扩展到政治、经济、文化和社会各领域，突出强调了维护国家安全不仅是专责机关的任务，而是所有国家机关、社会组织和公民的义务和职责。通过全民国家安全教育日等一系列活动，大学生能深刻地理解《国家安全法》提出的各项要求，从而强化大学生的责任意识，提高大学生维护国家安全的能力。

（三）加强大学生国家安全教育是学生适应社会发展的需要

众所周知，高等教育具有基础性、先导性、全局性的战略地位，高校的人才培养与社会的发展变革是密切联系、相互影响的。换言之，政治、经济、文化、科技等领域的变革往往直接反映到高校的人才培养中。学生经过大学的培养，终将走向社会。具备良好的国家安全意识和维护国家安全的能力，能够为大学生更好地适应社会发展提供基本的条件和保障。

> **安全知识互动** >>
>
> （1）谈谈你对总体国家安全观的认识。
> （2）简述高校开展大学生国家安全教育的必要性。
> （3）简述加强大学生国家安全教育的现实意义。

第三课　正确认知危害国家安全行为

一、危害国家安全的行为有哪些

> **典型案例**
>
> 2020年6月，国家安全机关侦破一起内地赴港学生杨某某与境外敌对组织及反中乱港势力相勾连，从事颠覆我国家政权及反中乱港活动案。
>
> 经查明，杨某某，1995年生，毕业于江苏某大学新闻与传播学院，2017年赴香港某大学就读电影专业硕士研究生。在赴港学习期间，其受到境外反华势力言论影响，对我国内地产生敌对情绪。
>
> 2018年10月，杨某某参与某境外敌对组织组党结社活动，参与非法游行。随后其得到某敌对组织的任命，成为相关网络群组的管理员，在接受该敌对组织培训后，负责在互联网上引导话题、讨论、转发视频图片等工作。作为群组管理员，杨某某加入了该敌对组织核心群组"小沙龙"。杨某某在群内发布封杀中企讯的联署信、讨论我国领土问题、提出利用Wi-Fi（无线通信技术）热点和Airdrop（即隔空投送）传播"敌对理论"等扩大组织影响力的方案。
>
> 2019年6月，香港"修例风波"期间，其大肆转发声援香港暴徒的推文，引导群内成员关注、讨论、抹黑香港警方，甚至向境内倒灌香港"斗争经验"。
>
> 2020年6月，国家安全机关依法将杨某某抓获归案。通过教育感化，杨某某对违法犯罪行为供认不讳，主动交代揭发境外敌对势力的丑陋行径，承诺不再从事危害国家安全的活动。
>
> （资料来源：https：//www.guancha.cn/politics/2021_04_15_587515.shtml）

该案反映出境外反华敌对势力大肆对我境内人员开展意识形态"攻心战"，还有少数赴境外就读的留学生受煽动蛊惑，被裹挟参与敌对活动。那么，危害国家安全的行为都有哪些呢？

《国家安全法》规定，危害国家安全的行为有以下几个方面。

(1) 阴谋颠覆政府，分裂国家，推翻社会主义制度的。
(2) 参加间谍组织或者接受间谍组织及其代理人的任务的。
(3) 窃取、刺探、收买、非法提供国家秘密的。
(4) 策动、勾引、收买国家工作人员叛变的。
(5) 进行危害国家安全的其他破坏活动的。

二、危害国家安全罪及其分类

危害国家安全罪是指危害国家主权、领土完整和安全，分裂国家、颠覆人民民主专政的政权和推翻社会主义制度的行为。危害国家安全罪是一个概括性罪名，是对各种危害国家安全的犯罪行为共同特征的概括。各种具体罪名则各有其具体构成要件和特征，分别规定在刑法分则第一章中的 12 个条文里。危害中华人民共和国国家安全的犯罪行为，是我国刑法中规定的危害性最大的一类犯罪，因此，刑法分则在第一章就对危害国家安全罪进行了规定。最高法院提出，各级法院要依法严惩危害国家安全的犯罪行为，严惩杀人、抢劫、爆炸、黑社会性质组织等严重刑事犯罪，严惩编造散布虚假恐怖信息、侵犯未成年人合法权益等犯罪，进一步增强人民群众安全感。

危害国家安全罪包括：背叛国家罪；分裂国家罪；煽动分裂国家罪；武装叛乱、暴乱罪；颠覆国家政权罪；煽动颠覆国家政权罪；资助危害国家安全犯罪活动罪；投敌叛变罪；叛逃罪；间谍罪；为境外窃取、刺探、收买、非法提供国家秘密、情报罪；资敌罪 12 个罪名。

上述 12 个罪名可分为以下 3 类。

（1）危害国家主权、领土完整和安全、国家政权和社会主义制度罪。包括前 7 个罪名，即背叛国家罪；分裂国家罪；煽动分裂国家罪；武装叛乱、暴乱罪；颠覆国家政权罪；煽动颠覆国家政权罪；资助危害国家安全犯罪活动罪。

（2）叛变、叛逃罪。包括投敌叛变罪；叛逃罪 2 个罪名。

（3）间谍、资敌罪。包括最后 3 个罪名，即间谍罪；为境外窃取、刺探、收买、非法提供国家秘密、情报罪；资敌罪。

三、大学生应如何维护国家安全

典型案例

2018 年 5 月，某事业单位新入职员工贺某被安排在秘书部门工作，由于初入职，对工作情况和相关法律法规不了解，未履行涉密文件销毁管理规定，将 3 本秘密级汇编书籍交给保洁人员处理，保洁人员将书籍当作废品，卖到了流动废品收购站，被保密行政管理部门工作人员及时发现，进行了收缴处理。事后，有关部门给予贺某记大过处分。

（资料来源：https://www.sohu.com/a/745634557_121106869）

国家安全对国家、民族的生存和发展提供了有力的保障。维护国家安全是大学生报效祖国，弘扬爱国主义精神的重要体现。对于国际、国内的安全形势，大学生应从以下几个方面来履行维护国家安全的义务。

（1）认真学习《国家安全法》，增强国家安全意识。

（2）始终树立国家利益高于一切的观念。国家安全是国家和民族生存与发展的首要保障。国家安全高于一切，是国家利益的需要，也是个人安全的需要。

（3）要努力熟悉有关国家安全的活动、法规，弄清什么是合法，什么是违法；可以做什么，不能做什么；对遇到的法律界限不清的问题要肯学、勤问、慎行。

（4）要善于识别各种伪装。有的间谍情报人员采用五花八门的手段，套取国家秘密、科技政治情报和内部机密。如果丧失警惕，就可能上当受骗，甚至违法犯罪。

（5）对于试图分裂祖国和窃取国家机密的人，要及时举报，进行斗争，决不允许其恣意妄行。

（6）要积极配合国家安全机关的工作。当国家安全机关需要大家配合工作的时候，每个同学都应当尽力提供便利条件或其他协助，如实提供情况和证据，做到不推、不拒，更不以暴力、威胁等方法阻碍执行公务，还要切实保守好已经知晓的国家安全工作的秘密。

三 法律链接

关于保密的法律法规（节选）

中华人民共和国公民必须遵守宪法和法律，保守国家秘密，爱护公共财产，遵守劳动纪律，遵守公共秩序，尊重社会公德。

——《中华人民共和国宪法》第五十三条

国家防范、制止和依法惩治任何叛国、分裂国家、煽动叛乱、颠覆或者煽动颠覆人民民主专政政权的行为；防范、制止和依法惩治窃取、泄露国家秘密等危害国家安全的行为；防范、制止和依法惩治境外势力的渗透、破坏、颠覆、分裂活动。

——《中华人民共和国国家安全法》第十五条

公民和组织应当履行下列维护国家安全的义务。

（一）遵守宪法、法律法规关于国家安全的有关规定。

（二）及时报告危害国家安全活动的线索。

（三）如实提供所知悉的涉及危害国家安全活动的证据。

（四）为国家安全工作提供便利条件或者其他协助。

（五）向国家安全机关、公安机关和有关军事机关提供必要的支持和协助。

（六）保守所知悉的国家秘密。

（七）法律、行政法规规定的其他义务。

任何个人和组织不得有危害国家安全的行为，不得向危害国家安全的个人或者组织提供任何资助或者协助。

——《中华人民共和国国家安全法》第七十七条

国家秘密受法律保护。

一切国家机关、武装力量、政党、社会团体、企业事业单位和公民都有保守国家秘密的义务。

任何危害国家秘密安全的行为，都必须受到法律追究。

——《中华人民共和国保守国家秘密法》第三条

任何个人和组织都不得非法持有属于国家秘密的文件、资料和其他物品。

——《中华人民共和国反间谍法》第二十四条

泄露国家秘密、工作秘密，或者泄露因履行职责掌握的商业秘密、个人隐私，造成不良后果的，给予警告、记过或者记大过处分；情节较重的，给予降级或者撤职处分；情节严重的，给予开除处分。

——《行政机关公务员处分条例》第二十六条

为境外的机构、组织、人员窃取、刺探、收买、非法提供国家秘密或者情报的，处五年以上十年以下有期徒刑；情节特别严重的，处十年以上有期徒刑或者无期徒刑；情节较轻的，处五年以下有期徒刑、拘役、管制或者剥夺政治权利。

——《中华人民共和国刑法》第一百一十一条

以窃取、刺探、收买方法，非法获取国家秘密的，处三年以下有期徒刑、拘役、管制或者剥夺政治权利；情节严重的，处三年以上七年以下有期徒刑。

非法持有属于国家绝密、机密的文件、资料或者其他物品，拒不说明来源与用途的，处三年以下有期徒刑、拘役或者管制。

——《中华人民共和国刑法》第二百八十二条

国家机关工作人员违反保守国家秘密法的规定，故意或者过失泄露国家秘密，情节严重的，处三年以下有期徒刑或者拘役；情节特别严重的，处三年以上七年以下有期徒刑。

非国家机关工作人员犯前款罪的，依照前款的规定酌情处罚。

——《中华人民共和国刑法》第三百九十八条

安全知识互动

（1）谈谈你对危害国家安全观的认识。
（2）简述哪些行为会被判为危害国家安全罪。
（3）简述大学生应该怎样维护国家安全。

第三讲
人身安全　时刻注意

素质教育导读

党的二十大报告指出，"教育、科技、人才是全面建设社会主义现代化国家的基础性、战略性支撑。"而高等学校是培养人才的主阵地，是落实科教兴国战略的中坚力量。加强大学校园的安全建设，是培养优质人才，保障高等学校改革、发展、稳定的重要因素，是构建和谐社会的重要组成部分。

然而由于社会日益迅速的发展和不稳定因素的存在，使得我国高校校园的安全环境存在着一定程度的不安全性，这些安全隐患在很大程度上威胁着高校学生的人身安全。因此不仅要求相关教育部门和高校自身加强对校园安全隐患的重视程度，做好相关的应对措施和防范措施，为高校学生提供一个安全健康的学习环境；高校学生自身还应该提高安全防范意识和防范能力。

人身安全包括人的生命、健康、行动自由、住宅、人格、名誉等安全。

案例导入

沈阳理工一大四学生身中一百多刀身亡，凶手被判死刑

河北唐山郝先生的儿子郝某华，遇害前是沈阳理工大学材料科学与工程学院一名大四学生。2021年9月15日晚，在学校宿舍楼下，郝某华被同班同寝室的同学王某持刀杀害。2022年6月29日，极目新闻记者从郝某华父亲郝先生处获悉，近日收到沈阳市中级人民法院快递来的判决书，杀害其儿子的嫌疑人王某犯故意杀人罪判处死刑，剥夺政治权利终身。

妈妈发视频喊遇害儿子"回家"

郝某华是河北省唐山市玉田县人，1998年7月初出生，遇害时他刚满23岁。其父亲郝先生告诉极目新闻记者，2021年9月5日在家吃过早饭，他开车将独生子郝某华送到唐山西站，郝某华坐火车去学校报到开学，没想到这次送别竟成最后一面。9月16日，接到学校电话的郝先生和妻子赶到沈阳，在公安法医部门见到的是儿子郝某华的遗体，浑身多处刀伤，让人心痛。

"每每想起儿子遇害后的惨状，想起儿子之前的聪明帅气，心里悲恸欲绝。"郝某华母

亲王女士告诉极目新闻记者，如果儿子没有遇害，今年就会大学本科毕业或者考上研究生，遇害前儿子学习成绩一直不错，正在复习备考研究生，没想到会出事。

郝先生提供的死亡证明显示，小华的死亡时间为9月15日，发现死亡地点为沈阳理工大学学生宿舍区，死亡原因为急性大失血。

在抖音上，2022年6月26日，郝某华母亲王女士发布了一条视频，里面都是其儿子郝某华的生前照片，配发的音乐是晨熙演唱的歌曲《情难断》。在视频配发的文字中，王女士写道："别人家的宝宝都放假回家了，我的宝宝何时能回来啊？妈妈想你，太想太想……"

法院判处杀人凶手死刑

在郝先生提供的沈阳市中级人民法院判决书上，辽宁省沈阳人民检察院指控，被告人王某系沈阳理工大学材料科学与工程学院大四在读学生，住沈阳理工大学8号学生宿舍，其与室友郝某华（被害人，男，殁年23岁）、张某等四人因性格不合等原因交往较少。2021年9月13日晚，王某与室友张某发生口角，王某当场称要杀了张某。2021年9月14日上午，被害人郝某华及张某等四人找到学院辅导员要求将王某调离该寝室。学院辅导员经与王某母亲电话沟通及向学院领导汇报后，于2021年9月15日上午给王某母亲打电话提出让王某走读或者休学的建议，并提出让王某母亲尽快来学校解决王某的问题。当天上午，王某母亲将此事电话告知了王某。母亲的电话让王某认为其室友对其霸凌并触及其底线，因此对四名室友怀恨在心决定将四人杀掉。

判决上写着，2021年9月15日17时许，被告人王某先后到校园内两家超市购买了三把水果刀并藏匿在自己的双肩背包内回到寝室，其室友张某等三人始终结伴在寝室。19时许，王某到篮球场附近堵截另一室友郝某华，一直等到22时28分许，郝某华回寝室途经此处，被告人王某尾随靠近并确认为郝某华后，在7号宿舍楼与15号宿舍楼之间空地处，右手持水果刀捅刺郝某华腹部数刀致其倒地后，又用水果刀连续捅刺被害人郝某华的腹部、胸部、颈部、面部等要害部位，将郝某华杀害。被告人王某行凶后留在现场被公安机关抓获。

沈阳市中级人民法院审理后认为，经查，被告人王某作案后让他人报警，并留在案发现场没有逃跑，能够如实供述主要犯罪事实，符合自首的构成要件，但被告人王某为报复同学而实施杀人犯罪，并购买了3把尖刀，欲将同寝室4名同学都杀死，在杀害被害人郝某华时，疯狂刺扎被害人身体一百余刀，虽有自首情节，在校期间也表现良好，但不足以对其从轻处罚。被告人王某杀人手段残忍，罪行严重，根据其犯罪的性质、情节及对于社会的危害程度，依照有关法律法规，判决被告人王某犯故意杀人罪，判处死刑，剥夺政治权利终身，赔偿附带民事诉讼原告人经济损失人民币42 613.5元。

（资料来源：半岛都市报 2022-06-29）

案例点评：

以上案例中的王某，起初只是与同寝室的其他室友性格不合、交往很少，后因与某一室友发生口角而扬言杀人，最终酿成蓄意杀人的犯罪事实。在法律面前，无论他在校期间表现多么良好，都无法抹杀他持凶杀人的事实，他也因此受到法律制裁——判处死刑，剥夺政治权利终身，赔偿附带民事诉讼原告人经济损失；这是一个多么惨痛的教训！只是因为一个私念，就对室友持刀相向，最终毁掉的不只是被害人的家庭，还有他自己的家庭！

第一课　校园社交安全　不容忽视

一、校园人际关系安全隐患的主要表现形式

（一）同乡交往

中国人乡情意识浓厚，远在他乡遇到同乡会倍感亲切，聚在一起谈乡音叙乡情，或者遇到困难时互相帮助，其乐融融。但在大学生中以乡情为纽带组成的小团体——同乡会，有时也会因情绪的感染或从众心理而带来安全隐患，特别是在介入处理同学矛盾和纠纷中，容易造成群体性事件，甚至群殴伤害。

（二）涉外交往

随着高等教育的国际化，高校与国外的交流日益频繁。在对外交往中大学生的行为代表着国家的形象，如交往不当可能会使国家利益受到损害，同时也会给自己造成伤害。

（三）网络交往

在网络上与他人交流已成为大学生交往的新时尚，殊不知网络交往不过是虚拟空间的一种游戏，有的同学沉溺其中而荒废了学业，更有甚者贸然去会见网友，不光浪费了时间与金钱，还有可能使自己的身心遭受巨大的创伤。

（四）异性交往

男女之间交往要分清爱情与友情的界限，掌握好两者间的尺度，交往中双方还要互相尊重，不影响对方与他人的交往，以免造成不必要的误解，使自己或对方受到伤害。

二、校园人际关系紧张的原因

（一）社会层面

随着教育规模和水平的不断提高，全国普通高校的毕业生人数逐年攀升，但社会工作岗位的数量却相对固定，人员需求有限，这种供给的不平衡性加剧了社会竞争，给大学生带来了较大的就业和生活压力。

（二）学校层面

当前的高校教育已从仅仅重视专业文化知识转向重视学生的全面发展，开展丰富多彩、形式多样的教育教学活动，但在提升人际交往知识和能力、加强学生心理疏导和人文关怀方面还缺少相应的课程，相关教育和引导举措还有待加强。倡导因材施教，开展个性化的教育，使得部分学生过于崇尚个性和自由，缺少了大局意识和集体主义精神，往往更容易引发寝室人际关系问题。此外，我国高校对于学生寝室尚处于粗放式管理模式，对于学生寝室人际关系问题的关注力度有待提高。

（三）家庭层面

家庭是孩子的第一所学校，父母是孩子的第一任老师。从呱呱坠地到长大成人，父母在孩子的一生中扮演了极其重要的角色，但由于时代背景、成长环境等诸多因素的影响，

一些家长自身就缺乏必要的人际交往知识和技能，与家人朋友关系紧张，这种不和谐的氛围潜移默化地影响着孩子，影响着孩子的性格和为人处事的方式。还有些家长将子女视为掌中宝，从小到大过于宠溺，缺少正确的价值引导和必要的人际交往指导。

（四）个体层面

从长期来看，家庭教养方式的不同及从小成长环境的差异，造就了每个进入大学校门的学生都是独一无二的，他们在价值观念、思维模式、行为习惯等各个方面千差万别，从陌生到熟悉，这个过程需要他们不断地去磨合、去调整，去理解他人与自己的差异并予以包容。但由于这个年龄段的学生正处于"心理断乳期"，身心发展具有不平衡性，加之独生子女缺少独立自主的能力和人际交往的技巧，极易导致寝室人际关系问题。

三、校园人际关系交往技巧

（一）倡导大学生的自我完善

1. 提高自身的道德素质

大学生要不断地学习科学文化知识，用知识武装自己，要努力提高自身的素质修养，提升自己的道德品质，塑造良好的形象。一个具有良好的道德素质、品格修养的大学生往往在人际交往中更受欢迎，更容易得到别人的青睐。因此，大学生必须注重自身素质修养的提高。

（1）大学生应该做到真诚待人。在与他人的交往中，要拿真心换真心，而不能将彼此的关系物质化、功利化；要信任自己的朋友，不要无端猜疑；要言行一致，信守承诺，言而有信。

（2）大学生应该懂得宽容待人。当和他人发生矛盾时，学会体谅他人的状况与心情，不为一些小事而斤斤计较。

（3）大学生应该学会乐于助人。在人际交往中，喜欢帮助别人的人更容易得到别人的信任和尊重，有利于构建和睦、友好的人际关系。

2. 提高自身的心理素质

大学生应该加强心理素质培养，从而构建良好的人际关系。

（1）大学生应该学会管控自己的情绪，减少自身情绪的波动，不随意宣泄不满的情绪。这样才能使自己与他人的人际关系更加和谐。

（2）大学生应该增强抗压能力，在与他人发生矛盾时，学会理性、冷静地思考问题，降低对他人的依赖程度，学会自己分析问题、解决矛盾，增强自身的心理承受力，促进与他人更好地沟通、交往。

（3）掌握人际交往的艺术技巧。人际交往的艺术有，掌握语言艺术、掌握非语言艺术、学会聆听。不善于运用语言艺术会阻碍大学生的人际交往。在与他人的交往中，大学生说话要大方得体、注意分寸，对于不同的场合、不同的交谈对象要使用不同的语气、语态，要掌握说话的技巧，这样能够促进彼此之间的愉快交谈。而非语言往往是人们内心思绪的外在表现，眼神、笑容、手势等都能表达自己内心的态度和情感。因此，在与他人的交往中，大学生要掌握这类交往艺术，根据具体的谈话场合和对象，学会用恰当的非语言来巧妙地表达自己的观点、态度，发挥非语言的积极作用。

（二）重视家庭教育的优势

1. 家长以身作则

要使大学生在人际关系方面受到良好家庭教育的熏陶，首先家长应该以身作则，增强自身人际交往的水平。同时，家长们还要创造和睦的家庭氛围，恰当地处理家庭内部的摩擦与冲突，做到一家人相亲相爱、温馨和睦。大学生在这样的家庭环境下，才能够不断地完善人格。

2. 重视大学生日常人际交往的培养

在日常生活中，要留意孩子与他人之间的交往状况，经常与孩子进行互动、沟通，及时疏导孩子的不良情绪。当孩子与他人的人际关系出现不和谐的状况时，不能视而不见、置之不理，要给予他们正确的指导，引导他们用正确的方式妥善地处理相关问题。

（三）加强学校教育培养的有效性

1. 加强大学生人际交往的知识理论教育

知识理论是实践的基础，学校应该高度重视对大学生人际交往理论知识的教育。人际交往学是一门十分重要的学问，对大学生的成长具有至关重要的作用，每个大学生在这门课程的学习当中，都能吸取到丰富的营养。因此，学校应将相关的交际学、礼仪学设为大学生的选修课；同时多开展一些有关大学生人际关系的专题讲座，让他们系统地学习相关知识；也可以利用网络平台增添大学生人际关系构建的专栏，以便大学生浏览、学习。这样能够提高大学生对人际交往理论知识的掌握，提高他们的理论水平。

2. 发挥社团、学生会等校园组织的作用

学校应该充分调动社团、学生会等组织的力量，开展多种多样的校园活动，如演讲比赛、唱歌比赛、辩论赛、模拟法庭、书法比赛等，为大学生提供广阔的交往平台。大学生通过参加丰富的校园活动，创造更多的人际交往机会，扩大自己的社交圈，让自己在活动中获取经验，学会与他人交往的方法与技巧，提高自身的人际交往水平。

3. 发挥心理咨询室的作用

学校应该加强对心理咨询室的管理，引进专业的心理咨询老师，创造良好的心理咨询环境，避免出现心理咨询室形同虚设的现象。时常对大学生的心理健康状况进行调查与分析，加强对大学生的心理疏导和交往技巧等方面的指导，促使他们更好地构建和谐的人际关系。

4. 加强大学生人际关系的实践教育

学校应该多开展社会实践调查、三下乡、关爱老人、扶贫支教等实践活动，让大学生接触不同层次的群体，提供他们更广阔的交往平台，让他们在实践活动中积累丰富的交往经验，锻炼自身的人际交往能力。

（四）发挥社会教育的积极作用

1. 营造良好的社会舆论环境

社会舆论媒体应该引导大学生树立社会主义核心价值观，弘扬社会主旋律，倡导树立正确的人际交往观，消弭社会中的功利主义、个人主义、拜金主义，避免人际关系走向利益化、物质化；同时社会也应该加强对舆论媒体的监督，使社会舆论客观地反映社会现

象，如实地报道社会现实，形成公平、公正、文明、和谐的社会氛围。

2. 净化网络环境

当今社会已进入"互联网+"的时代，大学生越来越依赖网络。我们必须通过网络立法等有效手段防治不良信息在网络上的传播，避免庸俗糟粕的文化污染网络环境。同时，可以在网络上开展有关文明交往、和谐相处的活动，例如讲座、访谈、竞赛等，充分、合理利用网络这个平台，宣传社会主流文化，增强大学生的道德情操，提高他们的人际交往水平。

如果大学生能努力朝这些方向前进，就会发现一切正在悄然改变，朋友之间的不快荡然无存；能够畅言的知音越来越多；亲友间深挚互爱。从此便会过得充实愉快，会觉得人际交往是一件自然与轻松的事，从而对学习生活持以乐观的态度，对塑造一段完美的大学生活和对以后的人生充满信心。

四、大学生如何化解宿舍矛盾

大学生室友作息不同产生矛盾

12月17日晚21时左右，某高校2018级小卉的妈妈向辅导员发来微信反映：孩子所在寝室里有2名女生经常半夜12点还不睡，并且大声说话、打电话，严重影响了孩子的睡眠，导致上课没有精神、头晕，几次沟通后没有效果。第二天上午，辅导员找小卉所在寝室的小嘉和小然谈话，口头警告二人遵守寝室相关规定，注意言行，不要影响别人休息和学习。当天下午，该寝室的小卉、小玉、小悦、小艺一起来到辅导员的办公室，情绪激动，说小嘉和小然回到寝室后指桑骂槐，说话难听，她们4人与之吵了起来，但最后也没有争出什么结果，一气之下找到辅导员，表示不能和她们继续相处，无法沟通，强烈要求调换寝室。

（资料来源：搜狐新闻，2017年5月10日）

以上案例中，看起来引发宿舍冲突的是一件普通的小事，但却反映出当前很多高校学生宿舍矛盾的普遍问题。一旦解决不好，就可能引发严重后果。

小卉和宿舍其他同学之间矛盾的起因可以归纳为以下几个方面，家长反映孩子在寝室休息不好的情况，其原因是同寝2名女生经常晚睡，说话声大，还经常打电话，影响到小卉的睡眠。这对其他几名女生都是有影响的，另外，平时几人之间因寝室卫生、作息习惯等曾有过一些小摩擦，性格方面也存在差异，时间一长，寝室内逐渐形成了对立的两个圈子，矛盾就此产生。

究其根源，一是生活习惯不同。小嘉和小然习惯晚睡，小玉、小悦睡觉打鼾，相互影响；二是不注意说话方式。小嘉和小然在和同寝其他4人沟通时，不是很注意说话方式，常常是无理辩三分，得理不饶人，而小悦等人有时也是口不择言，造成沟通不畅；三是性格爱好不同，小嘉和小然性格外向，好动，不爱学习，经常上网、视频、打电话，小卉、小玉、小悦、小艺性格较为文静，一心想好好学习，但在寝室里背课文、背单词受到影响无法专心，和小嘉、小然产生隔阂；四是以自我为中心，该寝室6名女生在人际交往方面，总是从自身角度出发，与人沟通能力较差，而在处理诸如寝室卫生清扫、物品摆放等一些琐事时，不能换位思考，相互间不够包容。

紧张的宿舍关系会让学生处于压抑、烦躁和焦虑的情绪中。长期处在这样的情绪中会使学生敏感、不易相信他人、难以集中精力，矛盾激烈时会导致冲突甚至心理疾病。大学生宿舍矛盾是常发而又棘手的问题，大多是因琐碎小事而起，如果处理不好就会导致更大问题发生。

大学生宿舍纠纷的化解，可采取以下几点。

一是迂回调解，选派班干部进行劝说。该寝室6人中，小嘉、小卉、小悦、小艺是一个班，而小然和小玉是另一个班。辅导员给两个班的班长、团支书分派任务，让她们分别找本班同学谈心，其重点是使这几名学生明白，寝室是学习的后方保障，是生活的重要场所，平时相处要多注意言行，遵守寝室相关管理规定，尽量不影响他人休息。

二是分而化之，打破双方对立的局面。对于一个寝室内的两个小圈子，辅导员决定采取分化措施，从各自内部化解矛盾。首先找出在圈子中出主意、有话语权的学生，小嘉话相对少些，但很有主意，充当出谋划策的角色，而小然能说会道；另4人中，多是小悦和小玉表达诉求，小卉和小艺性格内向，没什么主意，所以辅导员先分别和小玉、小悦谈话，打消她们调换寝室的想法，试着包容、接纳小嘉和小然，辅导员再找小嘉，也表达了这个意思。这样，有了突破点，两个小圈子之间壁垒分明的对立明显缓和了。

三是座谈和解，引导学生主动化解矛盾。几天以后，辅导员把寝室6人叫到活动室，让她们围坐一起，桌上摆些水果、零食，还播放了群星演唱的《相亲相爱》，辅导员并没有参与座谈，而是让她们在自由、放松的环境下畅所欲言，把心里想法都说出来，化解矛盾。

安全知识互动

1. 校园人际关系的主要表现形式有哪些？
2. 反思一下自己的宿舍关系，谈谈如何化解宿舍矛盾。
3. 上大学后，你身边有没有同学因为人际关系紧张而跟人争吵的经历？反思一下事件的经过，总结一下该如何解决人际关系紧张这个问题。

第二课　防范校园暴力　维护校园安全

大学生入校后过的是集体生活，在长期的学习、生活中，由于个人成长环境、性格等多重因素影响，同学之间难免会产生一些纠纷和矛盾，但因没有妥善地处理好这些纠纷和矛盾而发展为打架斗殴的事件屡禁不止。打架斗殴的危害极大，它既侵犯了他人的人身权利，又扰乱了正常的校园管理秩序，容易酿成刑事或治安案件，使参与者受到校规校纪和法律的惩处。因此，我们应该学会理性处理矛盾和纠纷，避免一失足而成千古恨。

一、校园暴力的表现形式

典型案例

> **女大学生因情事约架被判刑**
>
> 两名在校女大学生王某和李某因男友的事发生矛盾,并约架。王某打电话告诉其哥哥,其哥哥带几个好朋友,拿棒球棒、管制刀具、镐把等凶器到学校。李某带着男朋友、男朋友的同学,也来到约定地点。结果其中一人被李某男友打成轻伤,其他人受轻微伤。所有积极参与人员均被指控为聚众斗殴罪(持械),按照罪责轻重程度依次被判处6个月至3年的有期徒刑。
>
> (资料来源:中国吉林网,2021年03月26日)

(一)校园欺凌

1. 校园欺凌行为的表现形式

(1)粗言秽语侮辱受害者。

(2)对受害者进行拳打脚踢、掌掴拍打、推撞绊倒、拉扯头发等。

(3)侵占受害者的个人财产,如教科书、学习用具、金钱、食物等。

(4)传播关于受害者的不实言论,恶意公开受害者的隐私。

(5)恐吓、威迫受害者做其不想做的事,威胁受害者听从命令。

(6)让受害者遭遇麻烦,或令受害者招致学校处分。

(7)中伤、讥讽、贬低、肆意评论受害者的体貌、性取向、宗教、种族、国籍、家人或其他。

(8)分派系、结朋党,孤立或排挤受害者。

(9)敲诈、强索受害者金钱或物品。

(10)用文字或者图画侮辱受害者。

(11)通过QQ、微博、微信、社交网站等网络平台发表对受害者具有人身攻击成分的言论。

2. 校园欺凌行为产生的原因

(1)性格不良所致。一般来说,性格带有强烈控制欲、急躁、以自我为中心等元素的孩子,更容易欺凌他人。

(2)价值观错误所致。有些孩子已形成"唯我独尊"的价值观,只要惹他不开心了,就要动手打人。

(3)情绪冲动所致。这类孩子主观上没有欺凌他人的意图,但不能控制自己的情绪,很容易在第三方力量的引导下产生欺凌行为。

(4)盲目模仿所致。有些孩子主观不坏,因受不良媒介影响,认为欺负他人很酷,从而盲目模仿做出伤害他人举动。

(5)品德不良所致。少数孩子因受不良教育影响,形成了自私、冷酷、贪婪等不良品行,从而产生欺凌他人的行为,比如敲诈、恐吓。

（6）心理不健康所致。有些孩子因存在一些心理疾病，也会有意无意地欺凌他人甚至自残。这种情况非常隐蔽，需要老师用心觉察。

（7）不善于处理两性情感所致。进入青春期的孩子好奇并渴望爱情，但因心智发育滞后于生理发育，很容易因为表白失败或争风吃醋而欺凌他人。

（8）学校或者班级管理不到位所致。学校或班级没有明确的规章制度，或容易产生欺凌行为的隐秘空间无人管理，老师缺乏教育敏感等，都会引发临时性欺凌行为。

3. 防范校园欺凌行为的对策

（1）重塑正确的价值观，引导学生与人为善。

杜威在其著作《民主主义与教育》中说：学生只有对教师形成依赖感，才有可能被塑造。辅导员应花大力气重建班级人际关系，要让学生对辅导员形成依赖感，在此基础上才能育心育人。通常来讲，支撑一个人的行为模式除了思维方式外，还有价值观。因此，培养学生与人为善的价值观，可以有效预防学生产生欺凌行为。

（2）加强预防，防患于未然。

①加强行政值班和校园巡查工作，重要时间（早上上学、中午午休、放学后至晚自习前后）、重要场所（操场、食堂、宿舍楼、教学楼）的巡逻和查看，并做好相关记录。

②督促学校安保人员加强校园巡视，加强对安保人员的培训考核，将巡视的频率和发现、制止突发问题纳入考核并进行奖惩。

③在部分重要场所增加高清监控摄像头，对已有的非高清摄像头进行部分更换，从技术上提高防范、发现、制止校园欺凌事件的能力。

④加强学校督导人员督导和巡视，对发现的苗头性问题及时上报保卫处和团委。

⑤督促宿管人员加强宿舍管理和巡视，提高巡视频率；同时要求监控中心值班人员认真负责，通过校园监控发现校园内的学生打斗及欺凌事件，加强与宿管、巡逻保安、行政值班人员的联系和沟通。

（3）教授情绪管理方法，引导学生学会管理情绪。

①心理暗示法。心理暗示法就是个人通过语言、想象等方式对自身施加影响的心理过程，可分为积极自我暗示和消极自我暗示。积极自我暗示能使人保持良好的心情，乐观的态度和自信心能调动内在因素，发挥主观能动性。而消极自我暗示会强化我们的弱点，唤醒自卑、怯懦、嫉妒等负面情绪。

②注意力转移法。注意力转移法，就是把注意力从不良情绪中，转移到其他事物上去或者从事其他活动。这种方法可以中止不良刺激源，防止不良情绪的蔓延。另外，通过参与新的活动能够增进积极的情绪体验。

③自我安慰法。自我安慰法能够帮助人们面对挫折，消除焦虑，有助于保持情绪的安宁和稳定，避免精神崩溃，可以达到自我激励、总结经验、吸取教训的目的。

④交往调节法。男孩一定要有几个推心置腹的好兄弟；女孩一定要有几个无话不说的好闺密。当你心情不好时，跟小伙伴倾诉内心的不快，帮助自己调节不好的情绪。

（二）打架斗殴

大学时期既是同学们生理成熟的重要阶段，又是同学们人生观、价值观形成的重要阶段，更是同学们心理成熟的关键期。同学们虽然考取了大学，但个别家庭教育缺失的同学，性格孤僻，情绪急躁，步入大学后表现出种种不适应。他们由于缺少生活阅历和交往经验，自尊心又过强，在与老师和同学的交往中受到挫折后，便回避与人交往，以致陷入无端的自我封闭之中，形成多疑、自卑、敏感的性格。他们在处理人际关系时，往往感情用事，采取偏激、极端的方式解决问题。

> **典型案例**
>
> **某大学生因持械伤人被记过**
>
> 2017年1月，彭某某、陈某两同学因打篮球产生摩擦并发生口角，彭某某先动手殴打了陈某，两人遂发生扭打，之后被在场同学制止。时隔不久，彭某某又邀集数人到陈某宿舍寻衅，并且抄板凳动手殴打陈某，致使陈某面部多处受伤。之后，该校根据《学生违纪处分实施细则》第二十九条第一款、第四款；第十一条第一款的规定，判定彭某某的行为构成打架斗殴，持械伤害他人造成他人人身损害的情形，并且性质恶劣、后果严重，决定给予记过处分。
>
> （资料来源：豆丁网，《青少年打架斗殴案例4篇》）

生命权和健康权是其他一切权利的基础。打架斗殴行为严重威胁他人生命与健康，轻者违反校规校纪，严重者构成犯罪，将被追究法律责任。案例中，引发学生打架斗殴的原因主要有以下几点。

（1）家庭教育失控引起的打架斗殴。我们分析了几起打架斗殴事件后，发现参与打架斗殴的当事人家庭背景很复杂。有的家长长年外出打工，孩子缺乏家庭温暖和心理疏导；有的孩子从小娇生惯养，叛逆心理严重；有的家长素质低劣，向孩子灌输暴力思想；有的家长疏于管理，默许孩子同不良少年交往，放任孩子养成不良习气。

（2）个人行为霸道引起的打架斗殴。我们可以看到这样的现象，有的同学看见某某同学老实，开始动手欺负一下，结果这位同学没有反抗。这种行为和现象没有得到及时的纠正，于是欺负这位同学的人渐渐增多。欺人者和被欺者的心理逐渐膨胀、扭曲、病态，麻烦由此产生。

（3）不良嗜好、高消费、语言行为粗鄙引起的打架斗殴。有的学生不注意自己的言行，语言污秽，行为粗鲁，不以为耻反以为荣。三言两语引起的冲突并不少见。

（4）讲义气引起的打架斗殴。从群体性事件看，所有参与者都是打架斗殴的受害者。

二、校园暴力产生的原因

（一）大学生心理发展不成熟，承受能力较差

初入大学时，大部分学生初次远离父母独立生活，由于种种原因不能适应校园生活，抗挫折能力较弱，一旦遇到重大事件容易产生过激行为，将不满转嫁给他人。在这样的特殊时期，虽然个体的生理发育已经渐趋稳定，但其心理发展尚未成熟。由于心理发展和生理发育的不同步，再加上在校大学生的生活阅历浅且社会经验不足，很容易受到社会上各种不良思潮的冲击，引发各种各样的心理问题。在校大学生生理发育和心理发展不一致，主观需要和客观现实性之间的矛盾更为错综复杂，人格发展的不健全使得大学生普遍以自我为中心，产生错误的自我定位。不正确的自我意识，会导致一个人的自我本位，当现实生活中的需要得不到满足时，就会产生紧张感、挫败感，这些紧张感和挫败感若得不到合

理的宣泄，很容易转化为大学生暴力行为的动因。

（二）无法妥善处理好人际关系

人际交往是人与人之间相互沟通交流思想、表达情感、协调行为的过程，在当代大学生的生活中占有非常重要的地位，良好的人际交往可以促进大学生的全面发展。大学生正处于成长时期，思想还不够成熟，在人际交往中有较大的盲目性。在这个阶段，父母的期望值不断升高，社会压力也在不断增大，大学生心理成熟与不成熟的两面性使得其对生活中的各种矛盾无所适从。大学生在与人交往的过程中，往往不能有效地了解彼此的态度、看法并作出正确的评价，也不能随机应变、恰当地调整和控制自己的情绪，当人际隔阂和冲突没有得到及时疏通的时候，大学生的人际交往就会出现问题。面对各种各样的矛盾和冲突、竞争和挑战，无法进行良好的自我调节，极易采取极端的方式解决问题。

（三）思想环境复杂，意志不坚定

一方面，大学生未形成正确的价值取向，部分大学生受功利主义价值观影响，开始注重金钱的价值和物质的享受，丢失了吃苦耐劳、乐于奉献的传统精神，未牢固树立正确的世界观、人生观和价值观；另一方面，大学生的个人主义思想浓厚，集体主义观念淡薄。部分大学生片面强调个人利益，不能正确处理集体利益和个人利益的关系，盲目追求主体地位。

（四）法律观念和意识淡薄

目前，部分大学生的法律素质不高，法治观念薄弱。大部分学生只知道法律是为了打击犯罪，保护人们的合法权益，并没有意识到法律还具有规范人们行为的作用。此外，部分大学生的权利义务观念模糊，法律内化不足，通过公共课中法律知识的学习，学生对权利义务观念的理解仅仅停留在表面，不能正确把握它们之间的微妙关系，更不能在实际生活中合理运用。

（五）个别家庭的教育理念、教育方式不当

在教育的过程中，家庭教育有着至关重要的作用。目前，部分家庭的教育理念不当，父母对子女的期望过高，片面重视智育发展，而忽视了孩子良好习惯和健康人格的培养，部分家庭升学主义教育理念使孩子无法经历完善的社会化过程，缺少必要的人际交往技能训练，造成了青少年没有足够的环境适应能力和人际交往能力。另外，家庭教育缺乏科学性，对孩子的教育方式有所偏颇。有的家庭仍然采用老旧的封建大家长制，家长独断专行，很少主动关心孩子的思想变化和心理状态，这样的教育方式既扼杀了孩子的天赋，也可能为孩子未来的发展埋下暴力犯罪的隐患。根据目前的一些科学数据来看，处于溺爱型家庭、放任型家庭、失和型家庭以及单亲家庭的大学生较之正常家庭的孩子更容易采取极端方式处理问题。

（六）家庭中暴力行为的影响

父母的粗暴行为对大学生成长的不利诱导。父母是孩子的第一任老师，他们在日常生活中的处事方式、待人态度对子女起着榜样和示范的作用，但是有些父母对子女却采取简单粗暴的教育方式，对孩子极端严厉且举止粗鲁，造成部分大学生出现心理问题。家庭暴力也在潜移默化地诱导大学生在遇到矛盾和冲突时，采取暴力手段解决问题。

（七）社会发展的思想变化引起的原因

当前，市场经济飞速发展，经济多元化催生文化多元化，不同的道德标准和价值选择相互碰撞、相互融合，对大学生的思想观念、道德准则、人格特点带来了深远的影响。多种价值观念的冲击造成部分大学生的信仰迷惘与缺失。

三、高校防范校园暴力的有效对策

校园是学生获取知识、追求上进的学术殿堂，是国家培育人才的摇篮。而校园暴力的出现给原本美好洁净的校园染上了一丝灰暗，并且不断吞噬着一些大学生健康的心灵。对此，应采取切实可行的措施，坚决抵制各种校园暴力行为。

（一）加强思想政治教育工作，提高思想政治教育实效性

习近平同志强调，"我们的高校是党领导下的高校，是中国特色社会主义高校。办好我们的高校，必须坚持以马克思主义为指导，全面贯彻党的教育方针……"大学学习对于大学生来说是一个极具挑战性的学习阶段。这一阶段要用思想政治教育来为其保驾护航。那么，如何来加强思想政治教育的实效性呢？

1. 高校思想政治教育队伍年轻化

（1）与大学生年龄差距较大的高校思想政治辅导员和思想政治教育课教师往往不能充分了解到当代大学生的心理，而同龄人则会更好地理解并为他们遇到的问题提供更有效的建议或解决方案。

（2）更小的年龄差距会平衡师生之间的上下关系，使师生关系更加和谐的同时也更容易令大学生们敞开心扉，使其更有效地处理各种矛盾关系，免于发生校园纠纷。

2. 坚持以情感人与以理服人相结合

在高校思想政治教育过程中，纯粹的理论知识灌输往往显得尤为枯燥，而如果教师在理论知识指导过程中带着情感熏陶，则效果往往会更好。此外，坚持以情感人与以理服人相结合的做法，更容易加强师生之间的情感互动。教师不仅能传道授业，还能为学生的学习和生活做出正确的指引，使学生未来与社会接触更加游刃有余。

3. 坚持广泛教育与重点教育相结合

大范围的传授书本知识的教育模式是必不可少的，而对于某些正在经历某些困惑的学生来说，适当的个别或小团体的辅导更重要。校园暴力往往是由一些小事日积月累，得不到有效解决而发生的。所以，尽早地进行重点对象的思想政治教育，将校园暴力扼杀在摇篮中，是预防高校校园暴力的有效方式。

4. 应对校园暴力应快速反应

校园纠纷具有突发性和高度不确定性的特征，决定了校园暴力应对的快速反应性。在高校校园纠纷发生时，保卫处等相关部门必须能迅速对事态的发展进行及时控制，以最快的速度制止校园暴力行为并减少事态的扩大。

（二）加强大学生法治观念培养，加强心理健康教育

绝大部分大学生在大学入学时已满18周岁，一旦触犯法律将承担全部的法律后果。因此在此时加强对大学生法治观念的培养，不仅对树立和强化大学生的法治观有重大意义，更对违法行为产生强大的威慑力。高校要加强大学生的法治观应做到以下几点。

（1）应当开展并完善法治教育课程，在大学课程中增加法学基础教育为其必修课程，以体现国家和学校对加强法治教育的决心。

（2）要加强和完善立法并落实，对高校校园暴力有专门的处罚原则和模式，不仅是为了对犯罪行为的预防，更是为了保护大学在校生的安全。

（3）要加强学生的心理健康教育，尽可能开设一些有利于大学生心理健康的课程，完善高校心理辅导室并加大宣传心理健康的重要性，鼓励学生进行心理健康咨询。另外，辅导员应当时刻关注学生的心理变化，引导学生对于自己所产生的负面情绪进行有效的宣泄，进行情绪的自我平衡和积极的心理暗示。

（4）要防止事态扩大，首先要正视问题而不应逃避、封锁，应在合理的范围内对事件进行通报。在维护好校园秩序的基础上，通过张贴安全提示等方法，及时告知师生校园存在的潜在危险，提醒师生做好防范准备。

（三）大学生自觉提高自身素养

学校和学院可以组织一些活动，用各种方式鼓励学生参加，丰富学生的课外生活可以增强同学之间的友善关系，帮助学生自觉提高自身素养，引导学生对自己的人生做出规划并鼓励他们为之努力奋斗。

（四）建立有效的通信报警系统，保证学生能得到及时救助

作为一个简单便携的工具，手机可以让师生之间和学生之间的通信畅通无阻，但是学校其他工作人员尤其是校园安全保卫工作者却无法介入其中，在发生紧急情况时，学生的求助对象往往受到限制，建立有效地通信报警系统后，学生可以通过手机信号及时将信息传达到警务工作室，以便在第一时间得到救助。同时，学校安全保卫工作者也可以通过手机发布信息，随时提醒在校师生日常生活中可能发生的危险以及具体的防范措施。

（五）引导社会媒体对校园纠纷进行客观报道

在网络社交、网络传播不断膨胀的时代，社会媒体的报道对整个社会舆论有着重要的导向作用，个别社会媒体由于对商业利益的追求，对高校校园纠纷进行夸大报道，一定程度上对社会舆论进行了错误的引导。高校既要发挥拥有的舆论工具的力量，扩大校园媒体的影响，掌握校园媒体的舆论主动权，又应该加强与社会舆论媒体的沟通与联系，敦促其客观报道事件，在全社会范围内形成正确的舆论导向，减少对暴力文化的过度渲染，利用舆论引导大学生自觉抵制暴力文化的不良诱导，捍卫现代文明社会中的理性追求和理性价值。

四、大学生如何有效预防纠纷

（一）认识纠纷

一般而言，大学生中纠纷常有，它涉及学生生活的各个领域。从不同角度可作出不同的分类。

（1）从引起纠纷的直接原因可分为：恋爱纠纷、学籍管理纠纷、生活管理纠纷、财务纠纷、公共活动纠纷。

（2）从参与纠纷的人数或规模可分为：个人纠纷、群体纠纷、个人与群体纠纷、群体与群体纠纷。

（3）从纠纷发生的场所可分为：校内纠纷、校际纠纷、内部与外部纠纷。

（4）从纠纷的性质可分为：治安纠纷、民事纠纷、行政纠纷。

在特殊情况下，学生间也可能发生经济纠纷。

 典型案例

一次插队引起一起校园群殴

2021年9月某日,在某校的大门口外50米拐角处,某班詹某伙同本班5名同学对某班李某进行群殴,致使李某门牙脱落2颗,身体多处受伤住院。后经学校调查,两位同学的矛盾源于当天中午在学校餐厅打饭时李某插队,詹某上前制止,李某不听劝告,两人在食堂内发生了口角。詹某回到班上以后,将事情告诉同宿舍的其他几位男生,大家商议之后,决定好好教训他一顿。因此导致詹某等五位学生群殴李某暴力事件的发生。

另外,詹某父母离异,他跟着父亲生活,父亲忙于生计,对孩子疏于管教,且在家中对孩子长期非打即骂,使他幼小的心灵很早就蒙上阴影。詹某从小缺少父爱、母爱,其性格孤僻、偏执,难以承受挫折和打击,遇事好冲动、走极端,喜欢用暴力来解决问题。

李某则是家中的独生子,家庭经济条件优越,其父母过分溺爱孩子,使他从小娇生惯养。家长对他缺乏责任、义务和爱心等方面的教育,导致他是非不分,以自我为中心,性格上自私、冷酷。

据调查,詹某、李某两位同学成绩都不尽人意且厌学、不求上进,所以他们上课不听讲、不做作业,甚至打架、寻衅滋事,违纪现象时有发生。詹某、李某等学生在校属于经常违纪违规的学生,他们缺乏自我安全防范意识,法制观念淡薄,是导致校园纠纷的主要原因。

(资料来源:www.gxduan.jcy.gov.cn/yasf/201710/t20171009_2076754.shtml)

(二)了解大学生纠纷的特点

1. 起因多样使矛盾复杂

大学生中大多数矛盾纠纷都因日常生活小事引起,小事因处理不当形成矛盾甚至逐步激化,最终演变成重大事件。

2. 自制力弱使矛盾加深

大学生矛盾纠纷一般都有个发展过程,平时基本上遇到不愉快的事时,只要过得去,即使心里感觉不舒服也不会表露出来。但是,当代大学生自我控制能力不强,抵抗挫折能力不足,其自尊心和好胜心常常使矛盾"白热化"。

3. 心理失常使矛盾激化

大学生的矛盾纠纷以发生口角居多,但当心理失常时一部分会演变为斗殴或其他暴力行为,激情犯罪成为当今大学生犯罪中的主要形式。

4. 重情讲义使事态扩大

发生于个别同学之间的矛盾纠纷有时候会演变成群体事件。这一变化与大学生群体的特殊性密切相关。首先,大学生比较看重"缘"。除了兴趣投缘外,地缘、学缘、情缘是他们形成和维系非正式群体的基础和纽带;其次,大学生很看重"情"。"三缘"带来的结果都是"情"。为他人打抱不平,为朋友两肋插刀,为维护本群体的名声和利益,为显

示群体的团结，等等。这些都是大学生中由个别事件演变成群体事件的心理原因。

亲情、友情、爱情本都是具有积极意义的，发挥得好能化解矛盾，消弭隔阂，但当自己的亲戚朋友或恋人与别人发生矛盾纠纷时，就容易出现义气战胜理性、冲动战胜冷静的情形，使矛盾迅速升级。

（三）分析产生纠纷的原因

大学生纠纷产生的原因具体可归纳为以下六种。
（1）由细微小事引发，如偶尔发生的磕磕碰碰。
（2）由日常琐事引发，如生活中芝麻小事。
（3）由人际交往引发，如男女交往中的争风吃醋。
（4）由心理因素引发，如因人格受损、心态异常、观点分歧、产生误解等。
（5）由利益问题引发，如个人名利之争。
（6）因为处理不及时或方式方法不恰当，使单个矛盾纠纷变成多个矛盾纠纷。

因为人际交往本身就比较复杂，当矛盾发展时必然发生量变，而矛盾积累到一定程度又会引起质变，从而使矛盾纠纷更加复杂。

（四）如何预防纠纷

1. 冷静克制、切莫莽撞

无论争执由哪一方引起，都要保持冷静，决不能情绪激动，这就要求同学们讲大度，虚怀若谷。只有"大着肚皮容物"，才能"立定脚跟做人"。

2. 诚实谦虚，与人为善

在与同学或他人相处中，诚实谦虚是加强团结，增进友谊的基础，也是消除纠纷的灵丹妙药。有了诚实谦虚的精神，在发生纠纷的时候，就能听取他人的意见，进行认真的自我批评，宽容他人过失，才能处理好相互间的争执。

3. 尊重对方，注意语言美

学生中的纠纷多数由口角引起，而口角的发生都是恶语伤人的必然结果。俗话说："病从口入，祸从口出"。要做到语言美，一是说话要和气，以理服人，不强词夺理，更不能恶语伤人；二是说话要文雅，不说粗话和脏话；三是说话要谦虚，尊重对方，相互谅解，求同存异。

> **法律链接**
>
> 《中华人民共和国刑法》第二百三十四条规定：故意伤害他人身体的，处三年以下有期徒刑、拘役或者管制。犯前款罪，致人重伤的，处三年以上十年以下有期徒刑；致人死亡或者以特别残忍手段致人重伤造成严重残疾的，处十年以上有期徒刑、无期徒刑或者死刑。本法另有规定的，依照规定。
>
> 《中华人民共和国刑法》第二百九十三条规定：有下列寻衅滋事行为之一，破坏社会秩序的，处五年以下有期徒刑、拘役或者管制。①随意殴打他人，情节恶劣的；②追逐、拦截、辱骂、恐吓他人，情节恶劣的；③强拿硬要或者任意损毁、占用公私财物，情节严重的；④在公共场所起哄闹事，造成公共场所秩序严重混乱的。纠集他人多次实施前款行为，严重破坏社会秩序的，处五年以上十年以下有期徒刑，可以并处罚金。

如果打架斗殴的情节轻微，没有严重后果，则使用《治安处罚法》予以治安处罚；如果情节严重，造成严重后果，则依据《刑法》规定，以聚众斗殴罪处罚。看情节轻重，如果造成轻伤以上，就构成故意伤害罪，要判刑的。

安全知识互动

（1）常见的大学生纠纷有哪些？
（2）大学生纠纷的特点有哪些？
（3）产生大学生纠纷的原因有哪些？
（4）如果遭遇纠纷，应如何处理？

第三课　防范性骚扰　避免性侵害

现代大学开放式管理模式的兴起，给了女大学生更多的交往空间。但受社会层面经验尚浅、有效防范性侵害理论基础知识薄弱等限制，往往首当其冲成为犯罪分子的侵害对象。

一、性侵害、性骚扰

（一）性侵害

1. 性侵害的概念及类型

性侵害包括强奸、强制猥亵、侮辱妇女和性骚扰，指以肢体行为、语言、文字、图片、电子信息或者其他形式对妇女实施性侵害的行为。

2. 性侵害的类型

常见的性侵害类型包括以下5种。

（1）诱惑型性侵害。诱惑型性侵害是指利用受害人追求享乐、贪图钱财的心理，诱惑受害人而使其受到性侵害。

（2）暴力型性侵害。暴力型性侵害，是指犯罪分子使用暴力和野蛮的手段，如携带凶器威胁、劫持女同学，或以暴力威胁、言语恐吓，从而对女同学实施性侵害。

（3）胁迫型性侵害。胁迫型性侵害，是指利用自己的权势、地位、职务之便，对有求于自己的受害人加以利诱或威胁，从而强迫受害人与其发生非暴力型的性行为。其特点如下：其一，利用职务之便或乘人之危而迫使受害人就范；其二，设置圈套，引诱受害人上钩；其三，利用过错或隐私要挟受害人。

（4）社交型性侵害。社交型性侵害，是指在自己的生活圈子里发生的性侵害，与受害人约会的大多是熟人，甚至是男朋友。社交型性侵害又被称"熟人强奸"等。受害人身心受到伤害以后，往往出于各种考虑而不敢揭发。

（5）滋扰型性侵害。滋扰型侵害的主要形式包括，一是利用靠近女生的机会，故意接触女生的胸部或其他部位，在公共场所有意识地挤碰女生等；二是暴露生殖器等变态式性滋扰；三是向女生寻衅滋事，无理纠缠，用污言秽语进行挑逗，或者对女生进行调戏、侮辱。

（二）性骚扰

1. 性骚扰的概念

性骚扰是指以带性暗示的言语或动作针对被骚扰者，强迫受害者配合，使对方感到不适。任何性别的人都有可能是性骚扰的受害者。按照行为方式分类，性骚扰可以分为言语性骚扰、行为性骚扰、环境性骚扰；按照发生场所分类，性骚扰可以分为校园性骚扰、公共场所性骚扰、职业场所性骚扰、家庭性骚扰、网络性骚扰。《中华人民共和国妇女权益保障法》（2005年修正版）规定："禁止对妇女实施性骚扰。"但目前我国没有专门针对男性被性骚扰的立法保护。

某大学教授因性骚扰被撤职

2018年的第一天，华裔女学者罗某实名举报了12年前她的博士生副导师、现北京某大学博士生导师、长江学者陈某。罗某称陈某曾对她以及另外6名女性学生进行过性骚扰，随后事件持续升温。后据中国之声《新闻晚高峰》报道，近日，北京某大学教授陈某对女学生性骚扰的事情引发舆论持续关注。2018年1月11日深夜，"靴子"终于落地。该大学通过官方微博通报处理结果称，现已查明，陈某存在对学生的性骚扰行为，经研究决定，撤销其研究生院常务副院长职务，取消其研究生导师资格，撤销其教师职务，取消其教师资格。

（资料来源：宁夏某大学大学生性教育健康网，2020年08月14日）

近年来女大学生在校园内外遭性受骚扰的事件时有发生，并有增多趋势。女大学生在面对性骚扰时应当采取坚决有效的防范措施。这里所指的防范措施，包括要防止成为性骚扰的对象和陷入性骚扰的环境之中。不管你的情形如何，面对性骚扰时首先要确定自己的感觉，不论对方是善意、无意还是恶意的骚扰，只要你让对方知道你觉得不舒服，对方就应该尊重你的感受。当然，你可以判断状况，视情况选择，要勇敢大声地说"不"，或是明确告知对方；要直接做出反抗，或是请求旁人协助。

为了避免一而再、再而三的性骚扰，并防止事态的恶性发展。女性在第一次受到性骚扰时，就应当向对方表明态度。

当女大学生发现有人不怀好意，有性骚扰动机时应主动回避，减少与其的接触和交往，这样做既可表明自己的态度，又能减少和防止不必要的麻烦。如果因为师关生系、上下级关系、同关学系等确有必要继续来往的，也应该在公开场合，这样即使遇到性骚扰也可予以抵制和反抗。

二、社会如何防范大学生性骚扰与性侵害

1. 完善相关法律体系并加大打击力度，全方位保护女大学生合法权益

严厉打击涉及女大学生的违法犯罪活动，加强法制建设，尽早完善保护女大学生的法律法规等举措，扼制对女生的不法侵害，营造女大学生健康成长的良好氛围。

2. 建立申诉机制并设立法律援助和专门办案机构

（1）宪法中应加入性骚扰防治内容。
（2）依托基本法对性骚扰进行规制。
（3）强化特别法。

当然，除了立法外，我们的各级各类学校也有必要借鉴相关地区的意见，比如全国首个反校园性骚扰工作机制相关文件——2018年8月7日，杭州市西湖区人民检察院、杭州西湖区教育局联合会签的《关于建立校园性骚扰未成年人处置制度的意见》，建立受害者的内部救助机制。教育行政部门、社会、学校及家庭应建立受害者的外部救助机制，让这两种机制通力合作从而形成体系。学校应成立性骚扰事件处理小组，由校长兼任组长，承担第一责任人的责任，把教师、学生的性权利纳入个人权利保护范围和救助体系。学校应鼓励学生、家长对性侵犯犯罪嫌疑人大胆检举揭发，对受害者要及时进行心理辅导和医学治疗，建立性骚扰受害者救助基金，给予受害者适当的精神和物质赔偿，同时加大对有特殊职责人员的处罚力度。

3. 高校应正视相关的教育

深入发现并及时解决女大学生群体在安全方面存在的问题，应进行性教育以及重视并尊重女生的个性特点，加强针对女大学生的保卫力量、安防措施，建立并完善女大学生安全公共空间。同时建立完备的防控体系，针对女大学生的安全教育，引导女大学生积极关注自身生理和心理健康，帮助她们提高自身的安全防范意识和能力。比如设置防性骚扰教育课程，也可以定期进行联合公益组织在校园中开展一系列活动。

三、大学生及时提高防范意识、尽量避免受到性侵害

作为新时代的大学生，不论男女，都应该掌握适当的性知识，提高性观念与性侵害的防范意识，自尊、自重、自强，不轻易相信陌生人。作为男性，也要警惕不怀好意的女性的骚扰，做到洁身自好。具体应该做到以下几点。

第一，不受他人金钱诱惑同时遇事不冲动，敢于抵制与揭发。

第二，不轻易接受陌生人和他人的物品，尤其要警惕茶水、饮料。

第三，不要与不三不四的异性交往，以免受其潜移默化的影响。对献殷勤的异性要警惕，不要被迷惑。若发现异性有轻浮言行，要态度鲜明，及时斥责，设法摆脱，必要时可报警求助。

第四，尽量少去或不去单身异性教师、异性同学等家中、宿舍或办公室，如果确有必要，要有人同行或者有所戒备，更不能在单身异性家过夜。

第五，与异性交往时，切勿过量饮酒，以防酒后失身。

安全知识互动

1. 简要回答性侵害的表现形式与类型。
2. 简述女性该如何避免遭遇性侵害与性骚扰。
3. 虽然目前我国没有专门针对男性被性骚扰的立法保护，但是男性也会遭受性侵害与性骚扰，请男生们讨论一下，作为男性大学生，该怎么避免遭遇性侵害与性骚扰？

第四课　学会正当防卫　确保自身安全

一、正当防卫的法律依据

正当防卫，指对正在进行不法侵害行为的人，而采取的制止不法侵害的行为，对不法侵害人造成损害的，属于正当防卫，不负刑事责任。属于违法阻却事由的一种。

最高检发布 6 起正当防卫不捕不诉典型案例

发布时间：2020 年 11 月 27 日

11 月 27 日，最高人民检察院发布 6 起正当防卫不捕不诉典型案例，进一步明确正当防卫制度的法律适用，统一司法标准，准确理解把握最高人民法院、最高人民检察院、公安部今年 9 月联合发布的《关于依法适用正当防卫制度的指导意见》，为促进严格执法公正司法提供有效指引。

此次发布的典型案例分别是甘肃省泾川县王某民正当防卫不批捕案、河北省辛集市耿某华正当防卫不批捕案、江西省宜春市高某波正当防卫不起诉案、湖北省京山市余某正当防卫不起诉案、安徽省枞阳县周某某正当防卫不起诉案、湖南省宁乡市文某丰正当防卫不起诉案。6 起典型案例具有以下特点：一是案件类型全面，包括不批捕案件 2 件，不起诉案件 4 件；二是指导意义典型，6 起案例虽然都是正当防卫，但突出的重点各有侧重；三是案件起因多元，既涉及故意伤害、强奸、非法侵入住宅等，也涉及道路行车纠纷、暴力拆迁、传销等多发或备受社会关注的情形。

其中，江西省宜春市高某波正当防卫不起诉案是关于对暴力传销的防卫。据悉，近年来，传销犯罪仍处于多发状态，从 2019 年数据看，全国检察机关起诉组织、领导传销活动罪 9 683 人，位于所办理的刑事犯罪数第 30 位，略低于故意杀人罪。最高检有关负责人表示，非法传销往往伴随着对公民人身权利和财产权利的严重侵害，容易滋生黑恶势力违法犯罪，防卫人往往力量对比明显失衡，面对不法侵害如不采取防卫行为将可能遭受严重侵害。对于伴随严重暴力的传销犯罪，一方面要依法严厉打击以震慑犯罪，遏制传销犯罪的蔓延；另一方面也需要通过案例和普法宣传，支持遭受传销组织不法侵害特别是暴力伤害的公民进行自救自卫。

最高检有关负责人表示，这批典型案例的发布有助于司法工作人员进一步更新司法理念，提升司法能力，强化司法担当，更精准地适用正当防卫制度，实现法、理、情有机统一。此外也回应了社会关切，进一步弘扬了"法不能向不法让步"的法治精神。检察机关提示，公民要坚持权利和义务的统一，不能滥用法律赋予的正当防卫权利，遇到不法侵害，具备条件的还应优先选择报警等方式解决矛盾、防范侵害，尽可能理性平和解决争端。

（资料来源：https://www.spp.gov.cn/spp/xwfbh/wsfbt/202011/t20201127_487542.shtml#1）

(一) 中华人民共和国刑法的相关规定

为了使国家、公共利益、本人或者他人的人身、财产和其他权利免受正在进行的不法侵害，而采取的制止不法侵害的行为，对不法侵害人造成损害的，属于正当防卫，不负刑事责任。

正当防卫明显超过必要限度造成重大损害的，应当负刑事责任，但是应当减轻或者免除处罚。

对正在进行行凶、杀人、抢劫、强奸、绑架以及其他严重危及人身安全的暴力犯罪，采取防卫行为，造成不法侵害人伤亡的，不属于防卫过当，不负刑事责任。

(二) 相关司法解释

2020年9月3日，最高人民法院公布《最高人民法院 最高人民检察院 公安部关于依法适用正当防卫制度的指导意见》，其总体要求如下。

(1) 把握立法精神，严格公正办案。正当防卫是法律赋予公民的权利。要准确理解和把握正当防卫的法律规定和立法精神，对于符合正当防卫成立条件的，坚决依法认定。要切实防止"谁能闹谁有理""谁死伤谁有理"的错误做法，坚决捍卫"法不能向不法让步"的法治精神。

(2) 立足具体案情，依法准确认定。要立足防卫人防卫时的具体情境，综合考虑案件发生的整体经过，结合一般人在类似情境下的可能反应，依法准确把握防卫的时间、限度等条件。要充分考虑防卫人面临不法侵害时的紧迫状态和紧张心理，防止在事后以正常情况下冷静理性、客观精确的标准去评判防卫人。

(3) 坚持法理情统一，维护公平正义。认定是否构成正当防卫、是否防卫过当以及对防卫过当裁量刑罚时，要注重查明前因后果，分清是非曲直，确保案件处理于法有据、于理应当、于情相容，符合人民群众的公平正义观念，实现法律效果与社会效果的有机统一。

(4) 准确把握界限，防止不当认定。对于以防卫为名行不法侵害之实的违法犯罪行为，要坚决避免认定为正当防卫或者防卫过当。对于虽具有防卫性质，但防卫行为明显超过必要限度造成重大损害的，应当依法认定为防卫过当。

二、正当防卫的具体适用

(一) 准确把握正当防卫的起因条件

正当防卫的前提是存在不法侵害。不法侵害既包括侵犯生命、健康权利的行为，也包括侵犯人身自由、公私财产等权利的行为；既包括犯罪行为，也包括违法行为。不应将不法侵害不当认定为暴力侵害或者犯罪行为。对于非法限制他人人身自由、非法侵入他人住宅等不法侵害，可以实行防卫。不法侵害既包括针对本人的不法侵害，也包括危害国家、公共利益或者针对他人的不法侵害。对于正在进行的拉拽方向盘、殴打司机等妨害安全驾驶、危害公共安全的违法犯罪行为，可以实行防卫。成年人对于未成年人正在实施的针对其他未成年人的不法侵害，应当劝阻、制止；劝阻、制止无效的，可以实行防卫。

(二) 准确把握正当防卫的时间条件

正当防卫必须是针对正在进行的不法侵害。对于不法侵害已经形成现实、紧迫危险的，应当认定为不法侵害已经开始；对于不法侵害虽然暂时中断或者被暂时制止，但不法侵害人仍有继续实施侵害的现实可能性的，应当认定为不法侵害仍在进行；在财产犯罪中，不法侵害人虽已取得财物，但通过追赶、阻击等措施能够追回财物的，可以视为不法侵害仍在进行；对于不法侵害人确已失去侵害能力或者确已放弃侵害的，应当认定为不法侵害已经结束。对于不法侵害是否已经开始或者结束，应当立足防卫人在防卫时所处情境，按照社会公众的一般认知，依法作出合乎情理的判断，不能苛求防卫人。对于防卫人因为恐慌、紧张等心理，对不法侵害是否已经开始或者结束产生错误认识的，应当根据主客观相统一原则，依法作出妥当处理。

（三）准确把握正当防卫的对象条件

正当防卫必须针对不法侵害人进行。对于多人共同实施不法侵害的，既可以针对直接实施不法侵害的人进行防卫，也可以针对在现场共同实施不法侵害的人进行防卫。明知侵害人是无刑事责任能力人或者限制刑事责任能力人的，应当尽量使用其他方式避免或者制止侵害；没有其他方式可以避免、制止不法侵害，或者不法侵害严重危及人身安全的，可以进行反击。

（四）准确把握正当防卫的意图条件

正当防卫必须是为了使国家、公共利益、本人或者他人的人身、财产和其他权利免受不法侵害。对于故意以语言、行为等挑动对方侵害自己再予以反击的防卫挑拨，不应认定为防卫行为。

（五）准确界分防卫行为与相互斗殴

防卫行为与相互斗殴具有外观上的相似性，准确区分两者要坚持主客观相统一原则，通过综合考量案发起因、对冲突升级是否有过错、是否使用或者准备使用凶器、是否采用明显不相当的暴力、是否纠集他人参与打斗等客观情节，准确判断行为人的主观意图和行为性质。

因琐事发生争执，双方均不能保持克制而引发打斗，对于有过错的一方先动手且手段明显过激，或者一方先动手，在对方努力避免冲突的情况下仍继续侵害的，还击一方的行为一般应当认定为防卫行为。

双方因琐事发生冲突，冲突结束后，一方又实施不法侵害，对方还击，包括使用工具还击的，一般应当认定为防卫行为。不能仅因行为人事先进行防卫准备，就影响对其防卫意图的认定。

（六）防止将滥用防卫权的行为认定为防卫行为

对于显著轻微的不法侵害，行为人在可以辨识的情况下，直接使用足以致人重伤或者死亡的方式进行制止的，不应认定为防卫行为。不法侵害系因行为人的重大过错引发，行为人在可以使用其他手段避免侵害的情况下，仍故意使用足以致人重伤或者死亡的方式还击的，不应认定为防卫行为。

综上所述，为了使国家、公共利益、本人或者他人的人身、财产和其他权利免受正在进行的不法侵害，而采取的制止不法侵害的行为，对不法侵害人造成损害的，属于正当防卫，不负刑事责任。

正当防卫应该符合以下五个条件：

（1）正当防卫所针对的，必须是不法侵害。
（2）必须是在不法侵害正在进行的时候。
（3）正当防卫所针对的，必须是不法侵害人。
（4）正当防卫不能超越一定限度。
（5）对不法侵害行为人，在采取的制止不法侵害的行为时，所造成损害的行为。

三、防卫过当的具体适用

（一）准确把握防卫过当的认定条件

根据《刑法》第二十条第二款的规定，认定防卫过当应当同时具备"明显超过必要限度"和"造成重大损害"两个条件，缺一不可。

（二）准确认定"明显超过必要限度"

防卫是否"明显超过必要限度"，应当综合不法侵害的性质、手段、强度、危害程度和防卫的时机、手段、强度、损害后果等情节，考虑双方力量对比，立足防卫人防卫时所处情境，结合社会公众的一般认知作出判断。在判断不法侵害的危害程度时，不仅要考虑已经造成的损害，还要考虑造成进一步损害的紧迫危险性和现实可能性。不应当苛求防卫人必须采取与不法侵害基本相当的反击方式和强度。通过综合考量，对于防卫行为与不法侵害相差悬殊、明显过激的，应当认定防卫明显超过必要限度。

（三）准确认定"造成重大损害"

"造成重大损害"是指造成不法侵害人重伤、死亡。造成轻伤及以下损害的，不属于重大损害。防卫行为虽然明显超过必要限度但没有造成重大损害的，不应认定为防卫过当。

（四）准确把握防卫过当的刑罚裁量

防卫过当应当负刑事责任，但是应当减轻或者免除处罚。要综合考虑案件情况，特别是不法侵害人的过错程度、不法侵害的严重程度以及防卫人面对不法侵害的恐慌、紧张等心理，确保刑罚裁量适当、公正。对于因侵害人实施严重贬损他人人格尊严、严重违反伦理道德的不法侵害，或者多次、长期实施不法侵害所引发的防卫过当行为，在量刑时应当充分考虑，以确保案件处理既经得起法律检验，又符合社会公平正义观念。

四、特殊防卫的具体适用

（一）准确理解和把握"行凶"

根据《刑法》第二十条第三款的规定，下列行为应当认定为"行凶"。
（1）使用致命性凶器，严重危及他人人身安全的。
（2）未使用凶器或者未使用致命性凶器，但是根据不法侵害的人数、打击部位和力度等情况，确已严重危及他人人身安全的。虽然尚未造成实际损害，但已对人身安全造成严重、紧迫危险的，可以认定为"行凶"。

（二）准确理解和把握"杀人、抢劫、强奸、绑架"

《刑法》第二十条第三款规定的"杀人、抢劫、强奸、绑架"，是指具体犯罪行为而不是具体罪名。在实施不法侵害过程中存在杀人、抢劫、强奸、绑架等严重危及人身安全的暴力犯罪行为的，如以暴力手段抢劫枪支、弹药、爆炸物或者以绑架手段拐卖妇女、儿童的，可以实行特殊防卫。有关行为没有严重危及人身安全的,应当适用一般防卫的法律规定。

(三)准确理解和把握"其他严重危及人身安全的暴力犯罪"

《刑法》第二十条第三款规定的"其他严重危及人身安全的暴力犯罪",应当是与杀人、抢劫、强奸、绑架行为相当,并具有致人重伤或者死亡的紧迫危险和现实可能的暴力犯罪。

(四)准确把握一般防卫与特殊防卫的关系

对于不符合特殊防卫起因条件的防卫行为,致不法侵害人伤亡的,如果没有明显超过必要限度,也应当认定为正当防卫,不负刑事责任。

五、正当防卫的误区

(1)打架斗殴中,任何一方对他人实施的暴力侵害行为。两人及多人打架斗殴,一方先动手,后动手的一方实施的所谓反击他人侵害行为的行为,不属于正当防卫。

(2)对假想中的不法侵害实施的所谓"正当防卫"行为。不法侵害必须是在客观上确实存在,而不是主观想象的或者推测的。

(3)对尚未开始不法侵害行为的行为人实施的所谓"正当防卫"行为。

(4)对自动停止,或者已经实施终了的不法侵害的行为人实施的所谓"正当防卫"行为。

(5)不是针对正在进行的不法侵害者本人,而是无关的第三者的所谓"正当防卫"行为。

(6)不法侵害者已被制伏,或者已经丧失继续侵害能力时的所谓"正当防卫"行为。

(7)防卫挑拨式的所谓"正当防卫"行为。即为了侵害对方,故意挑逗他人向自己进攻,然后借口正当防卫加害对方。

(8)对精神病人或者无刑事责任能力的未成年人的侵害行为实施的所谓"正当防卫"行为。

(9)对合法行为采取的所谓"正当防卫"行为。公安人员依法逮捕、拘留犯罪嫌疑人等合法行为,嫌疑人不得以任何借口实行所谓的"正当防卫"。对紧急避险行为也不能实行正当防卫。

(10)起先是正当防卫,但后来明显超过必要限度造成重大损害的行为。此种行为,法律称为"防卫过当",不属正当防卫的范畴(出现《刑法》第二十条第三款规定的情况例外)。

六、大学生应掌握哪些必要的防卫术

(1)击腹法:遇到脖子被歹徒勒住,一只手掰其手,速用另一只手拳头或肘猛击歹徒的腹部。

(2)蹬跺法:用鞋跟部猛蹬歹徒小腿胫骨前部或用力跺、踩其脚前部。

(3)扭指法:遇到歹徒将自己勒住或抱住时,速将其小指捏住,用力向外侧扳,使其松手。

(4)膝击法:靠近歹徒时,提膝向其胯下或裆部、小腹部猛撞。

(5)口咬法:尤其是女性被歹徒抓住后,在不得已时,可用口咬歹徒的鼻子、口唇、耳朵或手指等部位。

（6）头撞法：与歹徒靠近时，可用头部撞击歹徒的胸、腹和头等要害部位。

要注意以上方法只能用于正当防卫或对付歹徒，千万不可在学生之间滥用，以免造成不良后果。

法律链接

《刑法》第二十条第三款规定："对正在进行行凶、杀人、抢劫、强奸、绑架以及其他严重危及人身安全的暴力犯罪，采取防卫行为，造成不法侵害人伤亡的，属于正当防卫，不负刑事责任。"

根据这一规定，必须具备三个条件。

第一，客观上存在着严重危及人身安全的暴力犯罪，这是行使特别防卫权的前提条件。

第二，严重的暴力犯罪是正在进行中的，这是行使无限防卫权的时间条件。

第三，防卫行为只能是针对不法侵害人本人实施的，这是行使无限防卫权的对象条件。

在符合上述三个条件的情况下防卫人因防卫行为致不法侵害人伤亡后果的，即使造成重大损害的，仍为正当防卫而不属于防卫过当，应受法律的保护而不负刑事责任。

安全知识互动

（1）什么是正当防卫？

（2）简述正当防卫的误区有哪些。

（3）大学生应该掌握哪些防身术？

第四讲　财产安全　防范为先

素质教育导读

随着教育改革的不断深入发展，学校与社会的互动也越来越频繁，这无疑大大地影响了校园的治安环境。随之而来的是繁杂的人员出入，校园内入室盗窃及抢劫等刑事案件频发，从而给原本平静的学习生活带来巨大的波澜。随着学校规模的不断扩大，传统的"一个门卫管一个校园"的防护模式已经远远不能满足当前校园的治安形势了，通过技术手段防盗日益成为校园防护的发展潮流；不仅如此，随着互联网时代的全面来临，网络已经成为当代学生群体互动交流的重要途径，尤其是大学生群体。然而，随着电子支付以及共享经济等各种互联网形式的推广应用，以电信网络诈骗为首的治安案件层出不穷，给学生日常生活以及财产安全构成了严重威胁。

案例导入

"演技"小偷专盯大学生宿舍作案

2020年10月16日，西安某高校学生李某报警称，其舍友田某当日早8时许离开宿舍，返回宿舍时发现宿舍内一台华为笔记本电脑、一台联想笔记本电脑及一部苹果6S手机被盗，总价值约11 000元；11月5日，西安某高校学生田某报警称，其于当日早8时许离开宿舍，返回宿舍时发现宿舍内两台笔记本电脑及一台平板电脑被盗；11月10日，西安某高校学生姚某报警称，其于宿舍内两台笔记本电脑及一部苹果平板电脑被盗。这三起校园内案件得到民警的高度重视。经过调取监控比对，民警发现三起案件嫌疑人衣着均不同，且因为佩戴口罩遮住了大半面部，一时无法辨认具体相貌。但隐蔽性再强终都会露出破绽，演技再好也逃不过民警的火眼金睛，最终民警判定，三起案件嫌疑人应该为同一个人。

民警经过近一个月不间断的侦查取证，最终确定犯罪嫌疑人为张某（32岁，临潼区人），并于2020年11月24日在临潼区将张某成功抓获。结合分局"三二五"工作机制，此案交由分局鸣犊派出所进行后续办理。经审查，张某无固定工作，经常留宿网吧，居无定所，因有过盗窃高校学生前科，认为高校学生有钱且警惕性低，便流窜在各高校伺机进行作案，专挑宿舍楼无人时机，摸取门框上的钥匙偷开宿舍门进行盗窃，得手后立刻进行销赃。

张某对其于2020年10月16日、2020年11月5日、2020年11月10日分别在西安某

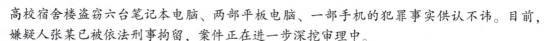

高校宿舍楼盗窃六台笔记本电脑、两部平板电脑、一部手机的犯罪事实供认不讳。目前，嫌疑人张某已被依法刑事拘留，案件正在进一步深挖审理中。

（资料来源：长安宣传2020-11-29）

案例点评：

目前，校园偷盗案依然时有发生，究其原因，主要在于某些大学生安全意识与防盗意识薄弱，总觉得校内环境安全，不会出现入室盗窃；然而也正是这种心理的存在，使得某些不法分子乘虚而入，将那些关门不严、忘记锁门的宿舍中的财物洗劫一空。

第一课　如何防止被盗

一、校园偷盗案的特征

盗窃是指以非法占有为目的，秘密窃取数额较大公私财物或者多次盗窃公私财物的行为。近年来，以大学生为目标的侵财犯罪案件不断上升。面对社会上各种各样别有用心的人将黑手伸向大学生群体，我们应该在提高安全防范意识的同时，学习一些安全防范知识、了解基本的犯罪作案手法，贴近实际，练就辨别真伪的本领，以达到保护好自身财物的目的。

（一）盗窃物品种类繁多

同学们容易被盗的物品繁多，首先是现金，其次是贵重物品。贵重物品主要包括手提电脑、手机、金银首饰等，但也有比较普通的，如自行车、衣物、学习用品、自习教室的书籍等。

（二）发案场所纷繁复杂

在高校校园里，不论是学生宿舍，还是教室、图书馆、体育馆和食堂等公共场所各类盗窃案件都有发生，据统计占到学校财物盗窃案件的近七成。

（三）作案时机见缝插针

盗窃犯罪分子总是在不断窥探学生在财物保管方面的薄弱环节，寻找时机作案，给人防不胜防的感觉。甚至有些同学因为被盗过，加强了相应的防范，但还是不能避免。

（四）内盗案件时有发生

盗窃案按作案主体进行分类可分为外盗、内盗和内外结伙盗窃3种类型。内盗案件是盗窃案件的高校中发案率比较高的一类案件，发生在学生宿舍、图书馆、体育场、食堂等盗窃案件中，就有一部分是本校的学生作案。有的同学不顾家庭和自身经济承受能力，花钱大手大脚，从而导致偷窃同学的财物；有的同学是一时糊涂，对同学随便乱放、疏于保管的财物起了贪念；有的同学是出于羡慕或妒忌，泄愤报复；有的同学是由于从小就有这些偷摸劣习，无法改掉，甚至已经形成了一定的心理疾病；等等。

二、校园容易发生盗窃案的时间

盗窃是犯罪分子用不合法的手段秘密地取得他人的财物。因此，犯罪分子必然要回避人，尽量不被人发觉。一般来说，高校校园盗窃案件多发生在以下时间。

(1) 刚开学时。宿舍较乱，新同学缺乏经验，宿舍容易发生被盗案件。

(2) 放假前夕。到宿舍找人、串门的人多，宿舍容易发生盗窃案件。

(3) 放假期间。学生离校后，宿舍易发生撬门扭锁盗窃。

(4) 上课时间。特别是上体育课时，同学们习惯将钱包和手表放在宿舍内，容易发生盗窃案件。

(5) 上晚自习时。相邻的几个宿舍人员走空，宿舍易发生被盗案件。

(6) 夏秋季节。同学们开窗睡觉，宿舍易发生"钓鱼"盗窃。

(7) 夏季开门多，宿舍易发生乘虚而入的盗窃案件。

(8) 学校举办大型文体活动时，学校外来人员增加，校内发生盗窃的可能性增加。

三、校园偷盗的常见作案手法

（一）"插片入室"法

大多数学生宿舍门、锁质量不好，又没有安装防插装置，即使有些宿舍安装了保险锁，但由于学生防盗意识不强，又或是为了图方便，没有用钥匙上保险的习惯，在出门时往往是将门一带就离开了，这样窃贼就会利用硬塑料片、薄金属片之类的东西一插，门就轻而易举地打开了。

（二）"巧取钥匙"法

有些学生钥匙随便放，丢了也不加强警觉，有些学生为方便进出，干脆将钥匙插在门上而不拔下。犯罪分子则利用学生的这些弱点取到钥匙或事先配好多把，寻找时机入室作案。

（三）"顺手牵羊"法

犯罪分子以找同学、老乡发传单或推销商品等为借口，在宿舍周围徘徊，若发现寝室门开着又没有人，就会迅速进入室内，将学生放在桌上、抽屉里或包里的贵重物品偷走。此类案件在高校学生宿舍最常见。

（四）"抽签"法

抽签是指小偷有意识地抽取部分钱财，如抽取钱包里的部分现金。这种作案手法有较大的隐蔽性，有时失主少了钱物还被蒙在鼓里，"抽签"法以内部人员作案居多。

（五）溜门盗窃

此盗窃手段主要用在学生宿舍盗窃案件中，作案分子利用门未锁的机会溜进室内进行盗窃。室内有人时，作案分子如果是陌生人，则会以找人等借口来掩盖自己的真实目的；作案分子如果是熟人，则会以找同学或"串门"为由，稍做攀谈后离开。

四、校园偷盗案的防范

宿舍被盗，只因引狼入室

刘某是某高校的一名大三学生。一天，一位曾和他一起在外打工的葛姓朋友从外地来找他，说是到他这里来玩，刘某碍于朋友面子接待了他。葛某也很是大方，又是请客，又是叙旧，于是顺理成章，晚上刘某就把葛某留在了自己的寝室住。这一住就是十多天，白天刘某和他的同学去上课，葛某要么睡觉、要么上网，加上人也还热情，倒也和寝室里的这些同学关系搞得不错。可第十二天，葛某突然不见了，一起不见的还有寝室里周某和何某的两台笔记本电脑。刘某这才大呼上当，一查，自己的存折也不见了，存折内的 6 000 多元现金也不见踪影。报案后，当问起葛某的具体情况时，刘某也是一知半解，甚至连是否用的是假名也不得而知。

（资料来源：大学生安全教育，李晓林主编，第 2 版）

作为在校大学生，正常的社会交往是必不可少的，但要学会交往、善于交往，不要盲目交友。以上案例中的刘某就是因缺乏必要的辨识能力和安全防范意识，结果给自己及宿舍其他人员造成财产损失。

（一）学生宿舍如何防盗

宿舍是同学们在校居住、生活的主要场所，个人的钱、物都放在宿舍里。因此，做好宿舍的防盗是同学们在校学习生活期间预防个人财物被盗的重点工作。学生宿舍被盗在时间上具有一定的规律性。据统计，学生宿舍是最容易发生盗窃的。

1. 学生宿舍的防盗措施

为此，同学们可以从以下几个方面做好宿舍防盗工作。

（1）对于笔记本电脑、手机、金银饰品等贵重物品，较长时间不用的应该带回家中。除留少量零用钱外，应将现金及时存入银行，贵重物品随身携带或放置在上锁的安全地方。暂不使用时，最好锁在宿舍抽屉或箱（柜）子里。千万不要随意放置在桌上、床上等显眼的位置。对于易被盗的笔记本电脑，应使用电脑锁将其固定在桌子上。

（2）在价值较高的贵重物品、衣服上，最好有意地做上一些特殊记号。一旦被盗，报案时好说明，认领时也有依据。

（3）注意养成随手关窗锁门的习惯。上课、参加集体活动等离开宿舍时，最后离开寝室的学生，一定要关好窗户锁好门，哪怕是离开一会儿，也要关好窗锁好门，防止犯罪分子溜门盗窃。

（4）对形迹可疑的陌生人应提高警惕。见到形迹可疑的人在宿舍楼四处走动或窥探张望，同学们要多问问，即便不能当场抓住，也使盗窃分子感到无可乘之机，不敢贸然动手，客观上起到预防作用。

（5）不要随意透露或公开自己的个人信息，特别是各班和各类组织编制的有家庭地址和电话的通信录，或是网上求职的各类信息，防止不法分子利用此类信息进行违法犯罪活动。

（6）注意保管好自己的钥匙，不能随意借给他人或乱丢乱放，以防盗窃嫌疑人复制或伺机作案。

（7）不要留宿外来人员，随意留宿不知底细的人，等于引狼入室。

（8）对于外来宿舍推销人员要坚决于以拒绝，并及时报告宿舍管理人员或报告学校保卫处。

> **高校又现被盗案**
>
> 2019年5月10日16时，河南某高校学生公寓应某、陈某等报案称他们所在的相邻两个寝室发生盗窃案，被盗物品有笔记本电脑三台、手机两部、现金1 250元。当天13：30他们寝室的同学都去参加期末考试，离开寝室时已将门关上，回来后发现寝室门开着，室内贵重物品及现金被盗。经公安部门现场勘察，窃贼是通过插片入室的方法进入寝室盗窃，而和其相邻的另一个寝室与该寝室是共用一个阳台，当时该两个寝室的阳台门均没有上锁，所以相邻寝室的物品也被盗。
>
> （资料来源：印象网，2019年5月10日）

从以上案例可以看出，虽然同学在出门时已将寝室门锁上，但由于不了解门锁的特性，只是将门关上而没有将其用钥匙保险，没有考虑到窃贼会利用插片的方法入室盗窃，同时两个寝室共用阳台的阳台门又没有锁上，使相邻寝室也遭殃。由此看来，要预防此类案件的发生，首先必须了解窃贼所惯用的伎俩，只有了解了窃贼常用的偷盗方法，才能做到心中有数，有备无患。

2. 如何处理宿舍被盗

（1）如果发现自己宿舍门被撬，抽屉、箱子锁被撬，室内物品被随意翻动，那么极有可能盗窃分子已经作案，在向学校保卫部门、物业公司办公室报告的同时，应立即向所在派出所报案。

（2）要保护好发案现场。犯罪现场是判断犯罪分子进行犯罪活动和真实反映犯罪人客观情况的基础，只有把现场保护好了，侦查人员才有可能把犯罪分子遗留下的手印、脚印、作案工具等痕迹收集起来，而这些正是揭露和证实犯罪的有力证据，因此必须保护好现场。

（3）如果发现存折被盗，应该尽快办理挂失，防止盗窃分子将存款取走。

（4）积极配合公安机关，向负责侦查破案的公安民警如实提供情况，提供线索，力求全面、及时准确。

（5）注意周围变化，重要信息应及时告知学院领导和学校保卫部门。

（二）校园公共场所的防盗

校园公共场所主要是指学校的图书馆、自习室、食堂、运动场等公开场所，这些公共场所是失窃高发场所。犯罪嫌疑人往往趁没人或人少之机下手，甚至重复在这些场合多次实施盗窃。他们的作案手段一般是先寻找"猎物"，然后守株待兔，最后顺手牵羊。这种作案手段一般不使用暴力或破坏性手段隐蔽性强，作案时不易被发现，现场不留痕迹，侦破难度较大。

为防范自身财产损失，大学生可从以下几点做起。

（1）到食堂就餐时，不要用书包占座位；不要将手机、钱包等贵重物品放在外套的口袋内；排队时将自己的包背在胸前，不要给小偷可乘之机。

（2）在教室或图书馆自习室里自修、学习的同学，要妥善保管好自己的书包等物品，不要让它离开你的视线。确需离开时，应委托同学或熟人代为保管，如教室里无其他人员时，必须将自己的物品随身携带。

（3）尽量不要将贵重物品带进运动场所，自己的书包内除了必要的书籍和学习用品外，不要存放现金、银行存折、信用卡、手机等贵重物品以及身份证、学生证，不要使书包成为"金库"。如确需带入运动场所，切勿将贵重物品随意放置，要暂时离开、书包要脱离你的视线范围时，一定要请熟悉的同学代为看管，若没有人看管，务必将书包随身带走，即使是去卫生间一两分钟时间，也麻痹不得，防止被盗。

（4）到图书馆存包，务必自带锁具，上好锁。在存放的包内不要放置现金、手机等贵重物品，以免造成更大的损失。

（5）在发现失窃、被盗案件时应及时向保卫部门报案，以便保卫人员及时采取措施，追查犯罪嫌疑人。

（6）在运动场上参加体育锻炼等活动必须脱外衣时，应注意事先将衣服内现金、存折、信用卡、手机等贵重物品，存放在寝室的箱柜里，不要带到运动场上去。在运动场上脱外衣，存放书包要注意指定专人看管，不得马虎。

（7）到超市或小店购物或乘坐公交车时，不要把手机、现金等贵重物品放在双肩包内，也不要放在敞口的衣服口袋内，最好是放在贴身的、有拉链的衣袋内，以防失窃。

总之，不管是到哪一处公共场所，当离开时一定要注意自己随身携带的物品，不要将其遗忘在公共场所。

> **典型案例**
>
> **大学生食堂打饭时书包遭窃**
>
> 某高校机械专业学生李某和程某下课后来到学校食堂，将两个书包放到餐桌上去买饭，回来后发现书包不见了，书包里有两部手机、一个MP3、钱包、书本等。后来小偷在校外销赃时被公安人员抓获。经审查，该小偷系吸毒人员，20岁，无业，经常装扮成学生模样，混进附近高校食堂餐厅、运动场、自习室等场所，伺机拎包或偷盗自行车，屡屡得手。
>
> （资料来源：以上信息为作者自行收集）

上述案例中，犯罪嫌疑人是在公共场所趁同学不注意时实施盗窃的。大学校园里，如教学楼、图书馆、运动场、食堂等众多公共场所，人多且复杂，学生稍有不慎，极易发生被盗事件。如有些学生在食堂就餐时，为了抢占座位，把自己的物品（提包、书、雨伞等）放在座位上，然后去排队买饭，等回来时，物品已不见踪影。犯罪嫌疑人之所以能够屡屡得手，不是学校没有防范措施，更不是窃贼作案的手段多么高明，而是当事人缺乏应有的警惕。

（三）自行车的防盗

自行车是多数同学在校学习生活期间主要交通工具，尽管自行车的价格不算太贵，但同学们如果不小心丢失了，还是会给自己的学习生活带来一定的不便。同学们预防自行车被盗，最好的办法是从自己做起，加强对自行车的安全防范。

（1）购买自行车时要索取发票，没有发票或手续不全的车不买。

（2）自行车要停放在有人看管的地方，如地下车库、停车场等。

（3）自行车停放后，一定要上锁，这是防范自行车被盗首先应该做到的。虽然并非上锁就能完全防止被盗，但至少能让盗车贼盗窃车辆难度增加，作案时间延长，从而提高安全系数。

（4）购买车锁时，要到正式的摊位，要用正式厂家生产的车锁，以提高车锁的安全系数，也可以在原有车锁的基础上加装质量好的锁。

（5）骑车去校外公共场所时，最好将车放到存车处。放假期间，最好将车推入寝室或交同学保管。

（6）自己的自行车一旦丢失，应立即到学校保卫部门或公安机关报案，并提供有效证件、证明及其他有关情况，以便及时查找。

五、盗窃案发生后的应对处置措施

（1）发现宿舍门被撬，柜子、抽屉、箱子的锁被撬或被翻动，应立即告知辅导员或学院有关领导，并向学校宿舍管理部门和保卫部门报告。

（2）当发现嫌疑人时，应立即组织同学进行堵截，在确保安全的情况下尽力捉拿。

（3）如果案件发生在教室、图书馆、宿舍楼，可在门前（一楼还包括窗外）派人看守，阻止同学们围观，不让他人进入，更不能翻动室内的任何物品，封闭室内现场。

（4）对盗窃分子可能留下痕迹的门柄、锁头、窗户、门框等不要触摸，以免把无关人员的指纹留在上面，给勘查现场、认定犯罪分子带来不必要的麻烦。

（5）如果发现存折、银行卡被盗，应立即致电银行办理挂失手续。

（6）积极向前来勘验和调查的地方公安、学校保卫人员反映情况，提供线索，协助破案。

（7）对感觉内盗嫌疑很大的案件，如没有确切证据则不能随便冤枉好人，乱怀疑同学容易引发同学之间的矛盾，不但案子破不了，还会造成同学之间的相互猜疑，引发一些治安隐患。

（8）对有证据和线索的内盗案件，也要采取适当的形式，以防止这些犯了错误的同学走向另一个极端，比如自暴自弃、自残等。

六、如何确保自己的财产安全

（1）将现金存入银行，不要怕取款麻烦。

（2）存折和储蓄卡的密码及卡号绝对不能让他人知道。储蓄卡要随身携带，不能与自己的身份证和密码放在一起保管。

（3）存折和储蓄卡的密码最好不设为自己的出生年月或电话号码，密码应采用难以破解的数字设定，因为现今破解密码盗取的案例已屡见不鲜。

（4）在取款机上取款时，要警惕他人站在背后偷记你的卡号和密码。

（5）若存折或储蓄卡被盗或丢失，应立即带有效证件（身份证、户口簿等）在第一时间到银行挂失，然后再到保卫部门报案。

（6）最好不要将贵重物品带进学校，如果非要带进来，也一定要随时收好锁好，若乱丢乱放，就会被盗贼"顺手牵羊"。

（7）放假离校时应将贵重物品随身带走，或者托可靠的人保管，不可留在宿舍。而且，在贵重物品上最好留一个特殊记号。

法律链接

《教育部高等学校校园秩序管理若干规定》第九条规定，学生一般不得在学生宿舍留宿校外人员，遇有特殊情况留宿校外人员，应当报请学校有关机构许可，并且进行留宿登记，留宿人离校应注销登记。不得在学生宿舍内留宿异性。

违反前款规定的，学校保卫机构可以责令留宿人离开学生宿舍。

安全知识互动

（1）校园偷盗案的特征有哪些？
（2）校园偷盗的常见作案手法有哪些？
（3）大学生如何确保自己的财产安全？

第二课　注意租房安全

尽管教育部门对学生校外租房持坚决的反对态度，各高校也明令禁止，但大学生因各种原因搬出学生宿舍另外租房的现象越来越普遍。然而，大学生们却没有考虑到，学校周边往往人员复杂，治安环境差，被盗、被抢等案件时有发生，出租房存在诸多安全隐患等问题，因此大学生在外租房引发的治安事件和安全事故屡见不鲜。

此外，校外租房安全隐患多，希望大学生不要轻易尝试，若因特殊情况需在校外租房时，应严格履行审批手续，经家长和学校同意，并详细考察社区治安和房屋状况后再选择。

典型案例

女大学生校外租房遇险

某大学生小丽觉得学校住宿条件较差、熄灯早，生活不够自由，住在校外方便出入，便独自一人在校外租房居住。2022年的一天凌晨4时许，一名小偷翻窗入室，偷得一部手机和75元现金。睡梦中小丽被屋内的磕碰声惊醒，见一名陌生男子在房间内翻包找东西，当她准备大叫时，小偷拿出尖刀对其进行威胁，并强调"不许呼喊"，随后企图对她进行骚扰。受到惊吓的小丽大声呼喊"救命"，小偷情急之下慌乱逃离。随后民警赶到，抓获小偷。隔壁房间的人听到呼喊声跑来施救，发现小丽用被子裹住身体，已经被吓得魂不附体了。

（资料来源：以上信息为作者自行收集）

一、租房

一个或多个租房人为了满足居住需求、商业用途或商住两用的意愿而租用一个单间或整套房间的行为称为租房。

典型案例

大学生情侣在日租房遭遇入室抢劫

2021年8月12日,一名歹徒闯入天津市某小区一间日租房内,抢劫了1 400元现金及一部手机,和女友在此租房的大学生赵某被歹徒连砍4刀,身负重伤。警方在破案后发现,犯罪嫌疑人曾是日租房的房客,正是日租房的管理漏洞给他提供了可乘之机。

(资料来源:以上信息为作者自行收集)

二、租房的正规流程

(1) 双方签订租赁合同。
(2) 房主查看租房人身份证,并索取身份证复印件作为合同附件。
(3) 租房人查看产权证、房主身份证,并审核两证是否统一。
(4) 合同署名与产权证的产权人名字相同,如不相同须有产权人的代理委托书。
(5) 办理合租合同时,须有房主的同意出租(或同意转租)证明。
(6) 订房的时候如果房主要求支付定金,也需要查看以上证件,一般定金不要超过租房合同总金额的20%。

三、常见的租房中介骗局

由于大学生经济能力有限,通过小型中介公司租房的为数不少。由于对中介市场不了解,缺乏经验,上当受骗的大有人在。下面介绍几种常见的中介骗局。

(一) 诱人的虚假广告

不法中介在报纸、网络上发布一些虚假房源信息,诱骗租房人的看房费、信息费。

(二) 免收中介费

俗话说:"天下没有免费的午餐。"当中介公司宣称免收中介费时,就应小心了。不法中介使用各种手段骗取房主信任后,以极低的价格代理房主房屋出租事宜,然后利用租房人对租房行情不了解的特点,暗地里大幅提高房租,获取差价。

(三) 一次性收取长期租金

一些不法中介公司打着房屋出租代理的名义,以各种优惠条件从房主手中骗得房屋钥匙及一个月的空置期,以月付的方式支付租金,同时刊登低价出租广告吸引租房人,如租房人看中此房,至少要以押一付三的方式支付房屋租金,而更多的人是采取半年付、年付来支付租金。不法中介采用这种手段聚敛现金,然后伺机携款出逃,从而给租房人带来巨大财产损失。建议大学生首次租房时不要签长期合同,一方面,因为手中现金少,一次性支出太多,难以应对将来的不时之需;另一方面,初次租房往往考虑不周,仓促入住后才发现存在诸多问题,退租也没有主动权,只能将就到合约期满。如果时间紧张,尽量寻找短期房源,短期租金比长期租金略高,但可以利用这段时间看一看是否有更好的选择。

(四) "见不得人"的房主

一种可能的情况是,不法中介首先租下一套合适的房子做道具,然后雇请一名业务员冒充房主，报出的出租价格远远低于市场价格。当顾客看房满意与假房主签下合同并交纳了中介费后，这位假房主却找出各种理由不肯出租了。租房人找不法中介退钱时，不法中介说双方已签租赁合同，中介服务已经完成，房主属单方违约，中介费不予退还。

另一种可能的情况是，租房人通过不法中介找到适合的房屋，被要求先付中介费或看房费，然后才能提供"房主"的联系方式。当租房人联系到"房主"看房时，"房主"会以最近很忙、没时间或者正在出差等种种理由推托。

（五）名目众多的费用

1. 信息费

当租房人与不法中介在中介费上不能达成一致时，不法中介会提出优惠方式，即租房人交纳为数不多的一笔费用后，一般为300~500元，不法中介会为租房人提供若干条房源信息，由租房人自己去联系。

2. 押金

又称看房费，不法中介在手中没有现成可做道具的房源时，便想出在看房前收取所谓"押金"的骗术。租房人缴费后，不法中介想尽一切办法拖延看房，或者向租房人推销条件差的房源，然后以种种理由拒不退款，甚至采取恐吓、武力等手段迫使租房人放弃"押金"。

（六）合同陷阱

无论是房主还是租房人在委托中介公司为之出租或租赁房屋时，都要与之签订一份委托合同，在合同中设置陷阱是不法中介惯用的手法。

四、保证租房安全

大学生选择校外租房的原因多种多样，如考研需要安静的学习环境，而宿舍太吵太闹；谈了男女朋友，在宿舍相处不方便；不想受制于学校限电限时的约束，追求"自由自主"等。大学生们可以从以下几点做起，保证租房的安全。

（一）"房比三家"

租房时要尽量多跑几家，多做比较，优中选优，选择最适合自己的，同时注意四周环境是否安静、安全、卫生等。

（二）订金慢些交

租房时不要急于交订金或租金，最好从正反两方面来考虑自己的决定，如有朋友在场，相互商量会更好。

（三）押金说清楚

租房人在交纳房屋押金时要与房主协商好是押一付三、押二付三还是押二付四。因为当租房人合同期满要求退租时，房主可能会以房屋设施损坏或者其他借口作为条件来克扣租房人的押金，造成租房人不必要的损失。

（四）租金少交些

为了讨价还价，租房人要尽量把租期说得长一些，但一次性交纳的租金还是越少越好。

（五）明确房屋信息

要明确所租赁房屋的位置、间数、面积、质量、租赁期限、租金及支付期限与支付方式等。

（六）租赁合同要细

要明确水费、电费、煤气费、电话费、光纤电视费、卫生费和物业管理费等由谁支付，并列明租住前的各项数字以区分责任。同时还要对房屋维修及费用问题做出约定。

（七）完备租赁手续

产权证并非合法出租的充分条件，还应按有关规定办理房屋租赁许可证，租赁合同经过租赁登记方可生效。

（八）清点房屋设施

租房人在租房时一定要清点好房屋内部的设施，如门窗、家电、家具、煤气等，并且在看房时检查一下家用电器的运行情况、家具的完好程度等，然后将其一一列入清单。最好注明出现故障时维修费用由谁来承担，以免租房人在入住后家用电器等出现故障时因维修问题与房主产生矛盾。

> **安全知识互动**
>
> 1. 租房的正规流程有哪些？
> 2. 常见的租房中介骗局有哪些？
> 3. 问问身边租房的同学，他们是否遭遇了一些奇葩的租房骗局，并分析其中的骗术，在班上展开讨论，分析如何避免租房骗局。

第三课　如何防范校外抢劫

抢劫是当今社会诸多犯罪形式中危害严重、公共影响恶劣的一种暴力犯罪类型。它不仅给被害人带来了极大的身心伤害和财产损失，而且容易转化为强奸、凶杀等恶性案件，严重侵犯同学们的财产及人身权利，威胁同学们的生命安全，造成同学们生命、健康及精神上的损害，比盗窃犯罪具有更大的危害性。而更可怕的是，它不是单单针对某个人，而是针对整个社会，是对公共秩序的公然挑衅和蔑视，容易催生不安心理，造成恐慌情绪，引发整个社会的不稳定。这类犯罪行为相比盗窃行为发生得少，但也时有发生。同学们必须引起注意，采取措施，积极防范。

大学生因长期泡网吧被抢劫

某高校学生彭某从网吧回学校时，在学校南门外被四名男子拦住去路。他们称："我们老大是不是被你打了？走，跟我们回去说清楚！"彭某辩称根本不知道对方老大是谁，但被四人强行拖上停在路边的一辆面包车，劫持至一河边。四名男子要彭某交出随身携带的手机、银行卡等物，并逼迫其说出银行卡密码。随后，以核对密码为由，取走卡内现金4 000余元。为防止彭某报警,劫匪还让其脱光衣服,将彭某丢在河边扬长而去。此案很快被公安机关侦破。原来四名犯罪分子均喜好上网并吸毒,在网吧他们就盯上了彭某。

(资料来源:以上信息为作者自行收集)

上述案例中,犯罪嫌疑人利用开学前大学生携款返校之机作案,先在网吧盯上彭某,然后随口编造一个谎言,将其带入偏僻地带实施抢劫。大学生出门在外,一定要保持高度的警惕性,要妥善保管自己的随身物品,提高警惕,留意是否有可疑人员跟踪;若到偏僻场所,最好结伴而行,切不可随陌生人进入偏僻地带,遇难危险要及时呼救。因此,学生们需从以下几点加以防范。第一,不要把手机挂在胸前,夜间行走不要边走边打电话,背着包时最好在与车行方向相反的人行道上走路;骑自行车时不要把贵重物品放在车篓里,防止不法分子将铁丝缠住后轮,待你回头看时,趁机抢走物品;第二,外出时不要轻易和陌生人交谈,不能随便饮用陌生人提供的饮料、抽陌生人递过来的香烟、吃陌生人的食物;第三,到银行存取款时,要注意观察周围有无可疑人员尾随;提取大额现金最好邀请同学做伴;遇有紧急情况应向警察、路人或拨打110求救。

一、高校抢劫案件发生的特点

(一)从遭抢劫的地点看

绝大多数发生在校园及其周边大学生经常路经或活动的地带。例如,偏僻、人少、黑暗的小道、树林、建筑工地、小山、闲置孤立的旧房屋、临时搭建屋等。

(二)从遭抢劫的时间看

(1)一是午休或夜深人少之时。
(2)学生上晚自习或上课,绝大多数人员相对集中而校园及其周边人员较少时。
(3)严冬夜长昼短,天气寒冷,室外活动人员较少时。
(4)新生刚入学报到的一段时间内。

(三)从遭抢劫的对象看

(1)携物单个返校的学生。
(2)单独晚归的学生。
(3)独自游离的学生。
(4)在学校周边租房居住或打工,具有一定活动规律的人员。
(5)遭抢劫者多数是女生、个别性格懦弱的男生或谈恋爱的男生与女生。

(四)从遭抢劫的伤害看

不单单是财物遭侵害,虽然抢劫分子开始的动机是抢劫财物,但是在实施抢劫的过程中往往转化为人身伤害。

(五)从实施抢劫的作案人员看

除了个别是流窜作案外,多数是学校及其周边的暂住人员、不务正业的无业人员或有劣迹的人员。

二、校外抢劫的预防措施

相对而言，校园外遭遇抢劫（抢夺），可防可控的程度较低。因此，了解和掌握一些必要的防抢技巧，对于保护大学生的人身、财产安全具有更现实的意义。为此，同学们可以从以下几点加以防范。

（1）外出时不要携带过多的现金和贵重物品，不要做"低头族"。
（2）如果因需要必须携带大量现金或较多的贵重物品时，应请同学随行，最好坐车。
（3）不要炫耀或显露现金或贵重物品。
（4）现金或贵重物品最好贴身携带，不要置于手提包内。
（5）避免夜间到银行自助终端办理存取款业务。
（6）尽量避免在午休、夜深人静或人少的时候单独外出。如果确需外出时，应尽量结伴而行。
（7）在人行道上骑车或行走时要走人行道内侧，尽量不要靠近机动车道。不要将装有现金和贵重物品的包挂在车头或车架上，以防骑摩托车抢劫。
（8）在等电梯或者在准备开门的时候，一定要回头观望一下，看看是否有人跟随。
（9）若发现有人尾随，不要露出胆怯神态，可以大胆回头多盯对方几眼，或哼首歌曲，或大叫同学、教师的名字，并改变原定路线，朝有人、有灯的地方走。

三、抢夺抢劫案发生时的应对处置措施

同学们在校外或校内遭遇个人财物被抢夺抢劫时，应当保持镇定，根据所处的环境，对比双方的力量，针对不同的情况采取不同的对策。

（一）沉着冷静不恐慌

只要条件许可，周围环境有利，存在制胜的可能，就要坚决勇敢地进攻，尽最大努力制伏不法分子。这样不但保护了自己的财物，也使不法分子不能再继续危害他人。

当作案人单人作案且没有持械的情况下，如果同学们比抢劫人身体条件或人数处于明显优势，可借故拖延，环视周围没有同伙时，用语言分散其注意力，乘其不备将其制服或逃跑。然后，将其扭送学校保卫部门、公安机关或报案。

（二）力量悬殊不蛮干

面对抢劫嫌疑人，没有十足的把握，最好别进行反抗。有的嫌疑人穷凶极恶，一旦受到刺激，就会不顾后果，很可能会伤到同学们的性命。这种情况下，可借助有利地形，利用身边的砖头、木棒等武器与作案人僵持，使作案人短时间内无法近身，以等来援助者。或看准时机，向有人、有灯光的地方或宿舍区逃跑。

（三）设法脱逃不犹豫

当自己无法制服不法分子时，能脱逃的最好迅速跑掉，暂时无法脱逃的，要利用身边的有利地形和能够利用的东西与其抗衡，大声呼救，在抗衡、对峙、周旋过程中，一方面等待外援，另一方面寻机脱身，同时留意案犯的特征。俗话说："三十六计，走为上计。"同学们如遇到抢劫，对比双方力量，感到无法抗衡时，可看准时机向有灯光或人员集中的地方快速奔跑。犯罪分子由于心虚，一般不会穷追不舍，从而可有效避免劫案的发生。

（四）以柔克刚护自己

既然无能力反抗，暂时无法脱身时，就不要以卵击石。可按不法分子的要求交出部分

财物，同时以恰当的话语使不法分子心理满足，尽量麻痹松懈其心理防备，寻机逃脱。还可根据不法分子的心理，理直气壮地攻心和说服，从心理上予以震慑，晓以利害，造成作案人心理上的恐惧，使其得到部分财物后，终止继续作案。

（五）留下印记不放过

同学们一旦遭遇抢劫（抢夺），要注意观察作案人，尽量准确地记下其特征，如身高、年龄、发型、体态、衣着、胡须、特殊疤痕、语言及行为等，还可趁其不注意在作案人身上留下暗记，如衣服上擦血等便于向公安机关侦破案件提供线索。

（六）被抢劫后怎么办？

抢劫是一种严重的犯罪行为，不仅会对被害人造成身体和心理上的伤害，还会对被害人的财产造成损失。在抢劫过程中，如果被害人受伤或财产受到损失，可以要求赔偿。以下是被抢劫后要求赔偿的步骤和相关法律规定：

（1）被抢劫后，被害人需要立即报警，并向警方提供尽可能详细的案件信息，包括歹徒的描述、作案时间、地点等。警方会进行调查，并立案侦查。

（2）如果被抢劫的财产或人身伤害已经通过诉讼方式得到解决，被害人可以向法院提出刑事附带民事赔偿的申请。申请内容包括被害人的损失情况、歹徒的犯罪行为和判决结果等。

（3）在提出刑事附带民事赔偿申请时，被害人需要提供相关证据，如医疗记录、财产损失证明等。法院会根据相关法律规定和证据情况，决定是否受理申请。

（4）如果法院决定受理申请，被害人可以与歹徒协商解决赔偿问题。如果协商不成，被害人可以向法院提起诉讼，要求歹徒赔偿相应的损失。

（5）在诉讼过程中，被害人需要提供充分的证据证明自己的损失和歹徒的犯罪行为之间的因果关系。法院会根据相关法律规定和证据情况，判决歹徒赔偿被害人的损失。

需要注意的是，抢劫罪是一种严重的犯罪行为，被害人在要求赔偿的过程中应当依法依规进行，不要采取过激的行为或手段。同时，被害人在要求赔偿的过程中应当积极配合警方和法院的工作，以便尽快得到合理的赔偿结果。

法律链接

《中华人民共和国刑法》第二百六十三条规定，以暴力、胁迫或者其他方法抢劫财物的，处三年以上十年以下有期徒刑，并处罚金；有下列情形之一的，处十年以上有期徒刑、无期徒刑或者死刑，并处罚金或者没收财产。

（1）入户抢劫的。
（2）在公共交通工具上抢劫的。
（3）抢劫银行或者其他金融机构的。
（4）多次抢劫或者抢劫数额巨大的。
（5）抢劫致人重伤、死亡的。
（6）冒充军警人员抢劫的。
（7）持枪抢劫的。
（8）抢劫军用物资或者抢险、救灾、救济物资的。

《中华人民共和国治安管理处罚法》第四十九条规定，盗窃、诈骗、哄抢、抢夺、敲诈勒索或者故意损毁公私财物的，处五日以上十日以下拘留，可以并处五百元以下罚款；情节较重的，处十日以上十五日以下拘留，可以并处一千元以下罚款。

第四讲　财产安全　防范为先

> **安全知识互动**
> 1. 简述高校抢劫案发生的特点。
> 2. 如何预防校外抢劫的发生？
> 3. 抢夺抢劫案发生时，该怎么应对？

第四课　如何防止校园诈骗

校园诈骗案件是指以在校大学生为作案目标，以非法占有为目的，用虚构事实或隐瞒真相的方法骗取数额较大财物的案件。诈骗案件由于一般不使用暴力，是在一派平静甚至愉快的气氛下进行的，因此大学生往往容易上当。诈骗案件侵害了大学生的合法权益，使学生的身心受到沉重打击，轻者令学生烦恼或陷入经济困难影响其正常的学习和生活，使其无法顺利完成学业；重者则会使受害学生轻生或导致连环的治安及刑事案件发生。因此，诈骗事件的危害性极大。

一、校园诈骗案的主要表现形式

（一）求助：诈骗的敲门砖

此类案件在高校较为多见。诈骗人员选择的作案对象一般是独行的学生，他们往往冒充高级经理人、富家子弟或者名牌大学的学生，以及网友、旅游者等，谎称银行卡被吞或钱包被窃，请求帮助。之后，诈骗人员又编造种种谎言，博取学生的同情，骗取学生的现金、手机等财物，少则几百元，多则上万元。

> **典型案例**
>
> **莫因好心相助而被骗**
>
> 2017年2月25日，女学生张某从饭堂出来时遇到一名外地学生模样的男子上前求助。他称自己是南京某大学学生，父母是酒楼老总，这次是为了会网友专门乘飞机来北京的。但上午一下飞机，信用卡就在取款时被附近的ATM机吞掉了，现在他身无分文，希望借用张某的手机打个电话。女学生毫不犹豫地答应了。男子打通家里的电话后一番原委讲完，他请女学生接电话，说母亲有话要对她说。电话中一个中年妇女向女学生的援助表示了衷心感谢，并提出将钱汇至女学生的银行卡内，可立即提取。
>
> 富有同情心的女学生，如实将自己的银行卡号说了出来，而后在农业银行等了近一个小时也未等到汇款。天色已晚，女学生让男子到校内借住，但对方称住不惯，一定要住宾馆，并提出暂借些钱应急，次日汇款到后一定归还。虽心存疑虑，但女学生最终还是从卡内取出1 000元借给了他。过了一会儿，女大学生越想越觉得不对，感觉自己受骗了，才到派出所报案。
>
> （资料来源：以上信息为作者自行收集）

（二）谎称发生意外：诈骗总有个美丽的外衣

莫因"家人手术急需用钱"信息慌了神

2017年10月28日上午10时许，某高校学生汪某的母亲接到一电话，对方自称是汪某的老师，称汪某胃出血，人已昏迷，正在抢救，要求急速汇款8 000元到指定账户。汪某的母亲一阵慌张，立即打电话将情况告诉汪某的哥哥。汪某的哥哥立即汇款16 000元到指定账户。过后不久，一男子来电称，汪某的手术已做完，但术后大出血，而医院血库没有汪某血型的血，要到外面高价购买，费用为28 000元。汪某的哥哥急忙给姨妈打电话，汪某的姨妈又转账28 000元到指定账户。过了约2个小时，该男子再次来电，称输血的钱不够，需再汇款20 000元。

汪某的家人觉得此事甚为蹊跷，没有再汇款，打电话给汪某的同学。同学称汪某今天一直和他们在一起，没出任何问题，很健康。汪某的家人才发现这原来是一个天大的骗局。

（资料来源：以上信息为作者自行收集）

此类向学生家长行骗的案件时有发生，且诈骗金额较大，少则几千元，多则数万元。诈骗人员惯用的作案手法是：冒充学生的老师，打电话给学生的家长，谎称其子女出车祸、患重病、受重伤等，现正在医院抢救，急需汇款到指定账户。鉴于此，广大学生应妥善保管通信录，不在网上随意公布本人联系方式以及家庭住址、联系电话，并向家长通报案情，将辅导员、同学的联系方式和学校报警电话提供给家长，提醒家长加强防范，在无法与学生取得联系时，可拨打学校报警电话求助，或与辅导员、班主任、院系领导取得联系，搞清事情的来龙去脉，切勿盲目汇款。

（三）虚假短信：警惕另一种"好心"

据公安部新闻发言人介绍，全国4亿多的手机用户几乎都收到过违法短信。为此，一旦收到类似短信，在任何情形下都不要轻易向他人透露银行卡号、密码等账户信息，更不能通过ATM机向不明账户进行转账。如对自己的银行卡消费存有疑问，应到银行柜台咨询，或致电各发卡银行的客户服务热线，如中国银联服务热线95516等。

千万警惕"安全账户"陷阱

2017年9月21日上午9:34，某学院学生李某收到一条短信，内容是：你的银行卡在厦门"好又多"消费1 000元。李某随即拨打了短信留下的联系电话，接电话的一女子自称是银行"工作人员"，告诉李某说，其银行卡"确实"发生了交易，可能是银行卡资料已泄露，银行卡已被他人伪造，并提供公安机关的所谓报案电话。接着，对方声称，可免费为其办理防盗刷、防盗领密码，申请存款保险单等业务，李某只需告诉银行卡卡号、密码及身份证号码，并将卡内余额转账到安全账户即可。当日上午11:34，李某在工商银行ATM机按对方提示进行操作，将卡内余额5 535元转到

"安全账户"。其实，所谓的"安全账户"，是诈骗分子事先用虚假身份在银行开设的私人账户。等李某发现后，自己卡里的钱再也找不回来了，她才慌忙报警。

(资料来源：以上信息为作者自行收集)

(四)"中奖"也可能是陷阱

某大学生接获奖通知后被骗5 000元

2017年2月24日，某高校大学生A收到一条短消息：台湾亨利集团上海公司，为庆祝2010年上海世博会申办成功，促销抽奖，恭喜你中了二等奖，兑换咨询电话：139××××××××。A即拨打咨询电话，对方告诉他中了一台笔记本电脑，价值22 000元，要A先给指定的账号上打660元，才能办理邮寄手续。A信以为真，按要求打了660元。当A再次询问时，对方又找了很多理由，提出中奖奖品要扣除个人所得税，要求再寄4 400元，A照办了。后A再打兑奖咨询电话时，打了几次都打不通，方知被骗。

(资料来源：以上信息为作者自行收集)

当前，各种"中奖"的声音不绝于耳，天上难道真的会掉下"馅饼"吗？其实，诈骗分子的作案手段并不高明，有的甚至近乎荒唐，然而上当受骗者却不在少数。上当受骗者难道仅仅是因为单纯吗？常言道，"贪"与"贫"仅一步之遥，两个字就差那么一点，请大家深思。

二、大学诈骗作案的主要特征

(一) 手段上的智能性

诈骗人员在高校作案行骗时，一般都是利用丰富的知识、技能、经验，经过精心的策划，常常使用科技含量高、迷惑性强的手法提高诱骗效果。

1. 科技含量高

最具有代表性的是利用互联网进行诈骗，一些远程匿名公司及个人通过互联网购物交易渠道向学生提供计算机设备、信用卡账号等信息，让学生直接汇款或复制信用卡账号进行款项划拨，达到骗取钱财的目的。

2. 迷惑性强

诈骗人员在高校行骗，大都能摸准学生的个人心理，他们有着多次成功作案的经验，且能根据情况随机应变，达到以假乱真的效果。

(二) 方式上的多样性

高校诈骗案件的方式是多种多样的。作案人会根据不同的情况，使用不同的方式进行诈骗。

1. 假冒身份，流窜作案

诈骗人员行骗时都会伪装自己的身份，常常冒充老乡、同学、亲戚等，或利用假身份证、假名片骗取学生信任而作案，得手后立即逃离。还有的以骗到的财物、名片、信誉等为资本，寻机作案，再去诈骗他人，重复作案。

2. 投其所好，引诱上钩

诈骗人员行骗时往往先是套话，利用学生急于就业和出国等心理，应其所急，施展诡计而骗取财物。

3. 真实身份，虚假合同

诈骗作案人员利用高校学生经验少、急于赚钱补贴生活的心理，常以公司、实体的身份让学生为其推销产品，事后却不兑现酬金而使学生上当受骗。这类案件在高校有所增加，由于没有完备的合同手续，处理起来比较困难，往往得不偿失。

4. 借贷为名，骗钱为实

诈骗人员利用人们贪图便宜的心理，以高利集资为诱饵，使部分教师和学生上当。有个别学生常以"急于用钱"为借口向其他同学借钱，然后挥霍一空，要债的追紧了就再向其他人借，拖到毕业一了之。

5. 以次充好，连骗带盗

诈骗作案人员利用学生"识货"经验少又图便宜的特点，上门推销各种假冒伪劣产品行骗，一旦发现室内无人，就顺手牵羊，溜之大吉。

6. 招聘为名，设置骗局

诈骗作案人员利用学生勤工助学的需求设置骗局，骗取介绍费、押金、报名费等。或是利用大众传播工具等到处做虚假广告，骗取培训费、学杂费等，然后又以各种理由拒绝退款。

7. 骗取信任，寻机作案

诈骗人员利用一切机会与大学生拉关系、套近乎，或表现出相见恨晚之情，或表现出慷慨大方而以朋友相称，骗取信任，了解情况，寻机作案。

（三）目标上的选择性

诈骗人员在高校中行骗，一般与受骗人都有过较长时间的正面接触，既可能有面对面的交谈，也可能有信函交往，还有可能是通过网络认识的。只有与作案人有过比较多的接触，作案人才会将其作为诈骗目标，伺机作案。作案人常选择的诈骗对象包括：求人帮忙、轻率行事的；疏于防范，感情用事的；贪图便宜，财迷心窍的；思想单纯，防范意识较差的；贪图虚荣，遇事不够理智的；贪小便宜，急功近利的。

三、发现诈骗疑点时怎样应对

诈骗人员总是心虚的，因此，大学生在交往过程中一旦发现对方有疑点，就应当果断采取应对的措施，切不可轻率处理，防止受骗。

（一）观察判断，有效识别

发现对方疑点时，要保持清醒的头脑，认真仔细地观察对方的神态表情、举止动作的变化，看对方的言谈、所持的证件以及有关材料与身份是否吻合，以此识别真假。必要时可以找同学或相关人员商量，听取他人的意见和忠告，或者通过对方提供的电话、资料，查证核实。

典型案例

某高校新生巧辨骗子

2023年9月,某高校新生报到时,一个骗子利用新生不太熟悉宿舍各类人员的机会,自制一个"新生接待"胸牌,拿一个劣质随身听,跑到新生宿舍门口,对新生说自己是新生辅导员,上英语课必须购买随身听,否则不让上课。一些同学不辨真假就购买了,但是另一些同学对此比较怀疑,就问骗子:"老师,我们学院的院长姓什么?"骗子嘴里开始含糊其词,"他是我爸爸的老同学,院长一会儿就会到宿舍来看望同学们。"同学又问其他问题,骗子慌了,借故脱身就离开了。

(资料来源:以上信息为作者自行收集)

(二)巧妙周旋,有效制止

在发现疑点无法确定真假又不愿意轻易拒绝时,要有礼有节,采取一定的谈话、交往策略,注意在交锋中发现破绽,通过与其周旋印证自己的猜测。必要时,还可以采取一些吓唬的言辞,使对方心存顾忌,不敢贸然行事。

典型案例

中年妇女宿舍求助　齐心协力轰走骗子

2023年10月,西安某高校发生这样一个案件:一个中年妇女来到一个学生宿舍,问有没有河北籍的老乡,自称从河北邯郸来西安给孩子看病,刚到西安所有物品都被人盗走,急需大家帮助。同学们询问后,发现她的好多说法自相矛盾,又不便于拆穿,就告诉中年妇女:"我们学校公安处就在我们楼下,你真的有困难,他们一定帮你解决。走,我们帮你找组织去。"该妇女赶忙说:"你们学习任务重,我自己去吧。"说完就匆匆溜走了。

(资料来源:以上信息为作者自行收集)

四、受骗后,大学生应当怎样做?

(一)平静心态,及时报案

受害人无论是否是因为自己的过错(如贪财、无知、轻信、粗心大意)而受骗,都要保持积极的心态,从受骗的噩梦中回到现实,吸取教训,及时向有关部门报告,切勿"哑巴吃黄连,有苦肚里咽",要敢于斗争,切莫纵容犯罪分子。

(二)提供线索,配合调查

已经被骗,并向有关部门报告的,要注意对作案人员遗留下来的文字资料、电话号码等证据予以保留,并积极向学校保卫处和公安机关提供诈骗嫌疑人的体貌特征、与其交往的经过等线索,配合调查,以便追缴被骗的财物。

(三) 防止被骗，应做到以下几点

1. 保持健康心态，树立防骗意识

大学生在日常生活中要多学习法律法规，掌握一些预防受骗的基本知识及技能，善于辨别真假，同时对自己严格要求。

（1）不贪私利，不图虚荣。作为大学生，要树立正确的人生观、价值观，时刻加强自身道德修养，自觉抵制金钱、名利的诱惑，不贪私利，不图虚荣，增强抵御诱惑的能力。

（2）知己知彼，心明眼亮。大学生在与陌生人的交往中，要认真审查对方的来历，保持清醒的头脑，理智处事，听其言，观其行，辨真伪，三思而后行。比如，大学生在择业活动中，对意向性单位的基本状况、工作性质要多了解，不能因为工作难找就对一些所谓的工作岗位轻率相信，必要时可进行实地考察。

2. 克服主观感觉，避免以貌取人

作为大学生，在各种交往活动中必须牢牢把握交往的原则和尺度，克服一些主观上的心理感觉，避免以貌取人。具体地说，不能单凭对方的言行举止、仪表风度、衣着打扮等第一印象（即"首因效应"）便妄下判断，轻信他人；不能只认头衔，只认身份，只认名气，而不认品德，不认才学，不辨真假；尤其是名片上的公司和头衔不能轻易相信，应更多地实际考察和分析，不被表面现象蒙蔽。

> **安全知识互动** >>
> 1. 校园诈骗案的主要表现形式有哪些？
> 2. 发现诈骗疑点时怎样应对？
> 3. 受骗后，大学生应当怎样做？

第五课　如何防范校园贷陷阱

近年来，校园贷在高校内的迅速发展，已经显现出一定的乱象，造成一些高校大学生的金钱和人身损害，对于校风学风建设产生了一定的负面影响。应该大力加强针对高校大学生的普法教育，使其始终保有红线思维和风险意识；培养树立正确的人生观、价值观、金钱观，避免盲目的攀比和跟风；强化校园内部的助学金等政策宣传，使真正困难的同学能够在校园内寻求到帮助。

一、什么是校园贷

校园贷，是指在校学生向各类借贷平台借钱的行为。其以无须任何担保，无须任何资质，只需身份证和个人信息，就可以申请到一定金额的贷款的特点诱导学生过度消费，甚至陷入"高利贷"陷阱，侵犯学生合法权益。

随着互联网和普惠金融迅速发展，大学生的消费需求和信贷需求日益高涨，大量非银

行机构和平台依托互联网逐渐渗透到大学生群体。

由于"校园贷"具有数额小、效率高、门槛低、范围广等优势，吸引了众多有超前消费需求的大学生办理贷款。但在"校园贷"风靡的背后，也存在着严重隐患。一方面，"校园贷"存在业务办理门槛低、经营者资质参差不齐、身份审核形同虚设、合同信息不透明、风险提示不充分等一系列问题；另一方面，大学生三观尚未完全成熟，物质需求旺盛，对未知事物的好奇心强，但自身控制能力较差，风险防范意识薄弱，再加上社会经验缺乏，容易落入不法分子的圈套。

为遏制不良"校园贷"侵害广大学生，国家有关部门自 2016 年起就先后发布了《关于进一步加强校园网贷整治工作的通知》《中国银监会　教育部　人力资源社会保障部关于进一步加强校园贷规范管理工作的通知》等文件，进行了联合治理，要求未经银行业监管部门批准设立的机构，一律禁止提供校园贷服务，并明令禁止互联网借贷平台以任何形式向大学生贷款。

但是，在这种国家严防严治的高压态势下，仍有部分不法机构为了获取暴利铤而走险，现实中仍存在多种不良"校园贷"陷阱继续坑害广大学生的合法权益。

"校园贷"是一种短期小额贷款，起源于国外的发薪日贷款，是在互联网金融快速发展的背景下互联网金融与消费金融结合的产物，主要特点是线上操作、实时审批、放款速度快，期限灵活，资金用途不受限制，不需要抵押担保（纯信用），借款周期比较短，一般为 1~30 天，借款金额大多为 500~3 000 元，服务费通常都是提前收取，目标客户是被传统金融机构所忽视的大学生群体。"校园贷"申请便利、手续简单、放款迅速、无担保、宽审核，用"零首付""免息""分分钟到账"等噱头吸引目标客户群体。现代"校园贷"是指公司或个人，通过线上或线下的方式，面向在校大学生开展的各类贷款业务。

典型案例

大一女生遭遇"培训贷"骗局

近日，读大一的江西女孩张某文向《法治日报》记者反映，自己可能遭遇了"培训贷"骗局——她参加了某培训机构的线上配音课程，并在机构工作人员引导下，办理了总计 5 860 元学费的分期付款。后来，她发现课程内容与承诺的不符，机构也没有像先前承诺的那样给她提供兼职机会。她提出取消课程退款，但仍需要缴纳 2 023 元违约金。

源于对配音行业的兴趣，大一学生张某文平日经常在网上浏览学习配音的相关内容，一次在社交公众号的课程介绍链接中留下手机号后，培训机构主动添加了她为社交好友。

"工作人员极力推销，说可以边学习课程边做他们的兼职，赚来的钱分期付学费，而最终打动我的是那句'学习技能不是消费，是投资'。"张某文近日接受《法治日报》记者采访时回忆说，上了部分课程后她发现，培训课程极其不专业，也没有提供兼职，而培训机构还在不断向她推荐价格更高的进阶课程。

（资料来源：新华网 2023-08-01）

二、校园贷的常见类型有哪些

（一）不良贷

主要指那些采取虚假宣传、降低贷款门槛、隐瞒实际资费标准等不合规手段诱导学生过度消费或给学生带来恶意贷款的平台。

不良校园贷往往存在费率不明、贷款门槛低、审核不严、不文明的催收手段，风险难控，要坚决抵制使用不良校园贷，对于一些临时性资金需求应向家人或学校进行求助。

（二）培训贷

该贷款主要针对求职的大学生，款项用途是培训。此类校园贷诈骗实为诈骗分子通过虚假宣传方式，依托在培训机构的外衣下，通过"培训课程费"为由诱骗学生办理贷款缴费。

比如，由刚毕业的大学生以个人名义向信贷机构贷款作为"培训费"，而"培训费"直接打入企业账户，大学生无须出钱就能接受就业"培训"。请注意，公司一般以应聘者能力不达标或招聘要求极低，要求应聘者进行岗前培训，产生上万的培训费（另加高额利息），后续通过贷款软件进行分期还款，然而培训完之后会以各种理由不给应聘者办理入职，而是要求应聘者另找工作，但因此产生的高额培训费用和利息则由应聘者个人偿还。因此，大学生应注意不要被培训机构的人员所诱导，要谨慎报名培训课程。

（三）刷单贷

刷单贷，主要指的是一些不法分子利用大家的求职心理，利用刷单贷款的兼职模式，来进行诈骗。

不法分子自称网贷平台职工"刷单冲业绩"，并支付小额佣金作为报酬，诱导在校大学生利用自己的身份信息申请网络贷款，将放款转账至骗子提供的指定账号。骗子会按照约定偿还前几期的月供，取得信任，在此期间会诱导你或更多的人贷款。最后，骗子拿了放款的钱跑路，尚未偿还的款项仍需申请人自己来偿还。

（四）美容贷

"美容贷"主要瞄准爱美却又缺钱的学生群体，将整容与高额债务捆绑在一起，通过去头息、故意逾期等方式，设下连环套，一些女孩由此落入债务陷阱，甚至沦为套路贷团伙长期赚钱的工具。

当学生无力支付手术费时，咨询师就会推荐信用贷款及分期付款的形式，以"不收取任何手续费和利息"为由怂恿学生贷款。由于美容机构和互联网金融平台存在合作关系，再加上贷款发放过程比较随意，其间暗藏金融风险。

（五）传销贷

不法分子借助校园贷款平台，招募大学生作为校园代理，并要求发展学生下线进行逐级敛财。

判断传销的三个标准：是否需要上交会费；是否让发展下线；是否进行逐级提成。

（六）高利贷

根据最高人民法院规定，借贷双方约定年利率超过36%的，定为高利贷，法律不予保障。

网贷平台往往会以低分期利率吸引学生，月利率普遍为0.99%至2.38%，但实际上网贷并非如广告宣称的"低息"。加上平台服务费、手续费，实际上是年利率20%以上的超高利息。若还加上滞纳金，甚至能超过年利率36%变为非法高利贷。

了解高利贷的评判标准，注意详细了解利率、还款期限、逾期后果等信息进行全面评估，坚决抵制高息贷或高利贷平台，一旦误入陷阱，要及时报警。

（七）多头贷

主要指从多个校园贷平台进行贷款，形成一种"以贷还债"形式的贷款。

以贷养贷只会自掘坟墓，要高度警惕，增强防范意识，不随意填写和泄露个人信息，对于推销的网贷产品，切勿盲目信任，提高自身对网贷业务的甄别、抵制能力。

（八）裸条贷

不法债主通过要挟借贷者以裸照或不雅视频作为贷款抵押证据，当发生违约不还款时，放贷人以公开裸体照片和与借款人父母联系的手段作为要挟逼迫借款人还款。

裸条贷往往给借贷者造成心理上的压力，致使借贷人不堪其扰而采取极端做法。一旦陷入裸条贷陷阱，要主动报告自己的借贷信息，并及时报警。

三、"校园贷"的特点

（一）危害性强

自2017年6月《关于进一步加强校园贷规范管理工作的通知》下发后，所有未经许可进入校园的信贷产品均为非法"校园贷"产品。它脱离了法律和相关部门的监管，因此危害性更强，也是暴力催收的重灾区。从2016年至2017年上半年大量因"校园贷"伤害大学生的事例中，可以发现由于不法贷款机构的恐吓和威胁，学生面对这类来自社会的压力时，往往更难认清形势去寻求法律上的帮助，反而容易陷入以贷还贷的死循环，或误入歧途从事违法犯罪活动，甚至内心崩溃走向极端。

（二）隐蔽性高

由于相关部门对非法"校园贷"的持续打击，这些非法"校园贷"的宣传方式和运行模式已经由线上大面积公开转向了线下宣传，线上单线联系的运作方式。即关闭原有网上信贷平台，转向大面积、高频次进入校园以贴广告的宣传方式，且业务员使用容易更换的个人微信号、QQ号等线上聊天平台进行业务办理。这种模式使有关部门对他们的打击效率大幅降低。

（三）具有一定的诱导性和欺骗性

一些机构或个人利用"校园贷"进行诈骗，从中牟利。如使学生深受其害的"培训贷"，就是利用了学生想要学习技能但苦于囊中羞涩的心理，诱导学生进行借贷；再如"刷单贷"，利用了学生想要勤工俭学的心理，欺骗大学生进行借贷。这些学生接触到的信贷平台或机构从本质上不一定非法，但由于这些所谓的培训机构或刷单个人，隐瞒了借贷行为的风险和利率等应知条款，诱导学生进行借贷，从渠道和运营上导致了这类经过了第三方之后的借贷的非法性。除此之外，大量张贴于高校的"校园贷"广告依旧单纯突出利率低，无须担保抵押等信息，对手续费、保证金等其他费用只字不提，具有一定的欺骗性。

四、"校园贷"的危害

（一）背负沉重的还款负担

办理了"校园贷"的同学往往会背负上沉重的还款负担，贷款利息往往要比贷款本金高出许多。校园贷高额的利息，会令整个家庭都陷入泥潭当中。

（二）人身安全受到危害

如果贷款学生未能按照要求还款，一些校园贷平台就会安排一些人员进行暴力催收。这些平台常用的暴力催收手段有，用"呼死你"骚扰、到校园中进行骚扰、散播个人隐私信息，殴打、侮辱、威胁家人等。

（三）影响个人征信

一旦无法还款，或出现逾期行为，都会上传到银行的个人征信系统，如果因此成了失信人，那么影响就大了，无法买房买车贷款，甚至子女的教育都会受到影响。

（四）养成不良消费习惯，后患无穷

信贷消费本质上是一种"透支消费"，年轻人在自己没有偿还能力的前提下的超前消费，加上年轻人的消费心理还不成熟，一旦尝试使用，很容易因此而沉迷上"超前消费"，养成不良的消费习惯，成为月光族，甚至负债累累，严重影响今后的生活、工作，以及身心健康。

五、如何避免落入"校园贷"陷阱

（一）树立正确消费观念

大学生应该树立正确的价值观和消费观，全面客观地认识自己、接受自己，不被外界的焦虑、压力、浮躁左右，不要将精神需求过度寄托于物质上，克服从众、攀比、虚荣等心理，理性认识自己的消费能力，根据自身经济条件制定消费计划，合理安排生活支出，培养理性消费意识和良好消费习惯。

（二）学习金融理财知识

在金融数字化的背景下，大学生应当学习基本的理财知识，提高自身认识金钱、驾驭金钱的能力，能够熟悉常见的金融产品服务类型及其相关法规政策，了解个人信用记录的重要性，善于评估自身还款能力并珍视信用记录，学会对金钱的合理分配和使用，做到量入为出，清醒地认识到分期付款、超前消费、网络平台借贷的本质。

（三）增强风险防范意识

不良"校园贷"为迎合大学生的消费需求，不断翻新其骗局和陷阱，"美容贷""培训贷""刷单贷""多头贷""高利贷""套路贷""裸条贷"等违法违规贷款层出不穷。大学生应妥善保护好自己的身份证号、银行卡号、手机号及验证码等重要个人信息，不扫描来源不明的二维码，也不轻易向他人透露家庭住址、宿舍地址、父母联系电话；对高利贷、诈骗、敲诈勒索等违法行为有基本的认知，在自身权益受损的情况下及时向公安机关报案。

（四）找正规银行机构贷款

2021年2月24日，中国银保监会、中央网信办秘书局、教育部办公厅、公安部办公厅、中国人民银行办公厅等5部门联合印发了《关于进一步规范大学生互联网消费贷款监督管理工作的通知》，规定未经银行业监督管理部门或地方金融监督管理部门批准设立的

机构不得为大学生提供信贷服务。大学生如果确需申请贷款的，一定先和父母沟通，认真评估自己的还款能力，并检查该机构是否具有相关部门批准的资质证明。贷款前还应仔细阅读合同内容，明确贷款的额度、利率、还款方式、违约责任等重要信息，确保合同条款合法、合理。

随着有关部门对非法"校园贷"的打击力度增大，媒体大量曝光了"校园贷"危害大学生的实例，以及高校对在校学生进行的"校园贷"风险防范教育，使大部分学生对这类非法"校园贷"已经具有一定的防范意识。据调查，约96.98%的同学能够认识到这类"校园贷"的非法性，只有3.02%的同学表示并不了解这种"校园贷"。

因此，高校要努力营造崇尚节约、反对浪费的校园文化环境，倡导大学生积极弘扬中华民族优秀的传统文化，树立科学、理性的消费观，追求文明、高尚的精神生活，摒弃落后、低俗的物质攀比，将更多的时间和精力投入实现人生价值的事情上。

六、陷入校园贷陷阱后，大学生应当怎样做？

（一）留存凭证并举报

学生们如不慎踏入不良"校园贷"陷阱或者遇到疑似不良"校园贷"诈骗的情形，应当积极收集并留存有关证据，可通过教育部全国学生资助管理中心开发的"中国学生资助"微信公众号里面的"举报通道"栏目如实进行登记举报、提供线索，或是直接拨打110报警求助。

（二）及时报案，寻求法律保护

受害人无论是否因为自己的过错（如贪财、无知、轻信、粗心大意）而陷入校园贷，都要保持积极的心态，从校园贷的噩梦中回到现实，吸取教训，及时向有关部门报告，寻求法律支持与保护，切勿"哑巴吃黄连，有苦肚里咽"，要敢于斗争，切莫纵容犯罪分子。积极向有关部门和公安机关提供诈骗嫌疑人的体貌特征、与其交往的经过等线索，配合调查，以便尽早脱离校园贷噩梦。

法律链接

《中华人民共和国民法典》第六百八十条规定。

禁止高利放贷，借款的利率不得违反国家有关规定。

借款合同对支付利息没有约定的，视为没有利息。

借款合同对支付利息约定不明确，当事人不能达成补充协议的，按照当地或者当事人的交易方式、交易习惯、市场利率等因素确定利息；自然人之间借款的，视为没有利息。

《关于审理民间借贷案件适用法律若干问题的规定（2020第二次修正版）》

第二十六条　出借人请求借款人按照合同约定利率支付利息的，人民法院应予支持，但是双方约定的利率超过合同成立时一年期贷款市场报价利率四倍的除外。

第三十条　出借人与借款人既约定了逾期利率，又约定了违约金或者其他费用，出借人可以选择主张逾期利息、违约金或者其他费用，也可以一并主张，但是总计超过合同成立时一年期贷款市场报价利率四倍的部分，人民法院不予支持。

> **安全知识互动** >>
>
> 1. 什么是校园贷？校园贷有哪些类型？
> 2. 校园贷有哪些危害？
> 3. 如何避免落入"校园贷"陷阱？

第五讲
网络安全 事关你我

案例导入

女大学生私密照泄露，引发荒唐闹剧

2021年，苏州一女大学生A的朋友圈照片被泄露，被不怀好意的人当成了想要被包养的女学生或者是以出卖身体获取钱财的女子，"能不能交个朋友？15万行不……"A收到这样的消息，感到气愤不已，她自认为是个自尊自爱的人，接受的也是良好的教育，思想上是非常正面的，怎么就接连收到了不堪入目的消息？

A意识到自己的个人信息被泄露了，经过问询，A获知是有人把她的照片发布到了某群。A想到自己会在朋友圈中发些自拍，但这都是很正常的事情，不曾想过要进行一些不正当的交易和行为，别人未经允许盗用了她的照片，发布到了一些色情群中，致使自己受到了骚扰，这种行为肯定是违法的。

刚开始，A还不清楚这是个什么样的群，也不知道是谁泄露了她的照片和信息，经追查，才知群里的内容非常露骨，并且群里的人数达到了7 346人，其中因为信息被泄露而追查到此的，应该占极少数，而泄露她信息的竟是她身边的一个好友，两人相识已有6年。

但直到那一刻，A才清楚自己的朋友是个什么样的人，平日里表现得规规矩矩，没想到这么恶俗，恶意泄露了她四百多张照片，并且曝光了自己的个人信息。A一想到自己这段时间里所收到的骚扰短信，就不禁恼火，因此报警。

（资料来源：网易新闻2022-09-08）

案例点评：

在互联网中，网友的道德素质参差不齐，个人信息泄露，受到恶意侮辱、诽谤等事情时有发生，给不少人的生活带来了极大的负面影响，甚至给未成年人带来了不好的影响，但网络并非法外之地，民事行为能力人应当对自己的言行负责。

A享有向好友分享自己照片、生活日常的权益，但好友未经本人同意盗用照片，公布个人信息，侵犯了A的肖像权与隐私权，并且进一步对A造成了名誉损失，其行为是违法的，对A构成侵权。A的好友最终删除了所有发布的照片，向A赔礼道歉，并支付精神赔偿，但群里面的其他人是否又保存了A的照片，日后是否还会对A造成影响就不得而知了。

从某方面来说，互联网就好比是放大镜，能将人心中的恶意及不正当的行为无限放大，没有的事受到揣测也有可能有理有据，使得受害者面临声誉危机，而想要彻底消除，却十分困难。

第一课　我国网络安全体系现状

随着全球信息化的快速发展，网络安全成为各个国家的重点关注对象。面对诸多的网络安全事件，中国出台了一系列的政策来保护网络的连接安全、信息安全、用户隐私等。

一、计算机网络技术现状

随着计算机技术的迅速发展，在计算机上处理的业务也由基于单机的数学运算、文件处理，基于简单连接的内部网络的内部业务处理、办公自动化等发展到基于复杂的内部网、企业外部网、全球互联网的企业级计算机处理系统和世界范围内的信息共享和业务处理。

但在信息连接能力、流通能力提高的同时，基于网络连接的安全问题也日益突出，整体的网络安全主要表现在网络物理安全、网络拓扑结构安全、网络系统安全、应用系统安全和网络管理安全等方面。

2020年年底爆发的SolarWinds供应链攻击仍在持续蔓延并进化，勒索软件成为各行各业最大的心头之患，基础服务和框架爆发漏洞引发大面积的安全事故，涉及地缘政治的高级威胁攻击不断出现，数据泄露问题依旧源源不断。2021年，全球网络安全局势严峻，仅第一季度全球就有数起大型网络安全事件发生，见表5-1。

表5-1　2021年一季度全球大型网络安全事件汇总

月份	事件
1月	1月5日，2021年第一款企业级勒索软件Babuk Locker出现，有部分机构中招 1月10日，新西兰央行第三方托管提供商遭攻击，导致数据泄露 1月12日，欧洲药品管理局宣布，黑客泄露了此前网络入侵中被盗的新冠疫苗信息 1月12日，笨鸟公司泄露400G数据，全球超2.14亿用户信息曝光 1月14日，利用Telegram机器人的新型诈骗出现，只要对该机器人发送需要钓鱼的诱饵产品链接，就会自动生成完整的网络钓鱼工具包 1月15日，苏格兰环境保护局披露勒索软件攻击造成严重网络中断，部分数据被盗 1月27日，包含超过1.76亿巴基斯坦公民个人信息的数据库在网上出售
2月	2月19日，认证巨头UL遭勒索软件攻击，黑客对其服务器进行加密并导致服务器宕机 2月22日，出现针对Mac设备的新恶意软件Silver Sparrow，153个国家的3万终端被感染 2月22日，Clop勒索软件将多个0day漏洞与一个新的webshell结合，破坏了100家公司的Acellion FTA（文件传输设备），并窃取了敏感文件 2月26日，勒索软件团伙Hotanus Corp入侵厄瓜多尔财政部和该国最大的银行Banco Pichin-cha，声称窃取了"敏感的部委信息、电子邮件、雇员信息、合同"

续表

月份	事件
3月	3月5日，英国数据分析公司 Polecat 的一台未加密服务器暴露了大约 30TB 的数据，其中包括 120 亿条与社交媒体相关的记录 3月10日，Ryuk 勒索软件袭击了 700 个西班牙政府劳工局办公室，导致系统被关闭 3月19日，Office 365 新型网络钓鱼兴起，针对保险和金融行业高管获取其证书，并发起 BEC 攻击 3月19日，宏碁 Acer 遭 REvil 勒索软件攻击，被索要迄今所知的最高赎金 5 000 万美元 3月22日，能源巨头壳牌安全文件共享系统被入侵，导致发生数据泄露事件 3月23日，物联网巨头 Sierra Wireless 披露遭勒索软件攻击，迫使其停止所有基地的生产 3月24日，以色列大选前一天，650 万选民的个人身份与登记信息被泄露 3月29日，Clop 组织声称可访问斯坦福大学等 6 所美国顶尖高校的学生和教职员工的财务文件和护照信息

有鉴于此，我国一直高度重视网络安全管理工作，以下是 2022 年至今我国网络安全整治事件一览表，见表 5-2。

表 5-2　2022 年至今我国网络安全整治事件一览

时间	事件名称	具体事件
2024 年 3 月 15 日	中央网信办部署 2024 年"清朗"行动重点开展"自媒体"无底线博流量等 10 项整治任务	2024 年"清朗"系列专项行动将紧紧围绕人民群众的新期待新要求，全面覆盖网上重点领域环节，着力研究破解网络生态新问题新风险，重点开展 10 项整治任务： 1. "清朗·2024 年春节网络环境整治"专项行动。春节期间，集中整治 6 方面问题乱象：发布误导性旅游攻略、自导自演有违公序良俗的离奇剧情视频；借热点话题挑起互撕谩骂、煽动群体对立；利用年终盘点、返乡见闻等形式编造不实内容；发布涉色情、赌博、网络水军等违法引流信息；鼓吹炫富拜金、诱导粉丝无底线追星；危害未成年人身心健康等，为广大网民营造积极向上、文明健康的春节网上氛围 2. "清朗·优化营商网络环境—整治涉企侵权信息乱象"专项行动。重点整治散布传播涉企虚假不实信息，蓄意造谣抹黑企业、企业家，以"舆论监督"名义对企业进行敲诈勒索等问题。督促网站平台加强涉企信息审核管理，及时提醒有关账号主体严格遵守落实法律法规、社区规则和专项行动要求。依法处置问题突出、情节严重的网站平台和账号 3. "清朗·打击违法信息外链"专项行动。坚决打击利用各种"暗号""套路"发布非法外链，严防通过将用户引流到隐蔽环节或境外网站等形式，发布传输涉色情、赌博、网络水军等违法信息。督促网站平台持续加大对图形化、符号化等各类引流变形体的识别打击力度，开展跨平台联动，排查处置引流信息指向的黑灰产群组、账号、App，违法犯罪线索及时移交公安机关 4. "清朗·整治'自媒体'无底线博流量"专项行动。集中整治"自媒体"造热点蹭热点制造"信息陷阱"、无底线吸粉引流牟利等问题。督促网站平台做好涉国内外时事、公共政策、社会事件等领域信息来源标注，AI 生成信息标注以及虚构摆拍内容标注。严格营利权限开通条件，明确审核、认定及处置标准。优化流量分发机制，有效扩大优质信息内容触达范围

续表

时间	事件名称	具体事件
		5. "清朗·网络直播领域虚假和低俗乱象整治"专项行动。重点整治7方面突出问题：通过摆拍场景等方式，制作"扮穷""卖惨"内容博眼球；通过渲染商品"功效"等方式，在直播带货中进行虚假宣传；虚构直播"相亲"嘉宾身份，炒作婚恋话题；主播刻意展示发布"软色情"内容；通过深夜付费直播躲避监管，隐蔽传播低俗色情信息；直播低俗搭讪，实施恶俗 PK 行为，无底线挑战公众审美；在直播时传播虚假科普信息，混淆视听 6. "清朗·规范生成合成内容标识"专项行动。落实《互联网信息服务深度合成管理规定》《生成式人工智能服务管理暂行办法》相关要求，督促生成合成服务提供者、网络信息内容服务平台落实主体责任，规范开展生成合成内容标识，清理未有效标识、易造成公众混淆误认的生成合成信息内容，处置利用生成合成技术制造谣言、营销炒作的违规账号 7. "清朗·2024年暑期未成年人网络环境整治"专项行动。贯彻落实《未成年人网络保护条例》相关要求，从人民群众反映强烈的突出问题入手，集中整治在首页首屏、弹窗、热搜等醒目位置呈现涉未成年人不良内容，以手办文具、动漫二创等方式变相发布低俗色情内容，利用密聊软件、加密照片等方式实施网络欺凌、隔空猥亵等突出问题，严管儿童智能设备信息内容安全，防范未成年人网络沉迷，对问题突出平台、机构和账号从严采取处置处罚措施 8. "清朗·规范网络语言文字使用"专项行动。重点整治通过故意使用错字、滥用谐音指代词、编造黑话烂梗、恶意曲解文字含义等方式，传播低俗色情、攻击恶搞、煽动对立等违法不良信息问题。督促短视频、智能编辑工具等平台，优化错别字提示功能，协助用户规范使用语言文字。督促网站平台进一步畅通举报受理渠道，鼓励网民广泛参与，及时处置不规范使用语言文字的违法不良信息 9. "清朗·整治违规开展互联网新闻信息服务"专项行动。集中整治未经批准或超范围提供互联网新闻信息服务，倒卖、出租、出借互联网新闻信息服务许可证，发布传播虚假不实新闻信息等问题。指导督促互联网新闻信息服务单位加强内部管理，提高服务质量，依法依规提供互联网新闻信息服务。压实重点网站平台和应用程序分发平台主体责任，加强对使用"新闻""报道"等具有新闻属性表述的账号、应用程序的资质审核，从严处置违法违规主体 10. "清朗·同城版块信息内容问题整治"专项行动。重点整治低俗不良营销、网络水军、网络谣言和虚假信息、网络戾气等同城版块多发易发问题。督促网站平台强化日常巡查管理，及时处置违规账号主体，优化信息内容推荐机制，严防根据用户地理位置和兴趣爱好扎堆推送违法不良信息，切实净化同城版块网络生态环境 中央网信办相关部门负责人表示，将按照工作计划安排，有力有序推进2024年"清朗"系列专项行动，确保整治工作取得扎实成效，为广大网民营造文明健康的网络环境
2023年2月13日	中央网信办召开网络法治建设工作会议	2月13日，中央网信办在浙江杭州召开全国网络法治工作会议，总结回顾新时代十年网络法治建设的成效经验，分析网络法治工作面临的形势任务，研究部署2023年网络法治工作

续表

时间	事件名称	具体事件
2023年4月14日至12月22日	公安部部署开展网络谣言打击整治专项行动	4月14日，为有效净化网络环境，依法打击网络谣言，公安部网安局部署开展为期100天的网络谣言打击整治专项行动。专项行动坚持依法打击和综合整治相结合，聚焦网络谣言扰乱网络空间秩序的突出问题，依法打击一批恶意编造、传播网络谣言的组织者、策划者和主要实施者，依法打击一批借热点事件造谣引流、非法牟利的"网络水军"团伙，依法整治一批网络谣言问题突出的互联网企业，清理关停一批违法违规网络账号，坚决遏制网络谣言高发频发态势，切实维护国家政治安全和社会大局稳定 12月22日，公安部通报，全国公安机关已侦办网络谣言类案件4 800余起，依法查处造谣传谣人员6 300余名，依法关停违法违规账号3.4万个。针对网络暴力违法犯罪，全国公安机关依托"夏季行动"和"净网2023"专项行动，重拳打击整治造谣诽谤、谩骂侮辱、侵犯隐私等突出网络暴力违法犯罪行为
2023年9月1日	国家互联网信息办公室对知网（CNKI）依法作出网络安全审查相关行政处罚	9月1日，国家互联网信息办公室依据《网络安全法》《个人信息保护法》《行政处罚法》等法律法规，综合考虑知网（CNKI）违法处理个人信息行为的性质、后果、持续时间，特别是网络安全审查情况等因素，对知网（CNKI）依法作出网络安全审查相关行政处罚的决定，责令停止违法处理个人信息行为，并处人民币5 000万元罚款
2022年1月22日起至2月下旬	国家网信办持续开展"清朗"专项行动	1月22日起至2月下旬，开展为期1个月的"清朗·2022年春节网络环境整治"专项行动，营造良好春节氛围。4月8日至12月初，开展"清朗·2022年算法综合治理"专项行动。4月24日，开展"清朗·网络暴力专项治理行动"。9月2日起，在全国范围内启动为期3个月的"清朗·打击网络谣言和虚假信息"专项行动
2022年3月至6月	公安机关参与国际反诈"曙光行动"	3月至6月，我国公安机关在国际刑警组织框架下，与76个成员国警方共同参与的反诈"曙光行动"，捣毁设在多国的诈骗窝点1 770个，逮捕犯罪嫌疑人2 000余名，拦截非法资金5 000余万美元
2022年6月22日	西北工业大学遭美国NSA网络攻击	据中国国家计算机病毒应急处理中心网站报道，6月22日，西北工业大学发布《公开声明》称，该校遭受境外网络攻击。有关单位技术团队先后从西北工业大学的多个信息系统和上网终端中提取到了木马程序样本，综合使用国内现有数据资源和分析手段，并得到一些国家合作伙伴的通力支持，全面还原了相关攻击事件的总体概貌、技术特征、攻击武器、攻击路径和攻击源头，初步判明相关攻击活动源
2022年9月23日起至12月底	公安部部署开展"断号"行动	公安部网络安全保卫局自9月23日起至12月底部署开展"断号"行动，集中打击整治网络账号黑色产业链。在此次"断号"行动中，公安机关进一步强化侦查打击，坚持打平台、追源头、断链条，依法严厉打击各类恶意注册网络账号违法犯罪行为；进一步强化行业整治，督促互联网企业落实主体责任，主动识别处置恶意注册、非法销售使用的网络账号，组织互联网企业对发现的网络黑号开展重新核验，依法查处在业务和管理上存在漏洞的涉案企业，夯实网络安全管理根基；进一步加强普法宣传，教育引导广大群众、企事业单位共同维护网络安全秩序，推动形成打击整治网络账号黑色产业链共治格局

二、我国高度重视网络安全

在复杂多变的安全环境下,国家从立法层面进一步提升了全社会对网络安全的关注与重视程度。2015 年,《中华人民共和国国家安全法》颁布,首次提出了"网络安全主权"概念;2016 年,《中华人民共和国网络安全法》颁布,明确了网络安全主权的原则,要求建立关键信息基础设施安全保护制度等。

网络安全已经成为"五年规划"的重要议题,其中 2021 年出台的"十四五规划"对网络安全提出了更全面的发展要求,要培育壮大网络安全等新兴数字产业,营造安全的数字生态,健全网络安全制度,加强网络安全基础设施建设等。中国历次"五年规划"中对于网络安全的规划要求,见表 5-3。

表 5-3　中国历次"五年规划"中对于网络安全的规划要求

文件	相关内容
《国民经济和社会发展第十二个五年规划纲要》	发展信息安全服务。健全网络与信息安全法律法规,完善信息安全标准体系和认证认可体系,实施信息安全等级保护、风险评估等制度。加快推进安全可控关键软硬件应用试点示范和推广,加强信息网络监测、管控能力建设,确保基础信息网络和重点信息系统安全。推进信息安全保密基础设施建设,构建信息安全保密防护体系。加强互联网管理,确保国家网络与信息安全
《中华人民共和国国民经济和社会发展第十三个五年规划纲要》	统筹网络安全和信息化发展,完善国家网络安全保障体系,强化重要信息系统和数据资源保护,提高网络治理能力,保障国家信息安全。加强数据资源安全保护;科学实施网络空间治理;全面保障重要信息系统安全 参与国际网络空间治理,维护全球网络安全 加强网上主权空间对敌斗争和网络舆情管控,遏制敌对势力和恐怖势力利用网络空间进行渗透破坏活动
《中华人民共和国国民经济和社会发展第十四个五年规划和 2035 年远景目标纲要》	培育壮大人工智能、大数据、区块链、云计算、网络安全等新兴数字产业 加强网络安全保护。健全国家网络安全法律法规和制度标准,加强重要领域数据资源、重要网络和信息系统安全保障。建立健全关键信息基础设施保护体系,提升安全防护和维护政治安全能力。加强网络安全风险评估和审查。加强网络安全基础设施建设,强化跨领域网络安全信息共享和工作协同,提升网络安全威胁发现、监测预警、应急指挥、攻击溯源能力。加强网络安全关键技术研发,加快人工智能安全技术创新,提升网络安全产业综合竞争力。加强网络安全宣传教育和人才培养 推动构建网络空间命运共同体。推动全球网络安全保障合作机制建设,构建保护数据要素、处置网络安全事件、打击网络犯罪的国际协调合作机制 全面加强网络安全保障体系和能力建设,切实维护新型领域安全

三、我国网络安全制度体系不断完善

据中国青年网报道,2023 年 8 月 31 日上午,中央网信办网络安全协调局局长高林在

2023 年国家网络安全宣传周新闻发布会上表示，我国网络安全政策法规体系基本形成，已基本构建起网络安全政策法规体系的"四梁八柱"。

高林说，近年来，各地区各部门在党中央坚强领导下，深入学习贯彻习近平总书记关于网络强国的重要思想，切实履行网络安全工作责任，推动网络安全工作水平取得了明显提升。

网络安全政策法规体系基本形成。颁布网络安全法、数据安全法、个人信息保护法、《关键信息基础设施安全保护条例》等法律法规，出台了《网络安全审查办法》《云计算服务安全评估办法》《汽车数据安全管理若干规定（试行）》《生成式人工智能服务管理暂行办法》等政策文件。建立关键信息基础设施安全保护、网络安全审查、云计算服务安全评估、数据出境安全管理、网络安全服务认证等一系列重要制度，制定发布 300 多项网络安全领域国家标准，基本构建起网络安全政策法规体系的"四梁八柱"，网络安全法律体系建设日趋完善。

关键信息基础设施保护体系和能力显著增加。出台《网络安全法》《关键信息基础设施安全保护条例》等法律法规，明确了国家建立关键信息基础设施安全保护制度的法制基础。在中央网信办统筹协调之下，国家相关职能部门在职责范围内做好安全保护和监督管理工作，保护工作部门切实履行本行业、本领域安全保护和监督管理责任。

国家网络安全应急体系不断健全。国家印发了《国家网络安全事件应急预案》，建立健全网络安全应急协调和通报工作机制，与各地区、各部门、各中央企业建立了网络安全应急响应机制，及时汇集信息、监测预警、通报风险、响应处置，构建起"全国一盘棋"的工作体系，形成维护网络安全的强大合力。

网络安全教育、技术、产业融合发展。国家设立网络空间安全一级学科，实施一流网络安全学院建设示范项目。目前，国内有 60 余所高校设立网络安全学院，200 余所高校设立网络安全本科专业，每年网络安全毕业生超过 2 万人。经过长期努力，我国网络安全人才培养不断加快，技术能力稳步提高，产业体系快速发展，人才培养、技术创新、产业发展的良性生态正在加速形成。

全社会网络安全意识和防护技能大幅提高。通过每年连续举办国家网络安全宣传周，"网络安全为人民、网络安全靠人民"观念深入人心。同时，这些年也组织实施摄像头偷窥等黑产集中治理，严厉打击非法贩卖个人信息、侵犯公民隐私、电信网络诈骗等违法犯罪活动，有力地维护了人民群众的合法权益。

网络安全工作责任制明显夯实。印发《党委（党组）网络安全工作责任制实施办法》，充分发挥责任制抓手作用，指导各地区、各部门建立健全网络安全工作责任制体系，强化工作责任督查落实、问题整改、责任追究。同时也发挥审计监督作用，审计署开展网络安全和信息化建设审计，将网络安全工作责任制落实情况纳入审计的范畴。

随着顶层设计的陆续落地，相关的配套文件也陆续出台。多项相关政策正式施行，为网络安全产业的发展提供了新的契机和更有力的支持。截至 2024 年 3 月，我国出台了一系列网络安全政策，见表 5-4。

表 5-4 2016 年 11 月至 2023 年年底我国网络安全相关政策一览

时间	政策文件	重点内容
2023 年 10 月 16 日	国务院公布《未成年人网络保护条例》	10 月 16 日，国务院公布中华人民共和国国务院令第 766 号《未成年人网络保护条例》，该条例自 2024 年 1 月 1 日起施行。这是我国出台的第一部专门性的未成年人网络保护综合立法，重点就规范网络信息内容、保护个人信息、防治网络沉迷等作出规定
2023 年 9 月 25 日	"两高一部"联合发布依法惩治网络暴力违法犯罪指导意见	9 月 25 日，最高人民法院、最高人民检察院、公安部联合发布《关于依法惩治网络暴力违法犯罪的指导意见》。该意见共 20 条，包括明确网络暴力的罪名适用规则，明确网络暴力违法行为的处理规则，明确惩治网络暴力违法犯罪的政策原则等，对网络暴力违法犯罪案件的法律适用和政策把握问题做了全面、系统的规定
2023 年 7 月 3 日	《网络关键设备和网络安全专用产品目录》新版公布	7 月 3 日，依据《中华人民共和国网络安全法》，国家互联网信息办公室会同工业和信息化部、公安部、国家认证认可监督管理委员会等部门更新了《网络关键设备和网络安全专用产品目录》。2017 年国家互联网信息办公室、工业和信息化部、公安部、国家认证认可监督管理委员会联合发布的《关于发布〈网络关键设备和网络安全专用产品目录（第一批）〉的公告》（2017 年第 1 号）中的网络关键设备和网络安全专用产品目录同步废止
2023 年 5 月 23 日	我国公布《生成式人工智能服务管理暂行办法》	5 月 23 日，《生成式人工智能服务管理暂行办法》经国家互联网信息办公室 2023 年第 12 次会议审议通过，并经国家发展和改革委员会、教育部、科学技术部、工业和信息化部、公安部、国家广播电视总局同意，自 2023 年 8 月 15 日起施行
2023 年 5 月 1 日	《信息安全技术 关键信息基础设施安全保护要求》（GB/T39204—2022）正式施行	5 月 1 日，《信息安全技术 关键信息基础设施安全保护要求》（GB/T39204—2022）正式施行。这是为贯彻《关键信息基础设施保护条例》，我国发布的首个关键信息基础设施安全保护国家标准，对于我国关键信息基础设施安全保护的实施有着极为重要的指导作用
2023 年 3 月 5 日	2023《政府工作报告》再次强调"数据安全"	3 月 5 日，第十四届全国人民代表大会第一次会议在北京人民大会堂隆重召开。2023 年《政府工作报告》提出"促进数字经济和实体经济深度融合""大力发展数字经济""加强网络、数据安全和个人信息保护"。数据安全和个人信息保护连续三年被写入政府工作报告，呼应了《"十四五"数字经济发展规划》和《关于构建数据基础制度更好发挥数据要素作用的意见》等要求，保障了 2023 年八项重点工作扎实推进

续表

时间	政策文件	重点内容
2023年1月16日	《工业和信息化部等十六部门关于促进数据安全产业发展的指导意见》印发	1月16日，工业和信息化部、国家互联网信息办公室等十六部门联合印发《工业和信息化部等十六部门关于促进数据安全产业发展的指导意见》。该意见聚焦数据安全保护及相关数据资源开发利用需求，并指出数据安全产业是为保障数据持续处于有效保护、合法利用、有序流动状态提供技术、产品和服务的新兴业态，既要满足数据处理者履行数据安全保护责任义务的需要，也要满足促进数据资源开发利用、激活数据要素价值的需要
2022年12月19日	《中共中央 国务院关于构建数据基础制度更好发挥数据要素作用的意见》发布	12月19日，《中共中央 国务院关于构建数据基础制度更好发挥数据要素作用的意见》（"数据二十条"）对外发布。构建数据基础制度体系，是新时代我国改革开放事业持续向纵深推进的重大举措，有利于充分发挥数据要素作用，赋能实体经济，推动高质量发展；有利于做强做优做大数字经济，应对科技革命和产业变革，构筑国际竞争新优势；有利于统筹分配效率与公平，推动全民共享数字经济发展红利，促进实现共同富裕；有利于提高数据要素治理效能，助力国家治理体系和治理能力现代化
2022年12月8日	工信部印发《工业和信息化领域数据安全管理办法（试行）》	12月8日，工信部印发《工业和信息化领域数据安全管理办法（试行）》，自2023年1月1日起施行。《办法》明确了工业和信息化领域数据安全监管范围和监管职责，确立了数据分级保护原则，对工业和信息化领域数据安全管理进行了顶层设计，在工业和信息化领域对国家数据安全管理制度进行细化，为行业数据安全监管提供制度保障
2022年9月2日	全国人大常委会通过《中华人民共和国反电信网络诈骗法》	9月2日，十三届全国人大常委会第三十六次会议表决通过了《中华人民共和国反电信网络诈骗法》，自2022年12月1日起施行。该法在总结反诈工作经验基础上，着力加强预防性法律制度构建，加强协同联动工作机制建设，加大对违法犯罪人员的处罚，推动形成全链条反诈、全行业阻诈、全社会防诈的打防管控格局，为反电信网络诈骗工作提供有力法律支撑
2022年7月7日	网信办发布《数据出境安全评估办法》	7月7日，国家互联网信息办公室公布《数据出境安全评估办法》（以下简称《办法》），自2022年9月1日起施行。国家互联网信息办公室有关负责人表示，出台《办法》旨在落实《网络安全法》《数据安全法》《个人信息保护法》的规定，规范数据出境活动，保护个人信息权益，维护国家安全和社会公共利益，促进数据跨境安全、自由流动，切实以安全保发展、以发展促安全

续表

时间	政策文件	重点内容
2022年4月18日	两办发布《关于加强打击治理电信网络诈骗违法犯罪工作的意见》	4月18日，中共中央办公厅、国务院办公厅印发《关于加强打击治理电信网络诈骗违法犯罪工作的意见》，对加强打击治理电信网络诈骗违法犯罪工作作出安排部署
2022年1月4日	国家互联网信息办公室等13部门修订发布《网络安全审查办法》	1月4日，国家网信办、国家发改委、工信部、公安部、国安部、财政部、商务部、中国人民银行、国家市场监管总局、国家广播电视总局、中国证监会、国家保密局、国家密码管理局联合修订发布了《网络安全审查办法》，自2022年2月15日施行
2021年4月	《移动互联网应用程序个人信息保护管理暂行规定（征求意见稿）》	确立了"知情同意""最小必要"两项重要原则；细化了App开发运营者、分发平台、第三方服务提供者、终端生产企业、网络接入服务提供者五类主体责任义务；提出了投诉举报、监督检查、处置措施、风险提示等四方面规范要求
2021年3月	《常见类型移动互联网应用程序必要个人信息范围规定》	明确39类常见类型移动应用程序必要个人信息范围，要求其运营者不得因用户不同意收集非必要个人信息，而拒绝用户使用App基本功能服务
2020年11月	《工业和信息化部办公厅关于公布2020年网络安全技术应用试点示范项目名单的通知》	公布了包括新型信息基础设施安全、网络安全公共服务和网络安全"高精尖"技术创新平台类三大类共177个项目
2020年10月	《中华人民共和国个人信息保护法（草案）》	规定侵害个人信息权益的违法行为，情节严重的，没收违法所得，并处5 000万元以下或者上一年度营业额5%以下罚款
2020年10月	《"工业互联网+安全生产"行动计划（2021—2023年）》	旨在通过工业互联网在安全生产中的融合应用，增强工业安全生产的感知、监测、预警、处置和评估能力
2020年8月	《工信部和信息化部办公厅关于开展2020年网络安全技术应用试点示范工作的通知》	试点重点方向包括新型信息基础设施安全类：5G网络安全、工业互联网安全、车联网安全、智慧城市安全、大数据安全、物联网安全、人工智能安全、区块链安全等
2020年6月	《中华人民共和国数据安全法（草案）》	对数据实行分级分类保护，建立监测预警机制和数据安全应急处置机制，落实数据安全保护责任，保障政务数据安全和推动政务数据开放利用
2020年5月	《工业和信息化部关于工业大数据发展的指导意见》	提出促进工业数据汇聚共享、深化数据融合创新、提升数据治理能力、加强数据安全管理，着力打造资源富集、应用繁荣、产业进步、治理有序的工业大数据生态体系

续表

时间	政策文件	重点内容
2020年4月	《网络安全审查办法》	通过网络安全审查这一举措,确保关键信息基础设施供应链安全,保障网络安全和数据安全,维护国家安全
2020年3月	《网络安全标准实践指南——远程办公安全防护》	针对远程办公系统使用方和用户分别提出了安全控制措施建议,旨在围绕网络安全法律法规政策、标准、网络安全热点和事件等主题,宣传网络安全相关标准及知识,提供标准化实践指引
2019年12月	《网络安全等级保护条例》	扩大了保护对象的范围、丰富了保护方法、增加了技术标准。将风险评估、安全监测、通报预警、数据防护、灾难备份、应急处置、自主可控、供应链安全等工作措施全部纳入等级保护制度
2019年10月	《中华人民共和国密码法》	规范密码应用和管理,促进密码事业发展,保障网络与信息安全,维护国家安全和社会公共利益
2019年9月	《关于促进网络安全产业发展的指导意见(征求意见稿)》	到2025年,培育形成一批年营收超过20亿的网络安全企业,形成若干具有国际竞争力的网络安全骨干企业,网络安全产业规模超过2 000亿
2019年7月	《加强工业互联网安全工作的指导意见》	指明工业互联网安全保障体系将于2020年底初步建立,到2025年制度机制健全完善,安全产业形成规模,基本建立起完善的工业互联网安全保障体系
2018年3月	《关于推动资本市场服务网络强国建设的指导意见》	加快扶持培育一批自主创新能力强、发展潜力大的网信企业在主板、中小板和创业板实现首次公开发行和再融资
2016年11月	《中华人民共和国网络安全法》	保障网络安全,维护网络空间主权和国家安全、社会公共利益,保护公民、法人和其他组织的合法权益,促进经济社会信息化健康发展

四、网络安全挑战依然存在

虽然我国已经出台了相关的网络安全政策,但目前我国的网络安全水平仍然难以支撑数字化、智能化时代的信息化保障。2020年RSAC主题分享万人云峰会中指出,我国仍然缺少"规划"的网络安全建设,一方面不可避免地会存在安全能力碎片化、整体协同能力不足、可弹性恢复能力缺失等问题;另一方面,规划的缺失也导致了网络安全产业的经费不足,包括运行经费和人手不足,并最终导致了政企机构实战化运行能力的薄弱。我国网络安全领域存在的问题,如图5-1所示。

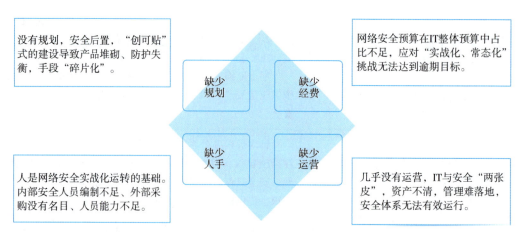

图 5-1 我国网络安全领域存在的问题

因此,构建"关口前移,防患于未然"的网络安全管理体系,加强顶层设计、尽快实现向体系化规划建设模式的转型已是当务之急。只有从零开始加入信息化的规划当中,将安全嵌入信息化和业务系统中,做到安全与信息化的同步规划、同步建设、同步运行,才能真正让安全成为"内生安全",从而避免"事后补救",实现"事前防控"。

五、我国正在积极构建网络安全保障体系

(一) 加强对网络运行安全的法律保障

习近平总书记指出:"我们要本着对社会负责、对人民负责的态度,依法加强网络空间治理……推动依法管网、依法办网、依法上网,确保互联网在法治轨道上健康运行。"

2017 年施行的《中华人民共和国网络安全法》坚持维护网络安全与信息化发展并重,全面、系统、有针对性地建立了保障网络产品和服务安全、网络运行安全、网络信息安全等各方面的基本制度,确定了国家、主管部门、网络运营者、网络使用者的网络安全责任,确立了网络与信息安全保护的基本法律制度。特别是《网络安全法》将网络安全等级保护制度上升为法律要求,并在此基础上专门规定对关键信息基础设施实行重点保护,对于维护国家安全、公共利益和保障民生具有重要意义。

近年来,公安机关先后会同有关部门制定了《网络安全等级保护条例》《关键信息基础设施安全保护条例》《网络安全审查办法》等相关法律法规制度,着力在《网络安全法》的基础上进一步明确对计算机信息系统分级保护的具体要求。

(二) 加强对网络社会治理的法律保障

在互联网与现实社会深度融合的背景下,网络治理成为社会治理的重要组成部分,构建网络综合治理体系,对于提升国家治理能力具有重要而现实的意义。为营造天清气朗的网络空间,近年来,国家不断提升网络社会治理能力和水平,以《中华人民共和国网络安全法》《中华人民共和国反恐怖主义法》等法律法规为依据,聚焦保护公民个人信息、落实网络运营者责任、查验网络用户真实身份、禁止危害网络安全行为等关键问题持续发力。

1. 在保护公民个人信息方面

《全国人大常委会关于加强网络信息保护的决定》《网络安全法》等对加强公民个人

信息保护做出了规定，明确了网络运营者收集、使用个人信息应当遵循合法、正当、必要的原则，完善了网络运营者收集、使用个人信息的规则及其保护个人信息安全的义务与责任，全面加强了对公民个人信息的法律保护。

2. 在落实网络运营者责任方面

随着网络服务应用和普及，网络运营者占据大量社会资源，也应承担相应义务。《中华人民共和国网络安全法》明确了网络运营者的网络运行安全义务、网络产品和服务安全义务、关键信息基础设施安全保护义务、公民个人信息保护义务、网络信息安全管理义务、对公安机关的执法协助义务等。

3. 在查验网络用户真实身份方面

针对互联网匿名隐身特性，为加强网络可信身份体系建设，《全国人大常委会关于加强网络信息保护的决定》《中华人民共和国反恐怖主义法》《中华人民共和国网络安全法》等明确规定，在部分网络服务中落实用户身份真实查验制度。

4. 在禁止危害网络安全行为方面

《中华人民共和国网络安全法》《中华人民共和国反恐怖主义法》明确了用户应当依法上网，不得从事危害网络安全的活动，不得为他人从事危害网络安全的活动提供帮助。

（三）加强对打击整治网络犯罪的法律保障

习近平总书记指出："互联网不是法外之地。利用网络鼓吹推翻国家政权，煽动宗教极端主义，宣扬民族分裂思想，教唆暴力恐怖活动，等等，这样的行为要坚决制止和打击，决不能任其大行其道。利用网络进行欺诈活动，散布色情材料，进行人身攻击，兜售非法物品，等等，这样的言行也要坚决管控，决不能任其大行其道。"

当前，网络犯罪分工协作、利益共享，催生了大量黑灰产业，形成了盘根错节的利益链条，极大地降低了作案技术门槛和犯罪成本，导致网络犯罪"易实施难打击、可打击难遏制"，建立事前预防、源头遏制、综合治理的网络犯罪生态打击机制已迫在眉睫。

1997 年，我国修订《中华人民共和国刑法》，专门增加了非法侵入计算机信息系统罪、破坏计算机信息系统罪，并规定对利用计算机实施犯罪的，依照《中华人民共和国刑法》相关规定定罪处罚，为惩治计算机犯罪提供了明确的法律依据。2009 年《中华人民共和国刑法修正案（七）》将非法获取数据、非法控制系统以及提供黑客程序的行为入罪。2015 年《中华人民共和国刑法修正案（九）》增设了拒不履行信息网络安全管理义务罪、非法利用信息网络罪、帮助信息网络犯罪活动罪，以及编造、故意传播虚假信息罪。

此外，为解决打击突出网络犯罪的法律适用问题，公安部积极推动最高人民法院、最高人民检察院出台相关司法解释，为侦办网络犯罪案件提供了定罪量刑标准，形成了较为完备的打击整治网络犯罪刑事法律体系。

（四）提高网民的道德素养

网民的道德素养即一个网民自身素质的培养，这是一个长期而漫长的过程。但是在校的和已经毕业离校的学生已经成为互联网的主流，他们是社会上较有知识的一代，应该维护好自身的声誉和形象。网民的道德观念和自我保护观念亟待提高和完善，不能因为网民的无所谓和好奇心理，而放任一个没有良知和责任感的色情网站的存在。有些人甚至利用自己的小聪明大肆制作和传播色情信息，这更是应该深恶痛绝和强烈谴责的。网民应该有良好的道德修养，自觉地抵制访问色情网站，同时发现有人链接色情网站时要坚决地予以揭发和举报。

六、大学生信息泄露的途径都有哪些？如何防范个人信息泄露？

（一）社交媒体软件

许多大学生在使用社交媒体软件时不注意保护隐私，随意添加不熟悉的陌生人，有的在聊天时不自觉地说出自己的姓名、职务、工作单位等信息。也有的将上述内容在QQ、微信中进行标注。还有一些人经常在朋友圈晒自己的火车票、登机牌、出游地等，无意中泄露了个人信息。另外，有的家长在网上发布孩子的图片或文字记录，泄露了孩子的相貌和姓名，而不法分子会利用这些信息进行诈骗等。

大学生可通过以下措施加以防范。

（1）要将加好友的方式设置成验证模式，在QQ、微信等社交软件中采用昵称加自己为好友的，一定要询问对方的真实姓名，拒绝添加不明身份的好友。

（2）尽量不在QQ、微信朋友圈等社交软件中，通过视频、照片、文字等形式暴露自己的家庭住址、学校地址、家庭情况等信息。

（3）不拉自己的好友进入陌生群，朋友拉自己进入陌生群时应拒绝。在与陌生人聊天时，要特别注意不要轻易说出个人的信息。

（二）快递单和包裹皮

网购的繁荣催生了快递业的飞速发展，但很多人在发快递时，忽视对单据的妥善保管，而这张小小的快递单上，至少包含了收件人的姓名、地址、联系电话三项重要的个人信息。有的快递包裹还标注了购买物品的种类、购买时间，以及购买于哪个网站等内容。

大学生可通过以下措施加以防范。

（1）快递包裹不论大小，每个包裹上都贴有相关信息，收件人在收到包裹后，可先行将有相关信息的部分撕下，或者用黑色油性笔涂抹掉收件人的信息，切忌随意丢弃，以免落入不法分子手中；

（2）邮寄包裹的单据也要暂时稳妥保存，等对方收到包裹后，再根据自己的需要对单据收存保管，或者将单据粉碎处理，切勿乱丢乱放。

（三）购物网站

在不靠谱的网站购物时，有的商家会用即时通信工具给客户直接发送支付链接，这个链接会绕开第三方支付平台的安全监控，让你直接给他打钱，从而实现诈骗的目的；或者利用低价商品做诱饵，诱使消费者扫描植入木马的二维码，从而盗取用户的信息和钱财。犯罪分子还会从网上购买客户资料，以"退款"等为由，诱骗用户提供姓名、银行卡号、身份证号等信息；有的骗子还制作了以假乱真的"钓鱼网站"，步步设坑，骗取用户重要信息。大学生网上购物尽量到正规、大型网站，并仔细检查网址，谨防犯罪分子制作的"钓鱼网站"。或可通过以下措施加以防范。

（1）不轻易点击、接收、安装不明软件，不随便点击聊天中对方所发来的拓展阅读，除非你知道这个拓展阅读是干什么的。

（2）谨慎填写银行账户和密码，防止个人信息泄露而造成不必要的损失。必要时，可以对个人账号和密码进行复杂的加密处理。

（四）身份证复印件

公民在办理涉及政治、经济、社会生活等方面的事务时，需要大量使用有效身份证件，为了避免别有用心的人盗用自己的身份信息，在提供复印件时一定要写明用途。

大学生可通过以下措施加以防范。以身份证为例，无论是申请信用卡、办理房贷等，一律要进行签注。身份证复印件签注写法："本身份证复印件仅提供××储蓄所……他用无效……"。要用蓝色或者黑色签字笔，部分笔画与身份证的字交叉或接触，每一行后面一定要划上横线，以免被偷加其他文字。

（五）业务单据和车票等

飞机票、火车票、保险单、办理银行业务的单据，不可避免地包含了很多个人重要信息，如银行卡号、交易金额等涉及个人财产的重要信息；火车票虽然对涉及个人信息的内容进行了保密处理，但上面仍有购票者的姓名、身份证尾号等内容。上述票据所含的信息内容如果被不法分子利用，很容易造成损失。

大学生可通过以下措施加以防范：包含个人信息的票据不能随意丢弃，以免落入不法分子手中；无用的单据可以直接碎掉，或将姓名、电话、地址等个人信息涂黑再丢弃，有用的票据则要妥善保存，切勿乱丢乱放。

（六）中介机构

各类培训机构、中介机构、装修公司在办理业务时都会要求客户留下个人姓名、联系方式等信息，稍有不慎就会被中介机构的"内鬼"非法倒卖。此外，个人上网时经常会碰到各种填写调查问卷、玩测试小游戏、购物抽奖，或申请免费邮寄资料、申请会员卡等活动，一般要求填写个人姓名、详细联系方式和家庭住址等个人信息，遇到这类情况，必须要谨慎。大学生可通过以下措施加以防范。

（1）不要在商场、超市随意留下自己的电话等联系方式。

（2）不要贪图小便宜在街头参加一些需要填写真实身份、手机号码等个人信息的抽奖、竞猜、促销送礼品等活动。

（3）不在不靠谱的中介登记。即便在求职时，也是首先查看求职平台和企业是否正规，然后根据其要求填写必要的个人信息。

（七）免费开放的 Wi-Fi

目前，手机网购、手机网银支付、手机理财已成为我们日常生活中不可缺少的内容，而这些都需要网络的稳定支持。少数不法分子利用网络的开放性，搭建藏有木马的"钓鱼网站"，在网络后台就能获取用户银行卡账号和密码；有时会通过伪基站发送非法链接，用户在手机上打开拓展阅读后即运行了植入木马的恶意程序，手机钱包里的钱会不知不觉地流失；有的甚至劫持支付短信，将银行卡内的钱财洗劫一空。

此外，宾馆、饭店、商场、车站等人员密集的公共场所，通常设有开放的免费 Wi-Fi，这些无线网络安全防护功能比较薄弱，不法分子只需凭借一些简单设备，就可盗取整个 Wi-Fi 内的任何用户名和密码，甚至连网银、支付账号和密码等重要信息都能一并窃取。

大学生可通过以下措施加以防范。

（1）尽量不在公众场合使用开放的 Wi-Fi 上网购物，确需购物支付时，尽量使用流量，以确保支付安全。

（2）下载手机应用程序要去正规的应用软件网站，不安装使用来历不明的软件。

（3）定期做好手机软件的安全防护。

（八）要谨慎处理自己更换下来的手机

现在手机升级换代速度快，有的人喜欢赶时尚，频繁更换手机，而对载有大量个人信息的旧手机大都采用一删了之的办法处理后，即拿到二手市场变卖，也有的随意送人。

公开资料显示，我国每年都有上亿部手机被淘汰，二手手机成了个人信息泄露的"重灾区"。有些收购二手手机的商贩，利用这一漏洞"倒卖"个人信息，他们只要利用简单的工具，就能轻而易举地恢复手机里的数据，然后以几毛钱一条的价格打包出售机主的手机号、通信录、支付宝账号等信息。这些信息一旦流入市场，个人的财产和人身安全难以得到保障。

大学生可通过以下措施加以防范。在处理旧手机时，一定先要将手机存储卡的数据拷贝备份后直接物理销毁；然后是处理手机本机存储的信息，这个可通过反复装满并删除内存、用第三方刷机工具进行一键刷机等方法彻底清除个人信息，从根源上避免个人隐私泄露。

总之，旧手机不能随意扔弃，也不能未经处理个人信息就出售或者送人。

> **安全知识互动**
>
> 1. 仔细阅读正文中的我国网络安全相关政策，简要总结一下网络安全的重要性。
> 2. 通读全文，思考一下是否有必要加强打击整治网络犯罪。
> 3. 简要回复大学生如何防范个人信息泄露。

第二课　大学生应合理看待与使用网络

当前，信息化发展时代潮流与世界百年未有之大变局和中华民族伟大复兴战略全局发生历史性交汇，维护国家网络安全的重要性和紧迫性愈加凸显。

我国拥有全球第一的网民规模，2023年网上零售额为15.4万亿元，连续11年稳居全球第一，产业数字化进程不断加快。面对复杂的国内外环境以及日益提高的网络安全需求，坚持把网络安全和信息化作为一体之两翼、驱动之双轮，其意义显得尤为突出。伴随5G等新技术的到来，网络安全防护难度不断加大，对此应从技术创新、人才培养、安全意识提升等方面"下苦功"，推动建立网络安全良性生态，共同筑牢网络安全防护网。

网络信息化改变了青年大学生的生活和学习方式，已成为高校师生在教育教学过程中不可或缺的重要载体，然而网络安全事件在高校时有发生，网络诈骗手段不断推陈出新，不仅危害校园网络安全管理，也对大学生的身心健康，甚至世界观、人生观、价值观产生深远影响。

在信息时代背景下，大学生不仅要提高辨析包罗万象的网络信息真伪的能力，还要提高自身网络道德自律能力与适应社会的能力，在学习、生活中将互联网使用好，提高防范网络安全事件和网络舆情事件的能力，自觉抵制网络诈骗等影响大学生成长和身心健康的犯罪行为。

一、网络对学生的积极影响

1. 网络为学生提供了求知和学习的广阔平台

学生不仅可以通过网络及时了解学校的情况，还能直接学习课程，与学校的老师进行直接交流，解答疑难，获取知识。诸多网上课堂的陆续建立，为学生的求知和学习提供了良好的途径和广阔的空间，有助于帮助青年大学生养成良好的用网习惯。

2. 网络为学生获得各种信息提供了新的渠道

获取信息是学生上网的主要目的，通过网络可以关注和了解"家事、国事、天下事"，令思想空前开阔。当前学生的关注点十分广泛，传统媒体已无法及时满足青年大学生个性化的阅读需求与兴趣特征，网络信息容量大的特点最大限度地满足了学生的个性需求，为学生提供了最为丰富的信息资源，网络已成为学生搜寻信息的首要选择。

3. 网络有助于学生不断提高自身能力

国外的一些专家学者将计算机技能作为未来成功青年所必须掌握的五项基本技能之一。我们可以通过网络查找到涉及人类生活所有方面的各类信息，对能够熟练使用计算机的学生来说，可谓是取之不尽、用之不竭、学之不完的知识宝库。

4. 网络有助于拓宽学生的思路和视野

网络的使用，有助于加强学生之间的交流和沟通，增强学生的社会参与度，开发学生内在的潜能。网络的包容性使上网的学生处于与现实生活完全不同的环境中，在思考的过程中，学生不仅锻炼了自己独立思考问题的能力，而且提高了自己对事物的分析力和判断力；网络的互动性使学生可以通过网络交互的方式广交朋友，参与社会问题的讨论，发表观点和见解；同时，网络的开放性、无限性特征极大地激发了学生的好奇心和求知欲，使其潜质和潜能被有效地开发出来。

（二）网络对学生的消极影响

网络具有新颖性、互动性、开放性、平等性、虚拟性、超时空性、信息传播的高速性、无限性和复杂性等特征。这些特点既可成为优点，又可成为缺点。如网络的新颖性深深地吸引着人们，甚至使人沉迷其中；网络的开放性、互动性有利于民主的发挥，但也容易带来无序、混乱、危机；网络的虚拟性导致了网络犯罪感的虚无化，进而使网络犯罪增加迅速；网络的超时空性使用户有更多的自主性，也使网络犯罪手段更隐蔽，更难以控制；网络是有史以来最大的信息库，丰富的网络信息开阔了青少年的眼界，但伴随着信息爆炸、信息污染，各种冗余信息影响了有用信息的清晰度和效用性，网上黄毒是诱发青少年犯罪的重要因素。

1. 网络对学生的人生观、价值观和世界观的形成具有潜在威胁

网络是一张无边无际的网，内容虽丰富却庞杂，良莠不齐，学生在网络上频繁接触西方国家的宣传论调、文化思想等，这对他们头脑中沉淀的中国传统文化观念与我国主流意识形态造成冲击，使学生的价值观产生倾斜，甚至盲从西方价值观。长此以往，对于我国大学生的人生观和意识形态必将产生潜移默化的影响，对于国家的政治安定显然是一种潜

在的巨大威胁。

2. 网络使许多学生沉溺于网络虚拟世界，脱离现实，甚至使部分学生荒废学业

与现实的社会生活不同，学生在网上面对的是一个虚拟世界，它不仅满足了学生尽早尽快获取各种信息的需要，也给人际交往留下了广阔的想象空间，而且不必承担现实生活中的压力和责任。虚拟世界的这些特点，使得不少学生宁可整日沉溺于虚幻的环境中而不愿面对现实生活。而无限制地"泡"在网上将对日常学习、生活产生很大的负面影响，甚至使学生荒废学业。

3. 网络中的不良信息和网络犯罪对学生的身心健康和安全构成危害和威胁

当前，网络对学生的危害主要集中在两点：一是实施诸如诈骗或性侵害之类的犯罪；二是黄色垃圾及反动的、负能量的信息。据有关专家调查，网络上非学术性信息中，有47%与色情有关，网络使色情内容更容易传播。据不完全统计，60%的学生虽然是在无意中接触到网上色情信息的，但自制力较弱的学生往往出于好奇或冲动而进一步寻找类似信息，从而深陷其中。调查还显示，在接触过网络上色情内容的学生中，90%以上有性犯罪行为或动机。

二、高校应该积极防范网络安全

习近平总书记指出，"网络安全和信息化是事关国家安全和国家发展、事关广大人民群众工作生活的重大战略问题……"，"没有网络安全就没有国家安全，没有信息化就没有现代化……"近些年来，随着网络技术和网络应用服务的快速发展，网络安全形势日益严峻复杂，网络安全在国家安全中的地位及作用日益凸显。为切实维护网络安全，不断推进依法治网，我国加快推动网络安全立法进程，着力健全完善网络安全法律法规。一方面，对传统法律进行修改完善，通过对原有法律文本的解释、修订或增补，将其效力从现实空间延伸到网络空间；另一方面，针对网络空间的特殊属性，专门出台网络法律、行政法规、部门规章等多个层次的法律文件，全面构建系统、完备、科学的网络安全法律体系。

如何做好大学生的网络安全意识教育，正确引导和防治上网带来的弊端？

（1）要充分认识网上思想渗透问题，强化对大学生的教育引导，使他们树立正确的人生观、世界观和价值观。

（2）要切实加强网上文明行为规范的建设。要广泛开展以宣传《大学生网络文明公约》为主题的各项活动，积极引导大学生遵守网络道德，提倡"五要五不要"，即：要善于网上学习，不要浏览不良信息；要诚实友好交流，不要侮辱欺诈他人；要增强自护意识，不要随意约见网友；要维护网络安全，不要破坏网络秩序；要有益身心健康，不要沉溺虚拟空间。努力创造干净、健康、文明、有序的网络环境。

（3）要构建网络和社会互动的大学生教育体系。网络时代的大学生思想教育是一项复杂的系统工程，因此政府、社会和家庭要协作联动，努力做到"三结合"：一是要把传统的大学生教育的政治优势与互联网的特征有机结合起来；二是把党、政府和群众团体的组织力量与培养网上青年志愿者的工作结合起来；三是把网站的建设工作与对现有大学生组织和机构运行机制进行必要的改革结合起来，以适应网络发展的需求。另外，还要着重加强对大学生的社会化教育，提高大学生适应现代社会的能力，使他们勇敢地直面现实世界，积极投入改造社会的实践中去。

（4）培养一批适应网络时代要求的学生工作者队伍。加强网络安全教育，不断发展壮大专业的网络安全教师队伍。通过聘请专业的网络安全技术管理专家、经验丰富的网络专业人才来担任国内高校的兼职教师，加强对广大学生工作者网络技术的培训，让他们尽快掌握与互联网有关的知识和技能，丰富自己的知识容量，改善自己的知识结构，了解大学生的所思所想，这样才能使教育工作更具有针对性。

（5）开辟更多更好的青年网站，积极占领网络阵地。目前，大多数大学生网站没有新鲜感和时代感，显得比较呆板，不容易产生强烈的凝聚力和号召力。因此，要尽快建设内容丰富多彩、形式独特而富有新意的大学生网站，以"主题鲜明、形式活泼、清新高雅、健康向上"的风格对大学生进行正面教育，真正在"以理服人、以情感人"上有所突破。

（6）引导学生提高网络安全意识，加强网络法律法规的学习。学校要通过创办网络安全主页，对网络安全的法律法规进行及时的登载，这样既方便学生学习网络安全的法律法规知识，同时也使学生进入网络首先能感受到网络安全的重要氛围，在思想上形成一道能抵御外来反动、邪恶势力侵蚀的"防火墙"。

同时，要加强大学生教育软件的开发制作，利用法律和技术上的可行性打击网上违法犯罪现象，走"依法治网"的良性发展轨道。

三、大学生如何确保自己的网络安全

网络技术的迅猛发展，对于加强信息交流起到了重大作用。但是由于网络覆盖的广泛性和信息传递的多媒体化，也使之成为黄赌毒传播的"最佳媒介"。大学生们思想活跃，易于接受新事物，也更容易受到来自网络的负面影响。有计划地对学生进行这方面的教育，对于预防大学生网络犯罪，可以起到积极的作用。

（一）洁身自好，自觉远离不良内容

网络是一个崭新的事物，应以开放的心态来迎接它，但对它的负面消息也应该坚决抵制。在接受网络科技知识的同时，要强化自身的道德意识，不去浏览色情网站，不去点击和回复色情内容，给自己营造一个健康积极的网络环境。

（二）增强网络安全思想意识

要学会用相关的社会道德规范和行为规范来规范自己的行为，提高辨别善恶是非的能力；在论坛上发表言论时不能违反国家法令，提倡网络文明用语，不违背社会公德；自觉抵制任何利用计算机网络损害国家、社会和他人利益的行为；正确合理使用互联网，为拓宽视野、增加知识服务。

（三）遵守网络文明，坚持网上道德

树立良好的网上风气，摒弃不文明、不道德的网上行为，自觉抵制网上有害信息的侵蚀，倡导文明、健康的网络生活。

（四）不登录反动网站

不看淫秽及格调低下的网页，不下载传播反动的网络内容及煽动性信息，不在网上发表煽动性言论，对个人电子邮箱中接收到的反动邮件要自觉删除，保证不转发、不投递。实践证明，教育学生自觉抵制校园网上的有害信息，是防止校园网络遭受恶意攻击最有效的方法和途径。

（五）积极预防电脑病毒入侵

在使用电脑时，给电脑安装更安全的操作系统。安装防火墙软件，正版杀毒软件等。服务器系统端口进行必要的屏蔽。用户系统和上网软件及时下载补丁程序升级。定期对系统进行病毒扫描（一周一次）。强化网络安全意识，不明链接不要点击，不明文件不要下载，不明邮件不要打开。

在当今这个信息化的时代，生活的便捷也带来了很多弊端，电信诈骗的案例层出不穷，特别是当今的青年学生，面对任何天上掉馅饼的事情都要慎重考量，不可因一时贪小便宜而吃了大亏。

四、谨防电信诈骗

（一）什么是电信诈骗

电信诈骗是指通过电话、网络和短信方式，编造虚假信息，设置骗局，对受害人实施远程、非接触式诈骗，诱使受害人打款或转账的犯罪行为，通常以冒充他人及仿冒、伪造各种合法外衣和形式的方式达到欺骗的目的，如冒充公检法、商家公司厂家、国家机关工作人员、银行工作人员等各类机构工作人员，伪造和冒充招工、刷单、贷款、手机定位和招嫖等形式进行诈骗。

（二）如何预防电信诈骗

（1）不要轻易相信来历不明的电话和信息，不管诈骗分子使用任何花言巧语，都不要轻易相信。尤其是管好自己的欲望，不要相信天上会掉馅饼，天下也没有免费的午餐，诈骗分子通常就是利用人们好占小便宜的心理进行诈骗的。

（2）要及时挂掉电话，不回复短信，要有保密意识，无论什么情况，都不向对方透露自己及家人的身份、存款、银行卡等信息，不论是出于什么原因，这些都不能透露给诈骗分子。

（3）不要轻易转账，要了解银行卡常识，保证自己银行卡内资金安全，决不向陌生人汇款、转账。不论是出于什么原因，资金离开你的银行卡到了别人的卡上就会有危险。万一上当受骗或听到亲戚朋友被骗，应立即向公安机关报案。

五、大学生如何识别网络诈骗信息？

1. 克服占小便宜心理

大学生要坚信"天上没有掉馅饼"的事，风险和收益是共存的，如果没有风险，只有收益，那人人都去做了所以头脑要冷静，多对比，多询问朋友亲人，避免上当受骗。

2. 切勿因小失大

各类没花一分钱就想中奖的事不要相信，如手机号中奖、真情回馈活动，都不要相信。如果还要自己先付各种费用，哪怕金额再小，也要立即停止。

3. 严防诈骗信息

社会信息化，个人的信息可能被一些不法之徒利用，冒充同学、朋友来借钱、骗物，这时我们务必要核实一下。

4. 相信正规渠道

凡是钱财交易只信官网，另外不要偷懒，不要盲目相信短信、QQ 上的信息，最好打个电话确认清楚。

总之，钱财交易多小心，信息事项多核实，陌生情况多咨询，遇事最好多交流，切忌头脑发热、一时冲动。

> **安全知识互动**
> （1）简要回答网络的积极影响与消极影响。
> （2）简述一下大学生如何确保自己的网络安全。
> （3）大学生如何识别网络诈骗信息？

第三课　大学生如何远离网络诈骗

由于网络的开放性和互动性，网络信息几乎无时无刻地被广为传播。商场购物、街边买菜、生活缴费用手机扫码支付已成常态。然而，在享受便利的同时，人们也受到欺诈、盗窃等违法犯罪行为的滋扰。"网络陷阱"对于思维活跃、追求新奇而又缺乏分辨力和自控能力的大学生来说，诱惑力极大。如何识别网络陷阱，保护自身安全，是我们必须认真对待的问题。

当代大学生在社会中并不成熟。在大学生安全教育中，加强学生的自我保护教育，提高学生的自我防卫能力显得十分重要。在对大学生进行自我保护的法律知识教育的同时，也要提高大学生的防范意识，使其学会识别网络骗子，保护自己的人身和财产安全。

> **典型案例**
>
> **某大学生于饭店约见家教　陷"天价"账单骗局**
>
> 湖北某大学学生吴某在赶集网上看到家教信息，在与发布信息的家长取得联系后，对方称请吴某去一家高档饭店吃饭，边吃边聊家教问题。涉世未深的吴某没有多想，中午赴约。对方点了一桌酒菜之后，中途借口去卫生间后不辞而别，临走还捎了几条名贵香烟，留下一直等待的吴某和未付的"天价"账单。
>
> （资料来源：以上信息为作者自行收集）

大学生在社会实践过程中被诈骗的案件屡见不鲜，不法分子以提供社会实践岗位为诱饵，以伪装的身份骗取大学生信任，最后对大学生实施诈骗。有些不法分子获取大学生在毫无戒备情况下提供的家庭和同学信息，并通过电话等向家长诈称其子女患急病、出车祸住院等行骗；有的则通过学校周边张贴的"提供丰厚待遇，但需交报名费和保证金"的广告进行行骗。

一、网络诈骗犯罪的特点

（一）犯罪方法简单，容易进行

网络用于诈骗犯罪，使犯罪行为人虚构的情况更加逼近现实，或者能够更加隐蔽地掩盖事实真相，从而使被害人易于上当受骗，损失钱物。

（二）犯罪成本低，传播速度快，传播范围广

犯罪行为人利用计算机网络技术和多媒体技术制作形式极为精美的电子信息，诈骗他人的财物，并不需要投入很大的资金、人力和物力，着手犯罪的物质条件容易达到。

（三）渗透性强，网络化形式复杂，不定性强

网络发展形成一个虚拟的电脑空间，既消除了国境线，也打破了社会和空间的界限，使得犯罪行为人诈骗他人财物时有极高的渗透性。诈骗犯罪的网络化形式发展，使得受害人从理论上讲有可能是所有上网的人。

（四）社会危害性极强，影响极其广泛，发展迅速

从中国互联网络信息中心（CNNIC）的统计调查报告关于网民对网络的使用和需求来看，网络正在进一步融入人们的生活中，搜索引擎、网上银行和网上销售等网上交易的使用和需求大幅提高。而且，由于网络诈骗犯罪的受害者分布广泛，因此造成了极为严重的社会危害。网络诈骗犯罪发展特别迅速，是所有网络犯罪中增长最快的一种。

（五）方式更加专业化

不同于普通的诈骗犯罪，网络诈骗大多是团伙作案，经过专业训练，内部有严密的组织结构、成员分工明确，团伙上面有指挥人员，下面有拨打电话组、群发短信组、钱财收纳组，有网络平台的还有技术维护组等。不同分工的人员专门负责各环节的事务，但又互相不认识，呈现出既是整体又是独立个体的特点。在网络诈骗中，由指挥人员统一协调，利用网名对成员进行工作分工，为减少风险采用单线联系方式。这种网络诈骗的运作模式具有专业性强和效率高的特点，特别是社会阅历少的大学生，很容易掉入其陷阱中。

（六）类型更加多样化

网络诈骗犯罪分子不断更新诈骗手段，将其与时代背景、社会生活相结合，翻新诈骗方式，披着多种"外皮"危害公众。根据公安机关统计，如今最常见的诈骗类型有线上购物、虚构中奖、网络兼职求职、冒充公职人员等，除此之外，还有冒充部队采购人员、冒充熟人、冒充"黑社会"、虚构绑架事件、虚构消费退税、虚构子女出事、网银密码升级、补办手机卡等方式。

（七）手段日趋信息化、智能化

在互联网技术快速发展的同时，网络诈骗犯罪分子利用发展趋势，将犯罪类型、犯罪工具进行不断升级更新。诈骗分子熟练掌握了多种现代化通信方式、支付类型，熟悉相关法律法规，熟知信息技术的漏洞。从利用电脑和手机群发短信、自动语音呼叫系统、网络拨号等方式，到利用显号改号软件、病毒等手段窃取用户信息，犯罪手段也随着时代进步在更新升级，日趋信息化、智能化。

 典型案例

某大学生陷"被贷款"骗局

2019年3月27日下午2点37分,小轩(化名)接到一通陌生电话,对方自称是小米金融的客服人员,并主动向小轩核实身份信息(核实信息时对方能准确报出小轩的身份证号码)。核实身份信息无误后,对方电话中称小轩在小米金融平台注册了账号并有过贷款记录。听到自己有贷款后的小轩很迷惑也很着急,向对方多次坚决回复自己未贷过款。在这种情况下,对方帮助小轩分析认为,可能是由于小轩身份信息泄露,并被其他人利用,注册了账号并贷了款,小轩也认为是这样(此时小轩的警惕意识已下降)。在确认小轩未贷款后,对方劝诫小轩赶紧注销自己的个人账号,以免他人下次再贷款,并给小轩留了注销小米金融平台账号的客服QQ号码。

心里着急的小轩立马添加了上面的QQ客服,并向QQ客服表明自己需要注销网贷平台个人账号。QQ客服指导小轩下载了小米金融App,小轩按照QQ客服截图指示填写了小米金融平台上的基本贷款信息(包括自己手持身份证照片),完成基本信息填写后,QQ客服给小轩发送了指定的银行账号,指导小轩在贷款平台填写了上面指定的银行账号,并完成了8 000余元(金额也是QQ客服指定)的贷款。贷款完成后,QQ客服发电脑截图告知小轩,网贷平台账户注销只完成了18%,还没有全部注销掉,并分析原因可能是小轩的身份信息还注册了其他网贷平台账户并贷了款。

随后,小轩在QQ客服引导下,依次从小米金融、京东白条等4个网贷平台贷款4万余元至指定的银行账户。此时,网贷平台账户还是没有全部注销掉,小轩才意识到自己被骗。

意识到被骗后的小轩心里非常慌张,回想起刚才两个多小时发生的事情感觉到自己非常愚蠢,不敢向家人、老师和身边同学说起这件事,独自一个人坐在学校广场。

3月27日下午6点左右,辅导员接到小轩的电话,赶到文化广场了解了事件的整个经过。辅导员第一时间向学校保卫处报告后并报警立案,还陪同小轩当天在派出所做了笔录。第二天,小轩被派出所告知客服QQ已失效,银行账户已注销。

随后小轩和家人、辅导员一起3次去派出所询问案件进展情况,都无实际进展。

(资料来源:以上信息为作者自行收集)

二、网络诈骗的类型

(一)在线"网络钓鱼"型诈骗

"网络钓鱼"利用欺骗性电子邮件和伪造的互联网站进行诈骗活动,作案手法有以下两种。

(1)发送电子邮件。不法分子大量发送欺诈性电子邮件,以虚假信息引诱用户中圈套,邮件多以中奖、顾问、对账等内容引诱用户在邮件中填入金融账号和密码。

(2)不法分子通过设立假冒银行网站,当用户输入错误网址后,就会被引入这个假冒网站,一旦用户输入账号、密码,这些信息就有可能被犯罪分子窃取,账户里的存款有可能被冒领。此外,犯罪分子通过发送含木马病毒邮件等方式,把病毒程序置入计算机内,

一旦客户用这种"中毒"的计算机登录网上银行,其账号和密码也可能被不法分子所窃取,造成资金损失。

(二)线上购物类诈骗

网络购物类诈骗是指在互联网上因买卖商品而发生的诈骗案件。作案手法有以下几种。

1. 多次汇款

骗子以未收到货款或提出要汇款到一定数目方能将以前款项退还等各种理由迫使事主多次汇款。

2. 拒绝安全支付

骗子以种种理由拒绝使用网站提供的第三方安全支付工具,比如谎称"账户最近出现故障"或"不使用支付宝,要收手续费,可以再给你算便宜一些"等理由,诱骗事主使用先汇款后交货的不安全交易方式。

3. 以次充好

骗子用假冒、劣质、低廉的山寨产品冒充名牌商品,事主收货后连呼上当,叫苦不堪。

4. 网购退款

骗子以产品质量有问题为由,主动要求退款给买家,在退款过程中要求买家输入金融账号和密码,借以盗取其账号内的钱财。

(三)刷单返利类诈骗

刷单返利类诈骗由于返利周期短、引流成功率高,已逐步演变为当前变种最多、变化最快的诈骗类型,并与其他网络诈骗手法相互"融合",成为网络诈骗主要引流方式。诈骗分子主要犯罪手法包括以下几步。

1. 前期引流

通过网页、短信、社交软件、短视频平台等渠道发布兼职广告,打着"足不出户、高额佣金"的旗号,或以色情内容和免费礼物为诱饵,招募"刷单客""点赞员""推广员",一旦有受害人"上钩",即将其拉入"做任务"的聊天群。

2. 小额返利

加入聊天群后,诈骗分子会让受害人在群内领取"新手任务","任务"主要是提高平台商家、网店的交易量、信誉度,关注相关公众号、账号,为短视频点赞评论涨粉丝等。受害人完成"新手任务"后,诈骗分子会快速返还小额佣金,用以骗取受害人信任。

3. 诱导下载刷单App

在受害人完成前期任务并获利的基础上,诈骗分子通常会安排专人在微信群中散布其获得高额佣金的截图,引诱被害人下载虚假刷单App做"进阶任务"。随后,诈骗分子以"充值越多、抢单越多、返利越多"为诱饵,骗取受害人在刷单App中垫资充值,实际是将受害人资金转入其提供的银行账户,而受害人的App账户中显示的金额仅仅是虚拟数字。

4. 完成诈骗

当受害人完成任务想要提现时,诈骗分子将设置重重障碍,以"任务未完成""卡单""因操作异常，账户被冻结"等各种借口，拒不支付本金和佣金，甚至诱骗受害人加大投入，进而骗取更多资金。一旦受害人识破骗局，诈骗分子将切断与受害人的一切联系渠道。

某大学生刷单陷骗局，11万元血本无归

2022年5月，湖北邹某某在微信群内看到"固定底薪、点赞评论返佣金"的信息及二维码。邹某某通过扫码加上客服，在客服诱导下下载某刷单App。安装App后，邹某某在App内联系上"接待员"，由其指导做刷单任务。最初，"接待员"在邹某某完成评论任务后返了20元佣金到其支付宝账号。邹某某见佣金确实到账了，便根据对方的提示进入App内任务大厅认购任务单。认购任务单需交纳相应的本金，交纳金额越高，返还佣金越高。邹某某先后完成了5单任务，认购本金100元至1 000元不等，每次的佣金都返还至其App账户，后由邹某某提现到自己的银行卡中，到账速度很快，其进一步放松了警惕。

随后，为了获得更多佣金，邹某某开始认购金额更大的复合任务单。此类任务需连续完成多单且中途不能退出，邹某某先后投入本金达11万元。但当邹某某按要求完成任务后却发现无法提现，便赶快联系"接待员"，对方告知其操作有误造成"卡单"，需要再做一次任务才能提现。邹某某此时已觉察被骗，向对方索要本金时发现对方已删除联系方式，且App已无法登录。

（资料来源：https：//newS.cctv.com/2022/05/11/ARTI8OVaWxwLSPuYQOjAVEux220511.shtml）

兼职刷单做业务，就是把自己的财产处置权交给对方。刷单行为涉嫌违法，需要个人承担相应的法律责任，凡是需要先行充值或垫付资金的刷单行为都是诈骗，远离并自觉抵制身边的刷单行为，谨防给自己造成不必要的财产损失。

（四）虚假投资理财类诈骗

虚假投资理财类诈骗的受害人多为具有一定收入、资产的单身群体或热衷投资、理财、炒股的人群。诈骗分子主要犯罪手法包括以下几步。

（1）诈骗分子通过多种渠道锁定受害人并骗取其信任。锁定受害人的方式包括通过社交软件寻找受害人并建立联系、发布股票外汇等投资理财信息网罗目标人群、通过婚恋交友平台确定婚恋关系骗取信任等。

（2）在获得受害人信任后，诈骗分子采用冒充投资导师、金融理财顾问，或谎称有特殊资源可获得高额理财回报等方式，引诱受害人加入"投资"群聊、听取"投资专家"直播课、接受"股票大神"投资指导。

（3）诈骗分子诱导受害人在其提供的虚假网站或App上投资，前期小额投资试水可获得返利，一旦受害人加大资金投入，就会发现无法提现或全部亏损，并被诈骗分子拉黑，且虚假网站、App无法登录。

（五）虚假网络贷款类诈骗

诈骗分子通过网络媒体、电话、短信、社交软件等发布办理贷款、信用卡、提额套现等广告信息，打着"无抵押""免征信""无息""低息""快速放款""免费提额套现"等幌子，以事先收取手续费、保证金、验资、交税等为由，或以检验还贷能力、调整利率、降息、提高征信等为借口，诱骗具有贷款需求或曾办理贷款业务的受害人转账汇款，甚至骗取受害人银行账户和密码等信息用于自己直接转账、消费。

（六）在线冒充熟人诈骗

骗子使用黑客程序破解用户密码，然后冒名顶替向事主的 QQ 或微信好友借钱。如遇亲朋好友聊天软件借钱，应先通过打电话等途径与朋友取得联系，防止被骗。

三、大学生如何预防网络诈骗

1. 不随意泄露身份信息

那种针对性的诈骗发生的开端就是身份信息泄露。不在网上随意注册那种要填身份证号的账号，快递单和填有各种信息的废纸妥善处理后再扔，确保信息不会轻易泄露。

2. 不贪小便宜

天上不会掉馅饼，对于收到的中了奖要输金融账号、密码才能领奖的消息，不可轻信。

3. 学会识别网购陷阱

一般情况下，不要盲目相信便宜货，要知道一分钱一分货，切不可贪图小便宜。支付时，一定要选择安全的支付方式，不要因为各种原因不能使用正规支付方式而接受银行卡汇款之类的支付方式。自己的支付密码一定不要向他人透露。收货时要先验货再签收，这样可以避免很多麻烦，如果有商品质量上的问题，应当面解决说清。

网购时一定要用购物官网指定的聊天工具，而不要用 QQ 等日常聊天软件，因为只有官网指定的聊天工具中的聊天记录才可以在维权时作为证据使用。

4. 谨防 QQ 或微信诈骗

在聊天时，不要向陌生人随意泄露个人信息。如有网友提出经济上的要求，一定要慎重，最好通过电话进行核实和确认。QQ 或微信用户在发现自己密码被盗时，要设法尽快取回密码，若无法取回密码，则要将被盗情况及时告知 QQ 或微信好友，防止不法之徒假冒其名义从事违法犯罪活动。

5. 网络交友需慎重

一些不法分子利用网络的虚拟性，通过网络聊天、交友等手段，一步步消除受害者心理防备，在取得受害者信任后，恣意骗取钱财或实施其他犯罪。网络交友需慎之又慎，不可随意轻信他人。上网聊天要留个心眼，不要随意告诉网友自己的真实姓名、学校和家庭情况等。

6. 注意网络求职安全

（1）在网络求职是风险与机遇并存的，大学生在找工作时切忌急功近利，一定要保持冷静的头脑，尽量详细地了解招聘单位的实际情况，比如应通过搜索引擎查询目标公司的法人资格和经营许可证等。

（2）要留心观察招聘单位在招聘时是否写明单位全称、具体经营项目及归属哪个部门管理等，还可以到招聘单位所在地的税务、工商等部门的官方网站查询其是否为正规单位。通过对招聘单位是否有逃漏税或欠费等现象的调查，可以看出该单位的信誉度。

（3）注意求职信息发送的渠道是否正规。一般的企事业单位，都有专门的招聘邮箱或收简历通道，个人在发送求职信息前，一定要对该单位有详尽的了解，并通过正规渠道投递简历，切记不要随意点击某些企业附带接受简历渠道的网页广告。

（4）选择正规合法的求职网站。正规、合法的求职网站是指经过有关部门审核、批准和注册的网站，一般在求职网站上都有特定的标志。选择正规合法的求职网站，可以确保信息来源的可靠性。另外，正规、合法的求职网站不会将你注册的个人资料泄露给第三方，减少了不法分子借求职者个人资料作案的机会。

（5）时刻保持警惕性。即使是正规、合法的求职网站所提供的职位信息，也不能保证百分之百的可信度。这时，就需要大学生注意甄别真伪。对于一些可疑的招聘电话，要及时与学校、老师和家长沟通，增强安全意识，不能掉以轻心、疏忽大意。

（6）一旦上当受骗，要敢于用法律来保护自己。有些大学生受骗以后，就自认倒霉不去揭发不法分子的行为。殊不知，这是对诈骗者的纵容，也是网络求职骗局越来越猖獗的原因之一。大学生要有强烈的社会责任感，敢于维护自己的权益，用法律来保护自己，维护社会秩序。

（7）注意识破网络求职骗局。经调查，网络求职骗局大致有以下几种。

①假借培训，向求职者要钱。

②低劣培训，收取高额培训费，却不给安排上岗。

③"烟幕弹"信息，浪费求职者宝贵时间。某些求职网站上存在过时信息、垃圾信息甚至虚假信息。这些信息有些是招聘单位一种独特的广告宣传方式，如果求职者相信这些信息，不仅得不到职位，还会白白浪费宝贵的时间。

④诱骗求职者发送信用卡号、银行账号及社会保险账号。常常有网上"雇主"以招聘为名，要求求职者把自己的信用卡号、银行账号、社会保险账号、身份证或者身份证复印件发送给他们。这些本来属于个人机密的信息一旦落入那些别有用心的人手里，后果可想而知。

⑤以考查工作能力为名，让求职者徒劳"工作"。

法律链接

参照《刑法》和《最高人民法院关于审理诈骗案件具体应用法律的若干问题的解释》的规定：诈骗公私财物，数额较大的，处三年以下有期徒刑、拘役或者管制，并处或者单处罚金；数额巨大或者有其他严重情节的，处三年以上十年以下有期徒刑，并处罚金；数额特别巨大或者有其他特别严重情节的，处十年以上有期徒刑或者无期徒刑，并处罚金或者没收财产。

安全知识互动

1. 简述网络诈骗犯罪的特点。
2. 网络诈骗的类型有哪些？
3. 大学生如何预防网络诈骗？

第四课　大学生如何抵制网络成瘾

根据《中国青少年健康教育核心信息及释义（2018版）》，网络成瘾是指在无成瘾物质作用下对互联网使用冲动的失控行为，表现为过度使用互联网后导致明显的学业、职业和社会功能损伤。其中，持续时间是诊断网络成瘾障碍的重要标准，一般情况下，相关行为需至少持续12个月才能确诊。大学生网络成瘾的典型表现就是沉迷于网络游戏、深陷网络陷阱、网络购物成瘾。

一、沉迷于网络游戏

网络游戏的种类繁多，其中不乏需要组成团队集体完成的竞技游戏，这类游戏需要多人组队参与，在相互配合中按照团队的力量相互竞技，此类游戏也是目前在大学生中最为盛行的。

大学生在校期间以寝室或班级组成游戏团队的并不罕见，这些游戏团队在寝室间盛行，定期以竞技的形式组织比赛。不管是组队还是个人的网络游戏，都有丰富的情节设置和绚丽的游戏界面，这对在大学期间有相对宽松环境的大学生具有非常大的诱惑力。加之大学生的从众心理，认为不玩游戏或者不参与同学之间的游戏就是一种不合群行为，容易造成大学生集体沉溺其中。更有甚者，将游戏中的竞技带到现实生活中，出现打架斗殴等严重影响大学生正常学习和生活秩序的事件。

对于部分不习惯独立生活的同学而言，老师与学生不再是严格意义上的管理者与被管理者的关系，大学更加强调学生的自我管理和自我约束。并且大学的课程多，但每周的课时很少，大学生自己能够支配的时间多；大学期间考试也比较少，学生的学习压力也相对较小。这为学生玩游戏提供了大量的机会和时间。

典型案例

某大学6名学生因沉迷网络被劝退

11月10日，某大学一学院网站发布了一则通报。通报称，本学期9名同学累计获得学分数少于15个，进入退学预警期；6名同学在退学预警期内获得学分数少于15个且获得总学分数低于结业标准，按照该校《本科生学籍管理办法》，予以退学。通报内容显示，被予以退学的学生均为男生，都是某某专业，其中4人被指沉迷网络游戏、逃课、旷考。

据中国社会科学院"中国大学生追踪调查"发现，大学生平均每天玩网络游戏的时间大约是2小时。据通报，6名同学被清退后，一人转学，一人被送戒网瘾中心，两人重新参加高考，还有两人提前离校打工。

（资料来源：中国青年网，2020年11月12日）

1. 大学生沉迷网络游戏的心理原因剖析

（1）爱与归属需要。爱与归属需要包括与其他人建立亲密关系的渴求，成为某个群体一员的感受，也就是人际交往需要。通过网络游戏这个中间媒体，能突破时空、人数、地域限制，进行"人—机—人"方式沟通，大家似乎都在平等自由地玩。通过网络游戏这个桥梁，他们可以与形形色色的人以游戏为共同话题进行交流，共同剖析游戏攻略，交流体会。网络游戏促进社会团体形成、团体认同与紧密合作方式建立，对个人成长与成熟会产生非常大的影响，它能够促进个人更好地发展，加速个人社会化进程。然而，这种自然团队认同逐渐被当今社会某些人为规定所阻断，只能通过游戏得到好友、知音与小众社会价值认同。在并肩作战、共同对抗敌人中，他们得到了真诚信任与友谊。很多人玩网络游戏是因为现实交往出现危机，孤独与怀疑让他们早熟，而这种早熟却充满了无奈与酸涩。他们渴望与人交往，渴望获得别人的认同与信任，可是现实并不能满足他们。

（2）尊重需要。这是一种对自我积极与高度评价的需要。这种评价可被分成两类，自尊需要与他人尊重需要。

①自尊需要驱动个体去获得成功、力量、自信、独立与自由。从本质上来说，自尊需要是一种觉得自己有价值的渴望。

②他人尊重需要是获得名誉、地位与认可，他人对我们能力赏识，以及希望有一种重要感。

当尊重需要得到满足时，我们就会有自信感与自我价值感，就会认为自己活在世上是有价值的。在现实生活中，人们都希望获得成功，渴望得到他人认可。然而，现实社会却存在着残酷竞争与利益争夺，因此才产生抗争成功与抗争失败。于是，问题出现了。一旦不成功，个体就会为维护自我概念与自我价值体系，而产生相应心理适应不良与心理失调，当心理长期处于失调状态下，人就会主动寻找适应自身价值体系的事物，如将注意力从主流价值体系分离出来，投向网络游戏，在远古神话传说或现代反恐游戏中扮演英雄人物，在游戏进程中一步步实现自我价值与自我认同感，在虚拟社区中不断展示个人魅力。

2. 网络游戏对大学生的危害

（1）网络游戏对大学生认知的不良影响。长久地接触网络会造成大学生的感知能力严重下降。现在的网络信息有很大一部分以图像的形式呈现，这在某种程度上改变了大学生的思维方式，在遇到问题时也只愿意用最简单的方式解决，不愿意深究事物更深层的意义。

（2）网络游戏对大学生人格造成的不良影响。网络人格心理失真又称为网络自我迷失。个体表现为脱离实际、胆小、孤僻、耽于幻想等行为特点。大学生过分迷恋网络上的"人—机"式交往，呈现"人机热人际冷"现象，导致大学生忽视真实存在的人际关系，出现网络人格心理失真。

（3）网络游戏对大学生精神意志造成的不良影响。大部分大学生的自制能力较弱，并且网络游戏中诱惑性因素众多，大学生一旦接触这类网络游戏就很容易沉迷其中，导致大学生在实际生活中缺乏意志力。

（4）沉迷网络游戏对大学生身体的危害。研究表明，长期玩网络游戏会对人的左前脑造成伤害，进一步会影响到右脑发育，出现亚健康状况或直接导致心理障碍。

（5）沉迷网络游戏对大学生学业的危害。沉迷网络游戏的大学生一般对学业提不起兴趣，对学校的课程不重视，甚至在上课时间躲在宿舍或者去网吧打游戏。沉迷在网络虚拟世界中的大学生耗费掉大量本该用于完成学业的时间和金钱。

3. 大学生远离网络游戏的对策

（1）树立理想信念，明确自己的理想和目标。

有一部分学生在进入大学前对自己的认知并不清晰，每天为了准备高考而忙碌于学习，高考是生活的绝对中心和目标。进入大学后，没有了高考这样一个清晰的努力方向，行动开始迷茫，学习失去动力。新的理想的树立对于大学新生学习动力的保持至关重要，有理想支持的学习和行动才能是高效并且能见到成效的。理想层次越高，抱负越大，学习的内在动力就越强。只有这样，大学生才能深刻认识到自己肩负的历史使命，才能真正明确学习目的，端正学习态度，真正养成一种勤奋、严谨、拼搏、创新的良好学风，努力成长为社会主义建设事业的可靠接班人。

（2）积极培养自身广泛的健康向上的兴趣和爱好。

兴趣转移法是促使大学生逐渐远离网络游戏的有效办法之一。大学生可利用业余时间积极参加学校举行的各种校园文化活动，不断充实自己的精神生活。这样一来，不仅可以分散自己在网络游戏上的精力，努力克服自己沉迷网络游戏的欲望，也有助于养成积极向上的生活态度，形成良好的自我调节能力和交际能力。只有不断提高自身的自律意识和自我控制能力，才能有效抵制网络游戏的不良诱惑。

（3）坚持敞开心扉，必要时接受心理咨询和干预。

如果按照正常的途径和方法，大学生靠个人意志无法克制游戏成瘾，就有必要借助心理干预，采取心理咨询的方式帮助自己克制网络成瘾。

二、深陷网恋陷阱

网恋具有隐瞒性、欺骗性、玩弄性、颓废性、危险性。有些不法分子利用"腰缠万贯、容貌出众、谈吐特别"等虚假的形象欺骗那些刚"上线"的少男少女们。如果一个人过度痴迷网恋的话，那么他（她）就有可能走向"深渊"。

> **典型案例**
>
> ### 某大学生网恋，被骗7万元
>
> 女孩戴某是湖南某大学的大三学生，与男子周某通过网络认识，后确定恋爱关系。交往4个月后，两人感情稳定，周某以各种理由向戴某借钱。戴某不但将自己学费借给周某，还受其指使，利用自己大学生的身份前后分9次通过银行进行网络小额贷款，再转借给周某，共计7万余元。后戴某发现周某早已成家生子，一直编造理由哄骗自己，于是告知家人并报警。因两人是恋爱关系，证据不足，不构成诈骗罪，双方则达成了调解协议：（1）周某当即偿还戴某学费19 000元；（2）周某以戴某名义所借款项及利息共计51 000元，还款期限为一年，逐月还清，每月支付4 250元，如逾期未还，按每月3分的利息计算，亦可起诉。事后，周某一直躲避，无法联系。戴某无奈，凭双方签字的调解协议和欠条诉至法院。

依照《中华人民共和国合同法》第二百零六条、第二百零七条，最高人民法院《关于审理民间借贷案件适用法律若干问题的规定》第二十九条，《中华人民共和国民事诉讼法》第六十四条、第一百四十四条之规定，做出判决被告周某偿还原告戴某借款51 000元，自借款到期日起至清偿日止，按年利率24%（月息2分）的标准支付逾期利息。

（资料来源：黑龙江省肇源县法院网，2017年05月15日）

一方面，虚拟梦幻是网络的魅力之所在；另一方面，虚拟梦幻也是网恋的危险之所在。真伪难辨、鱼龙混杂的网恋引发的案件不断上升，从盗窃、抢劫、诈骗到强奸等不一而足。大学生在网络交友中受骗上当的案例时有发生。面对这样的情况，我们一定要注意加强自我防范和保护意识，做到以下几点。

（1）不要过分信赖对方，而毫无保留地暴露自己的信息。

（2）交往中要保持与对方的距离，时刻提高警惕。

（3）既不要轻视忽略对方，过高地估计自身的能力，也不要过分依赖对方。

（4）特殊条件下，不要单独与对方接触，特别是女生更应避免在夜晚、陌生地方、人迹稀少地方且孤立无援等情况下与网友见面。

三、网络购物成瘾

随着互联网的普及应用，带来了电子商务的巨大繁荣，创造了惊人的商业价值，人们购物由实体店转向在线网络购物。据报道，网络购物用户中，在校大学生用户数量达68.7%，成为网络购物中最活跃且占比最大的群体。但是网络犹如一把"双刃剑"，虽然能提供充足的信息资源、丰富的学习资料、便利的生活方式和更多认识世界的窗口，但不受约束的长时间上网，导致部分学生沉迷其中，出现频繁网购甚至成瘾的症状，严重地影响了学生的心理、生理健康和日常的学习生活。

1. 大学生网购成瘾的表现

（1）网络购物已经对个人学习生活造成很大负担和影响，但当事人还是欲罢不能继续购物。

（2）对网络购物行为没有自控能力，经不住网购广告等的诱惑不停购物。

（3）无法抵抗网络购物的冲动，一旦不进行网络购物，就觉得学习生活没有着落，像失去了重心。

2. 大学生网购成瘾的原因

（1）网络购物的便捷性，造成尝试、享乐心理。

网上购物给学习生活带来极大的便利，学生可以利用业余时间，轻点鼠标，就能查询到形形色色的商品信息，在短时间内足不出户就能拿到购买的商品。且在网络购物过程中体味新鲜、乐趣、满足感，就不在意自己时间、精力的浪费和身体的损耗。

（2）网络购物的价格低，造成求廉、求异心理。

大学生网购时十分关注商品的价格。由于在线销售不需租赁店面，大多数属于厂家直销，可以省掉很多中间环节的费用，网络销售价格总体低于实体商店，同时不同网站通过多种多样的促销手段和活动，吸引和满足大学生追求物美价廉、流行时尚和求新求异的心理，导致频繁的浏览各种购物网站进行比较。

（3）网络购物的氛围及趣味，造成从众、攀比心理。

我国大学生住宿为集体宿舍，同学间的生活习惯、消费观念都会潜移默化相互影响。当有一部分人网购较多时，必然会影响同宿舍和同班同学。网上价格低廉、种类繁多的商品，以及购物网站"限时""秒杀""团购"等铺天盖地的优惠促销活动，时刻刺激大学生进行新奇体验、从众性集中网购、盲目网购，造成了大学生对网络购物的依赖、从众和攀比心理。

（4）网络购物自控能力较弱，造成冲动、成瘾心理。

大学生仍属于身心尚不成熟的群体，在远离家庭父母的校园环境中，身边携带充足的生活费用，在金钱支配方面缺乏控制和规划，造成了网购的冲动和欲望。网购消费与现金支出的心理效应不同，使得自制力弱的大学生特别容易沉迷于网络购物不能自拔，进而出现超额消费、负债消费，购物成瘾大幅提升。

3. 大学生网络购物成瘾的应对措施

（1）思想矫正法。

培养勤俭节约的思想意识，深刻认识网络购物成瘾的诸多危害，树立正确健康的网络购物方式和消费观，主动控制上网购物时间和费用，达到不影响自身学习和生活的状态。

（2）经济干预法。

调查显示，大多数网络购物成瘾的学生来自家庭条件优越、生活富足的家庭。基于这种现状，对网络购物成瘾学生进行适度经济干预，没有多余的费用支配，可在一定程度上遏制盲目过度消费，非理性消费的概率便会大大降低。

（3）实践体验法。

网络购物成瘾学生积极参加学校内外实践活动，如各种社团活动、技能大赛、各种社区服务、勤工助学及志愿者活动等。这些实践活动能广泛培养兴趣爱好，转移学生的注意力，有意识的避免长时间沉溺于网络。把虚拟的网络世界和活生生的现实社会做实践对比，从而逐渐远离虚拟的网络世界，真正肩负起国家、社会和家庭赋予的职责和担当。

四、正确认识网络成瘾

湖南一小伙上大学后沉迷网游20年不回家！

据广东东莞市公安局发布消息，湖南某个村子20年前考上重点大学的阿龙，上大学后沉迷游戏已20年没回家，2022年被发现在东莞流浪十余年，民警和爱心志愿者助其与家人团聚，感动了不少人。

阿龙的父亲老杨已年过七旬，他告诉红星新闻记者，阿龙失联后，这些年来他一直没有放弃寻找儿子。专注于流浪救助的志愿服务队"让爱回家"队长赖玉强回忆道，当时安排阿龙跟父母见面的场景他仍历历在目。"阿龙拼命地抱着我，握着我的手，说谢谢了。"赖玉强队长全程跟进了阿龙的返乡，他跟红星新闻记者描述了事件的经过。

（资料来源：红星新闻 2022-10-15）

（一）网络成瘾对大学生的危害

1. 网络成瘾影响大学生身体健康

大学生一旦迷恋网络，常常日夜颠倒，白天睡觉晚上上网。长时间睡眠不好会造成大学生生物钟紊乱，免疫力下降，从而导致各种疾病。另外，长时间坐在电脑前对大学生的颈肩、腰椎都会造成不良影响。

2. 网络成瘾严重影响大学生的学习

网络对大学生的学习有利有弊，大学生可以通过网络查询资料，进行网上学习，但是大多数大学生上网并非为了学习，他们的注意力往往被网络中其他因素所吸引，例如，网络游戏，打麻将，网络购物，等等。上网成了这些学生的生活重心，他们将大量时间花费在网络上从而忽略了学习，严重影响学习成绩。因此，网络成瘾的大学生通常学习困难，学业很难顺利完成。

3. 网络成瘾影响大学生心理健康与行为习惯

网络成瘾会使大学生长时间不与他人交流，产生孤僻、忧郁、抑郁等心理疾病。网络成瘾也会改变大学生的性格，使其变得内向、怯懦、不愿与他人交流，等等。受西方社会思想的影响，网络成瘾的大学生的行为自控能力减弱，道德和法律意识越来越模糊。长此以往，可能会区分不了现实与网络世界，丧失人生理想和人生目标，严重者甚至导致心理问题，后果非常严重。

（二）大学生如何预防网络成瘾

1. 提高自我辨别能力

大学生应该学着区别网络上的各种信息，学会辨别真伪，利用健康的、有益的信息，排斥各种暴力、色情等影响自己身心健康发展的各种内容。大学生应提高自己的分辨能力和怀疑能力，认清网络是一把双刃剑。批判地看待网络知识，理性地分析，对于不好的网络资源，要摒弃和坚决反对。

2. 正视挫折，保持乐观心理

大学生应正确对待各种挫折，正确认识自我。在日常生活和学习过程中，要做到脚踏实地、知己知彼，要懂得任何成绩的取得都是靠自己的辛勤劳动换来的。遇到挫折时应静下心来思考自己的问题，而不是一味地逃避，滥用网络来弥补自己的失败感。

3. 合理利用课余时间

参加各种科技兴趣活动，去图书馆阅读各种感兴趣的课外书，组织郊游活动，参加各种社会实践活动等，大学生应通过实践感受现实生活中的各种乐趣，最终远离虚幻而颓废的网络世界。

安全知识互动 >>

1. 分析一下，自己有没有网络成瘾现象，该如何调整？
2. 大学生沉迷网络游戏的心理原因有哪些？
3. 大学生该如何避免网络成瘾现象？

第六讲
交通出行　安全为要

素质教育导读

　　高等学校学生非正常死亡人数中,交通事故死亡占有一定的比例。交通事故不仅造成了无数家庭的破碎,还会给国家、个人造成严重的经济损失。不仅如此,外出旅游和各种各样的户外运动,也广受大学生们的欢迎。但也由于多种原因导致大学生旅游和参与户外运动的安全事故频频发生。并且,大学生本身缺乏充分的安全意识,对于外出旅游或者运动当中存在的各种风险缺乏认知,容易上当受骗,甚至威胁到自身安全。

　　各大高校要加强对大学生出行安全教育的重视,建立较为完善的风险防范系统,并为高校学生群体构建完善的互动模式,以降低大学生在外出过程中所面临的安全风险。

案例导入

疲劳驾驶引发重大交通事故

　　据中国之声《新闻纵横》报道,2011年10月7日下午四点左右,滨保高速天津界内发生一起重特大交通事故。经初步核实,事故已经造成35人死亡,19人受伤。2011年10月8日,伤员已经被紧急送往武清区人民医院进行抢救治疗,记者向天津公安交警了解到,死者多为河北省唐山学院保定籍学生。事故主要原因是大客车驾驶员疲劳驾驶、超速行驶、超员载人、采取措施不当等行为造成与小型客车碰撞。

(中广网天津10月8日消息)

案例点评:

　　以上案例中,由于驾驶员疲劳驾驶,直到撞到一辆黑色轿车,然后侧翻,高速公路的护栏瞬间穿透大客车右侧的车身,就这样35条年轻的生命被残忍夺走。据幸存者回忆说,所有的乘客都没有系安全带,除了一个座位的安全带缺失,其余的安全带都绑在座位钢架上,处于无法使用状态。最后,车辆也存在超载现象,车辆限载53人,可大客车却载了55人。这起事故的发生给我们敲响了警钟,引发了对交通安全的深刻思考。首要,我们要重视驾驶员的素质和技能培养。驾驶员是道路上的重要一环，他们的驾驶技术和安全意识直接关系到交通安全。因此，加强驾驶员培训和考核，提高其素质和技能水平，是防止类似事故发生的关键。同时，相关部门应加强对车辆的维护和检查，确保车辆的正常运行和安全性。此外，我们也要加强对交通安全的宣传教育。交通安全是每个人的责任，每个人都应该时刻保持警觉，遵守交通规则。通过宣传教育，提高公众的交通安全意识，培养良好的交通行为习惯，才能有效预防交通事故的发生。

第一课　交通安全系心间

根据《中华人民共和国道路交通安全法》（以下简称《交通安全法》）第119条第5项的规定，"交通事故"是指车辆在道路上因过错或者意外造成的人身伤亡或者财产损失的事件。同时，《交通安全法》对"道路"的含义也做了解释，即指公路、城市道路和虽在单位管辖范围但允许社会机动车通行的地方，包括广场、公共停车场等用于公众通行的场所。

从道路交通事故的概念分析，发生在大学校园内的道路交通事故在地域上分为两部分。一部分属于在高校单位管辖范围，并且允许社会机动车通行的道路，发生在该区域的交通事故与一般的交通事故没有差异；另一部分属于在高校单位管辖范围，但不允许社会机动车辆通行的道路，如在校园内一些特定路段有"校外车辆禁止入内"的标牌，发生在该特定区域的道路交通事故叫道路外交通事故，根据《交通安全法》第77条的规定："车辆在道路以外通行时发生的事故，公安机关交通管理部门接到报案的，参照本法有关规定办理。"

大学生交通安全是指大学生在校园内和校园外的道路行走、乘坐交通工具时的人身安全。只要有行人、车辆、道路这三个交通安全要素存在，就会有交通安全问题，也许只是一个小小的意外，可能就会造成严重后果，断送大学生美好的前程甚至鲜活的生命。

随着高校改革的不断深入，高校与社会的交往越来越频繁，校园内人流量、车流量也急剧增加。高校老师拥有私家轿车的数量逐年攀升，摩托车更是普遍，学生骑自行车、摩托车的情况也很多，大学生开着小汽车上学也已不再是新闻。但校园道路建设、交通管理滞后于高校的发展，一般校园道路都比较狭窄，交叉路口没有信号灯管制，也没有专职交通管理人员管理。校园内人员居住集中，上、下课时容易形成人流、车流高峰等，致使高校的交通环境日益复杂，交通事故经常发生。

一、大学生交通安全事故的主要表现形式

1. 校园内易发生的交通事故

校园内发生交通事故的主要形式有以下几种。

（1）注意力不集中。这是最主要的形式，表现为大学生走路时，边玩手机、边听音乐，或者左顾右盼，心不在焉。

（2）在路上进行球类活动。大学生精力旺盛，活泼好动，即使在路上行走也是嬉戏打闹，甚至有时还在路上进行球类活动，更是增加了发生事故的危险。

（3）骑"飞车"。一般高校校园面积都比较大，宿舍与教室、图书馆等建筑距离比较

远，所以许多大学生购买了自行车，课间或放学时骑自行车在人海中穿行。但部分学生把自行车骑得比汽车还快，殊不知就埋下了祸根。

2. 校园外常见的交通事故

大学生在课余空闲时购物、观光、访友，或到市区活动，由于这些地方车流量大、行人多，各种交通标志眼花缭乱，与校园相比交通状况更加复杂，若缺乏通行经验，发生交通事故的概率会很高。有的学校的学生公寓建在校外，每天上课、下课时校园周边地区易形成人流、车流高峰，成为大学生交通事故多发地带。大学生在离校、返校、外出旅游、社会实践、寻找工作等外出活动中，需要乘坐各种交通工具，交通事故也时有发生，有时甚至造成群体性伤亡，教训十分惨痛。

典型案例

7名大学生外出爬山遇险

"您好，快点来救救我们，我们在山中迷路了，一共7人。"4月9号19时40分，景德镇市浮梁县湘湖镇青龙尖山区有"驴友"被困。

景德镇市消防救援支队接到报警后，立即调派昌江大道特勤消防站2辆消防车、14名救援人员，携带照明设备、通信设备、救援器材等赶往现场救援，支队全勤指挥部遂行出动。

7名学生　山中迷路被困

19时55分，消防救援人员到达山脚，联同当地公安民警、村干部及护林人员进山搜救。救援人员兵分两路，通过拨打电话、定位共享、喊话、鸣锣、照明等方式，从不同的道路合围搜寻。

"你们站在原地别动，保持体力、注意安全！我们正在向你们那靠近！"昌江大道特勤消防站副站长刘宗泽和被困人员取得联系后，一路不停地安慰他们。

7名被困人员都是附近大学的学生，到青龙尖游玩。下山时想抄近道回去，谁知迷失了方向，夜间山中温度低，7人衣着单薄、身边又没有食物，随即报警求助。

崖陡林密　搜救困难重重

山间林叶茂密、地形复杂，手机定位精度不高，给搜寻工作带来了极大困难。消防救援人员打着手电筒，排成一字型在黑暗中摸索前行，遇到路窄、陡峭的地方，大家只能侧着身子，小心翼翼地通过。

"有人吗？"搜救人员边搜寻边大声呼喊。

"我们在这里。"21时56分，寂静的山坳中，终于隐约传出被困人员的回应。然而，由于山势起伏、树木茂密，虽能听见声音，却不能精准确定被困人员的位置。

悬崖峭壁的阻隔，给救援工作带来不小的难度。最后，在当地向导的带领下，救援人员翻过山顶，只见下方是一个长长的陡坡，陡坡下是一条小溪。而被困学生曾在电话中描述，所困位置旁边正是一条干涸的小溪。

已搜寻多时、身体疲惫的救援人员，瞬间士气大振。

有惊无险　凌晨护送下山

"慢点滑！慢点滑！抓牢树枝！"

要靠近被困学生，救援人员需要经过一处约70°的陡坡，下滑到山坳中。消防救援人员手握藤条、侧着身子、贴着岩壁，小心翼翼探步下滑。约20分钟后，终于下到小溪边。没做任何休息，大家沿溪而上，继续搜寻。

凌晨3时10分，救援人员终于找到了7名被困学生，短暂调整后，采取一对一护送的方式，护送学生撤离下山。半个小时后，安全抵达山脚。

"我们一直在原地等待救援，没敢乱动乱跑，7个人都安全平稳地回来了，真的要特别感谢消防员！"被困学生小黄说道，幸好救援人员及时赶到，这趟春游才"有惊无险"。

（资料来源：澎湃江西 2022-04-11）

以上案例中的学生遇险事件，是学生不遵守学校规章制度、纪律观念淡薄、安全意识不强、自救能力较差所造成的，所幸未造成重大人身伤亡事故，否则后果不堪设想。大学生们要严格遵守学校相关规章制度，外出之前要按规定做好必要登记，告知班上同学及辅导员，并随时保持联系。遇到紧急情况，第一时间报告辅导员，寻求辅导员帮助。增强安全意识，外出游玩务必选择正规、安全的游玩方式，做好充分准备。

切勿到未开发的深山中游览玩耍，在景区游览时应按照景区指定的游览路线，在规定的安全区域内进行活动，天黑前及时离开，不要擅自前往进入未开放区域，以免发生意外。如果发生被困、迷路等事件，及时拨打救援电话求助。

二、校园交通事故发生的原因分析

随着高校改革的不断深入，高校与社会的交往越来越频繁，校园内人流量、车流量急剧增加。校园内人员集中，上、下课时容易形成人流高峰引发交通拥堵、严重时可能造成交通事故。以下主要讲述驾驶汽车引起的交通事故原因。

（一）危险驾驶

危险驾驶行为主要包括酒后驾驶、追逐竞驶、吸毒后驾驶、超速行驶、疲劳驾驶、超员超载、闯红灯，以及强行变更车道、强行超车、违法抢行、占道行驶、不按规定让行等。个别同学发生交通事故致伤致死，主要是由于与机动车辆相撞，有些交通事故是由于机动车驾驶员危险驾驶。

（二）超速行驶

超速行驶是指驾驶员在驾车行驶中，以超过法律、法规规定的速度进行行驶的行为。例如，我国高速公路的汽车行驶速度最快不超 120 km/h。有限速路交通标志或限速面标志的路段，应严格按照标志规定的速度行驶，超过该路段限定速度行驶就是超速行驶。"十次肇事九次快"，超速行驶无论是对驾驶者还是路人来说，都是一种不负责任的行为。

（三）酒后驾驶

酒后驾驶对社会危害极大，事故发生率也排在众多事故中的首位。来自公安部交管局的数据显示，我国每年因为酒后驾车引发的车祸达到数万起；造成死亡的事故中，半数与酒后驾车有关。《中华人民共和国道路交通安全法》第九十一条和《中华人民共和国刑法》第一百三十三条对机动车驾驶人饮酒、醉酒做出了明确处罚规定。

（四）疲劳驾车

疲劳驾驶的事故率一点也不逊色于酒后驾驶。疲劳驾驶一般是指连续驾驶机动车辆超过4个小时、从事其他劳动体力消耗过大或者睡眠时间不足而驾驶车辆的行为。驾驶车辆的特殊性要求驾驶员在行车过程中，必须始终保持精力充沛、头脑清醒，才能反应灵敏，及时处理各种情况。如果处于疲劳状态，就会体力下降，注意力不集中，视觉模糊，判断不正确，操作不当，最终可能引起车辆失控，从而发生交通事故。

（五）违章行驶

"实线虚线斑马线，都是生命安全线。""红灯绿灯黄灯，都是生命警示灯。"个别驾驶员不遵守《中华人民共和国道路交通安全法》的有关规定，驾驶过程中随意闯红灯、越黄线、逆向行驶等，因而发生交通事故，造成车毁人亡。"路怒症"即带着愤怒情绪驾驶机动车，俗称开"斗气车"，国外又称为"攻击性驾驶"，在交通违法行为上表现为强行变更车道、强行超车、占道行驶和不按规定让行等交通违法行为。据介绍，2015年以来，全国共查获上述违法行为1 733万起，同比上升2.8%。从性别看，"路怒症"涉及的男司机占比97%、女司机占比3%。

（六）分心驾驶

分心驾驶是新的"马路杀手"，因驾驶员视线偏离或分心产生的注意力不集中，是引发交通事故常见且重要的原因，比醉驾和毒驾更具危险性。2014年，全国一般以上等级的交通事故中，因"分心驾驶"导致的交通事故共有74 746起，造成21 570人死亡。随着智能手机的普及，个别司机在开车时会低头玩手机甚至发微博、微信，媒体称之为"低头族""盲驾族"。"低头族"导致的车祸悲剧已屡见不鲜。

2015年12月8日晚，济南市一女司机开车时打手机分神，将执勤民警王某撞伤，王某经抢救无效身亡。司机在开车时打电话，导致注意力不全放在开车上，发现前方有情况时，要将原本贴在耳朵上的手机快速放下来，脚下还要刹车，手忙脚乱时反应自然慢了半拍。而开车过程中编写微信、短信等，因为要低头看屏幕，情况更加危险，后果比打手机更加严重。实验结果显示，当车辆以时速40千米行驶时，低头浏览一条手机信息至少要2秒钟，车辆将"盲驶"超过20米。在人来车往的大街上，这20米就可能成为生死之间的距离。

（七）技术不精

汽车驾驶是高度的知觉效应和娴熟的操作技巧的统一，通常只有具备一定的驾驶技术，才能做到安全行驶。当前，随着社会的发展，人们生活水平的提高，家庭购买车辆的越来越多，大家接触车的机会也越来越多，驾驶员中的"二把刀"也越来越多，已成为交通安全的重大隐患。交管局相关负责人介绍，造成严重交通事故后果的危险驾驶行为中，驾驶年龄在6~10年、10~15年和1年以下的驾驶人群体中相对高发。究其原因，主要是前一群体具备一定驾驶经验后，对自身驾驶技术过于自信；而驾龄不足1年的驾驶员，主要是安全驾驶、守法驾驶的意识和能力还不够。

（八）法规意识淡薄

交通法规是总结大量交通事故血的教训而产生的，是人们交通安全的基本保障。多数交通事故的发生，最主要的原因就是驾驶员思想麻痹，交通法规意识淡薄。只要同学们提高交通安全意识，自觉遵守交通法规，就会少发生或不发生交通事故。相反，如果同学们不遵守交通规则，存有侥幸心理，甚至明知故犯，如骑车不戴头盔、驾车逆行、闯红灯、过马路不走人行横道和过街天桥等，就容易发生交通事故。

（九）自我保护意识不强

由于机动车驾驶员的违章而造成个别同学无辜被撞伤、撞死这样的教训是十分惨痛的。这类交通事故的发生，除了对方的原因外，也与个别同学自我保护意识不强、安全防范能力不高有关。例如，有的同学喜欢边走路边看书、听音乐，或者左顾右盼、心不在焉，容易导致交通事故的发生。出行时精力集中，不仅要瞻前，而且要顾后，眼观六路，耳听八方；要一慢、二看、三通过，不要与机动车抢道；发现违章的车辆向自己驶来，要主动避让，防止伤害到自己；不开车况不好的车辆上路，开车不超速，与前车保持一定的安全距离；遇到路况复杂、天气不好时，要倍加小心，及时避让，以免受到意外伤害。

三、交通安全事故的影响

"车轮一动，事关人命。""手握方向盘，脚踩生死关。"在车流量急速增加的公共交通中，稍不留神的一个小失误，就可能发生交通事故，造成人员的伤亡，使许多美满幸福的家庭破碎。

"交通事故（Traffic Accident）"是指车辆在道路上因过错或者意外造成人身伤亡或者财产损失的事件。交通事故不仅是由不特定的人员违反道路交通安全法规造成的；也可能是由于地震、台风、山洪、雷击等不可抗拒的自然灾害造成。

每一名大学生都是怀着美好愿景来到大学校园的，上大学是个人多年勤奋学习的结果，是家人和老师多年关心和支持的结果，可以说是来之不易。如果说因为自己的原因发生了交通事故，造成身体上的伤害乃至丢掉了生命，这实在是对个人和家庭的沉重打击，是对个人和家庭的不负责任。

四、如何预防校园交通事故的发生

在校园交通状况日益复杂的情况下，同学们做好校园内交通事故的预防工作，需要注意以下几点。

（1）针对校园内路面窄、拐弯处多、人员流动大的特点，不论是步行、骑车、驾驶机动车，都要注意观察，缓速慢行，遇人避让，认真遵守学校交通安全管理规定。

（2）不要在路上，特别是拐弯处嬉戏打闹、踢球等，禁止在路上练车、逆行、按喇叭等。

（3）不论是机动车，还是非机动车，都不得在校园内乱停乱放。

法律链接

酒驾是指车辆驾驶人员血液中的酒精含量大于或者等于 20 mg/100 mL，小于 80 mg/100 mL 的驾驶行为。醉驾是指车辆驾驶人员血液中的酒精含量大于或者等于 80 mg/100 mL 的驾驶行为。

根据 2003 年 10 月 28 日发布的《中华人民共和国道路交通安全法（2021 年修订）》第九十一条规定，饮酒后驾驶机动车的，处暂扣六个月机动车驾驶证，并处一千元以上二千元以下罚款。因饮酒后驾驶机动车被处罚，再次饮酒后驾驶机动车的，处十日以下拘留，并处一千元以上二千元以下罚款，吊销机动车驾驶证。

醉酒驾驶机动车的，由公安机关交通管理部门约束至酒醒，吊销机动车驾驶证，依法追究刑事责任；五年内不得重新取得机动车驾驶证。饮酒后驾驶营运机动车的，处十五日拘留，并处五千元罚款，吊销机动车驾驶证，五年内不得重新取得机动车驾驶证。

醉酒驾驶营运机动车的，由公安机关交通管理部门约束至酒醒，吊销机动车驾驶证，依法追究刑事责任；十年内不得重新取得机动车驾驶证，重新取得机动车驾驶证后，不得驾驶营运机动车。

饮酒后或者醉酒驾驶机动车发生重大交通事故，构成犯罪的，依法追究刑事责任，并由公安机关交通管理部门吊销机动车驾驶证，终生不得重新取得机动车驾驶证。

安全知识互动

1. 大学生交通安全事故的主要表现形式有哪些？
2. 校园交通事故发生的原因都有哪些？
3. 如何预防校园交通事故的发生？

第二课　出行安全要牢记

随着社会的进步、经济的发展和车辆的猛增，交通条件日趋完善。大家在享受这种便利的同时，一些违反交通安全秩序的行为也时有发生。我们面临的交通安全形势是相当严峻和复杂的，不安全的因素时时在威胁着同学们的安全。重视交通安全是每个人的义务，更是每个人的责任。我们要牢固树立交通安全意识，自觉遵守交通法规，掌握交通安全知识，提高自我保护能力，树立交通安全通行意识，掌握交通安全通行技能和相关处理办法。

典型案例

大学生租车出游，车却被烧成铁架！肇事司机趁夜"玩消失"

2023年4月20日21时10分左右，在G7212柳北高速合浦往北海方向大约328 km处，发生一起小车追尾货车的交通事故，事故导致小车着火。广西壮族自治区公安厅交警总队高速公路管理支队九大队民警接到报警后，立即赶往事故现场。

民警到达现场后，看到一辆小车正在熊熊燃烧，一辆蓝色厢式货车则停在小车前方。由于现场火势较大，民警组织司乘人员先远离着火车辆到护栏外等待消防救援。

经了解，小车车上共4名人员，都是从南宁到北海游玩的大学生，车是他们租来的。事发前，小车在第一车道上正常行驶，当行驶至事发路段时，一辆在右侧车道行驶的货车没有打转向灯突然"甩"了过来，似乎要侧翻，小车避让不及就撞上去了。所幸，车上人员均无大碍。

就在民警对现场进行查看时，却怎么也找不到货车驾驶人。小车上的一位乘客告诉民警，事发之后，他看到驾驶人往护栏外走了。待消防员将小车燃烧的火焰熄灭后，小车已被烧得面目全非。

随后，民警打开蓝色厢式货车车厢，发现车上运载的竟然是汽油，非常危险，如果被引燃，后果不堪设想。

事故现场处理期间，货车驾驶人始终未出现，直到21日凌晨2时许，才主动联系民警前来处理。

最后，民警依法认定货车驾驶人陈某因违反了《中华人民共和国道路交通安全法》第二十二条："机动车驾驶人应当遵守道路交通安全法律、法规的规定，按照操作规范安全驾驶、文明驾驶"的规定，且在发生道路交通事故后逃逸，货车驾驶人陈某承担事故的全部责任。

同时，由于陈某涉嫌非法运输，民警已将该案移交北海市公安局治安支队办理。

（资料来源：网易新闻，2023年5月6日）

一、行路时应注意事项

（1）遵守交通规则。例如，骑车或步行应当按照交通信号通行；通过路口或者横过马路时，应当走人行横道、过街天桥或地下通道；不要在机动车专用道行走，如立交桥、高速公路，而应走人行道，骑车应走自行车专用道。

（2）骑车或步行时要注意尽量远离、避让机动车，靠边行进，以免和机动车发生剐蹭。

（3）不要在道路上嬉戏追逐打闹。例如，不要在道路上踢球、滑旱冰、玩滑板等；不得跨越、倚坐道路隔离设施；不得扒车、强行拦车等。

（4）雨天出行尽量远离路边的高大树木或变压器、高压线路等；夜间出行尽量选择有路灯的道路行走，最好携带照明用具，注意观察路边有无无盖窨井。

（5）在交通事故发生后，应立即拨打122报警，如果有人员伤势严重，还应赶快拨打120或999求助。在医护人员到来之前，应采取初步的急救措施，如止血、包扎等。

（6）如果机动车肇事者逃逸，需及时记下肇事车的车牌号、车型、颜色及逃逸的方向，并迅速报警，请求警方协助追查肇事车辆。

二、乘坐出租车时应注意事项

（1）拦乘出租车时，不能在十字路口处和有禁停标志的路段拦乘出租车，所拦截的出租车应该有空车标志（在前挡风玻璃处），同时注意要同方向拦截出租车，在路边伸手示意即可，切不可站在行车道上拦截。

（2）待车辆停稳后，应该从车辆的右门上车，坐稳后关紧车门；如果喜欢坐副驾驶位置，一定要系好安全带。

（3）行驶途中，除和驾驶员有必要的交流外，请不要和其闲聊，以免分散驾驶员注意力，不要催促驾驶员超速行驶，不要要求驾驶员紧急停车和调头，特别是雨、雾、雪等恶劣天气和低等级行驶路段和夜间。

（4）下车时，一定要等车辆停稳，观察车辆右侧有无行人和其他车辆方可开右门下车，同时检查随身携带物品是否齐全。

（5）如果是醉酒乘车，必须要有人陪护；不能要求出租车超员；随身物品不能超载；更不能携带易燃、易爆、有毒等危险品乘车。

（6）选乘出租车时，一定要选乘标示齐全的、有合法经营资格的出租车。

三、乘坐公共交通工具时应注意事项

（1）尽量乘坐正规的公共交通工具，尽量不要乘坐私家车改装的公共交通工具，这样才能保证个人安全。

（2）乘车过程中要保留乘车票据，如果能够购买保险可以在买票的过程中直接捎带购买，这样可以帮助我们预防风险。

（3）乘车时要注意车辆的乘载量，如果人数超载尽量就不要乘坐，因为超载客车是比较容易发生交通事故的。

（4）乘车过程中尽量坐在中间部位，如果站立一定要扶住扶手。这样避免车辆晃动出现危险。

（5）乘车时，不能带宠物上车。

（6）乘坐交通工具，要注意文明，不要大声喧哗，不要影响其他乘客。遇到老人或者小孩，条件允许可以让座。

（7）乘坐公共交通工具，也要防小偷和色狼，遇到自身权利受伤害，应该大声喝止，让大伙一起对付坏人。

四、自驾车时应注意事项

（一）持照出行

必须有国家规定的驾驶资质，且车辆牌照、保险、车况符合国家相关法律的规定。因为无证驾驶是交通安全的最大且最直接的隐患，如果出现事故不会受到相关法律的保护。

（二）自驾汽车要系好安全带

汽车事故调查表明，在发生正面撞车时，如果系了安全带，可使死亡率降低57%，侧面撞车时可降低44%，翻车时可降低80%。

（三）合规驾驶

严禁酒后驾驶，严禁开"斗气车""英雄车"，严禁超速行驶。因为一时的胜负可能会造成一生的遗憾或悔恨。要正常行驶，不要抢道、占道。不要和别人在路上飙车，逞一时之快，斗一时之气，只会让我们生命随时处在危险之中。

（四）所有车辆都不能超员行驶和逆向行驶

车辆超限超载，质量增大惯性也会加大，就会导致制动距离加长，危险性增大。如果严重超载，则会因轮胎负荷过重、变形过大而引起爆胎、突然偏驶、制动失灵、翻车等事故。另外，超载还会影响车辆的转向性能，易因转向失控而导致事故。

（五）过路口时要减速左右看

要严格遵守红绿灯交通规则，不要闯黄灯。过路口时，不管有没有红绿灯，也不管自己的行道是否是绿灯，都要养成左顾右盼同时减速的习惯，观察在横道上的车辆情况，确认没有车横冲，才能加速过路口。同时要注意电瓶车，因为其目标小，容易被忽略。

（六）急刹前看看后视镜

在路口上遇到红灯减速时，养成从后视镜观察后面车辆情况的习惯，看有没有车辆在后面没减速，并尽量不要与后面的货车在一条道上，尽量在前面没有车的道上。

（七）与前车保持安全距离

要养成与前面的车保持安全距离的习惯，不管是自己道上或旁边道上。如果旁道上的车不打灯突然变道，保持了安全距离，也能从容应对。

（八）拐弯减速要看清

开车拐弯（与非机动车道、人行车道有相交）时一定要减速，并观察非机动车道、人行道的情况，慢慢通过，主动避让非机动车道的车辆和人行道上的行人。在右转弯时要礼让人行横道上的路人和车辆，确认不会有意外才慢慢通过。

（九）开车尽量走中间

要养成开车走中间道（单边有三条车道的情况）的习惯。

（1）在没有隔离带时，走中间道能在对面的车发生意外时有处置的时间，以避免发生对撞。

（2）在有隔离带时，如有人或车突然从隔离带中冲出，走中间道有时间处置。在夜间，走中间道也不会被对面的车灯射眼，影响视线。

（十）看不清就鸣笛减速

在晚上行车时，如遇转弯或视线不好时，要养成提早按喇叭并减速的习惯，因为有些人行车安全意识比较差，易发生事故。

（十一）开车勿分心

开车时要系好安全带，注意力集中，随时注意路况，不要做和旁人聊天说笑，东张西望，打电话等分散注意力的行为。一旦开车一定要打起十二分的精神，因为一时疏忽大意有可能造成自己或他人一生的痛苦。

（十二）不驾驶安全设备不全或机件失灵的车辆

车辆要定期检查、保养，确保自己安全也是确保他人安全。

（十三）不穿拖鞋、高跟鞋驾驶车辆

穿高跟鞋在紧急制动时会影响制动时间，这样会大大增加事故发生率。

（十四）不要在驾车时吸烟

一个掉落的烟头，可能对自己或他人带来无法挽回的后果。

（十五）不要在驾车时接打电话

接打电话会让你无法注意路况，如需接打电话要先将车停在安全处。

（十六）不要在驾驶室前后挡风玻璃悬挂、放置妨碍安全驾驶的物品

挂件虽好看，但这漂亮的挂件会对自身或他人的安全造成隐患，会影响自身或他人的视线。

（十七）不要随手往车外扔东西

开车时随手向车外扔东西，会影响别人行驶安全，容易造成安全隐患。

（十八）规范停车

车要停在车位上，不要占道，以免影响其他人使用停车位。

> **无驾照还酒驾？肯定被抓**
>
> 2020年10月16日下午，被告人胡某某与好友在永定区下洋镇一饭店吃饭喝酒。当晚，被告人胡某某驾驶小型轿车从下洋收费站上高速，行驶至政永高速龙岩南收费站出口时，被执勤民警当场查获。
>
> 经查明，被告人胡某某未取得驾驶证，却依然驾驶机动车在高速公路上行驶。经鉴定，被告人胡某某血液中乙醇含量为113.97 mg/100 mL。
>
> （资料来源：澎湃新闻，2022年1月14日）

以上案例中，胡某某违反《道路交通安全法》，在道路上醉酒驾驶机动车，其行为已构成危险驾驶罪，在高速公路上无证醉酒驾驶机动车，予以从重处罚。最后，胡某某被判处拘役一个月，并处罚金。交通参与人应自觉抵制酒驾、醉驾。赴宴聚会一定要恪守安全行车理念，切莫抱侥幸心理醉驾上路，否则等待的结果将是法律的严惩。为了您和他人的生命安全，切记"喝酒不开车，开车不喝酒"。

五、自驾车发生交通事故后怎么办

（一）事故后的应对措施

1. 保护好现场

保护好现场后，再及时向事故发生地交通管理部门报案，由交管部门进行事故的现场勘查。最好先明白在事故中负不负责任，再向保险公司报案。如果肯定负责任，不管责任大小，都要向保险公司报案；如果肯定不负责任，就不必向保险公司报案。

2. 报案

这时，您要做的是，带上您的保险单、行驶证和驾驶证，开上受损的车到您的保险公司；在理赔部填写"车辆出险登记表""出险通知书"，协助保险理赔人员查检出险车辆。

3. 定损

拿着"车辆出险登记表"去找理赔部定损人员，并确定修理项目和修理费用。定损后，会给您一张"定损单"，一定要留意：不要遗漏修理；注意修理费不能定得太低，以防修车时不够用。如果在保险公司指定的修理厂修车，您就不必管修理费定得高低——反正修理厂保证把您的车修好，若修不好保险公司得负责任。

4. 修车

送车时要拿上"定损单"，把它和车一起交给修理厂。修理厂将按照"定损单"上所定项目修车。车修好后，您可以凭"提车单"支付修理费后把自己的车提回，同时索要加盖修理厂公章的"修车发票""托修单""施工单""材料单"。

5. 开具事故证明

您拿着对方车的修车发票和对方车主一起去交通队结案，得到一张加盖交通队公章的"事故证明"，同时可以拿回自己被扣的证件。

6. 递交单证

您将准备好的"出险通知书""定损单""修车发票""托修单""施工单""材料单""事故证明""赔款结算单"递交到保险公司理赔部,就可以等着领赔款了。

7. 领赔款

大约在一星期之后您会接到保险公司的领赔款通知,届时就可以带上单位公章、身份证明和"车辆出险登记表"领回赔款了。

(二) 注意事项

1. 及时报案

无论在校外还是在校内,一旦发生交通事故,首先想到的应是及时报案,这样有利于交通事故的公正处理,千万不能与肇事者"私了"。若在校外发生交通事故,除及时报案外,还应该及时与学校取得联系,由学校出面处理有关事宜。

2. 保护现场

事故现场的勘察结论是划分事故责任的依据之一,若现场没有保护好,会给交通事故的处理带来困难,甚至造成"有理说不清"的情况。切记,发生交通事故后要保护好事故现场。

3. 控制肇事者

若肇事者想逃脱,一定要设法控制,自己不能控制时可以发动周围的人帮忙控制,若实在无法控制也要记住肇事车辆的车牌号等特征。

六、自驾车出了道路交通事故后,须负全责的三十六种行为

(1) 违反交通信号指示的。
(2) 遇放行信号未让先被放行车的。
(3) 遇放行信号转弯车未让直行车和被放行的行人的。
(4) 遇停止信号右转弯和 T 形路口直行车未让被放行的车辆、行人的。
(5) 支路车未让干路车的。
(6) 支干路不分的,同类车未让右边无来车的车的。
(7) 支干路不分的,非机动车未让机动车,非公共汽车、电车未让公共汽车、电车的。
(8) 相对方向同类车相遇,左转弯车未让直行或右转弯车的。
(9) 进入环形路口车未让环形路口内车的。
(10) 车辆行经人行横道未按规定让行人的。
(11) 机动车驶入非机动车道未让非机动车的。
(12) 机动车驶入人行道未让行人的。
(13) 非机动车驶入机动车道未让机动车的。
(14) 非机动车驶入人行道未让行人的。
(15) 非机动车在人行横道内行驶横过车行道,未让机动车、行人的。
(16) 行人进入非机动车道,未让非机动车的。
(17) 行人进入机动车道,未让机动车的。
(18) 行人横过车行道未走人行横道、人行过街天桥或地下通道的。

(19) 机动车变更车道未让本车道车的。
(20) 机动车违章进入公交专用车道的。
(21) 公交专用车违章进入其他机动车道的。
(22) 辅路车未让主路车的。
(23) 其他违反借道行驶规定的。
(24) 违反禁行类的禁令标志或禁止标线的。
(25) 违反导向类的指示标志或指示标线的。
(26) 逆向行驶的。
(27) 违章掉头的。
(28) 违章会车的。
(29) 违章超车的。
(30) 在机动车道或高速公路上违章停车的。
(31) 机动车驶入交通管制车道的。
(32) 违章进入高速路、快速路的。
(33) 倒车、溜车发生事故的。
(34) 开关车门妨碍其他车辆、行人通行的。
(35) 未保持安全距离,追撞前车尾部的。
(36) 自身发生交通事故的。

> **安全知识互动**
>
> (1) 简述行路、坐车时的注意事项。
> (2) 自驾车发生交通事故后怎么办?
> (3) 自驾车出了道路交通事故后,须负全责的三十六种行为都是哪些?

第三课　旅行安全需重视

一、旅行前应注意什么

(1) 在外出旅行前,应了解目的地相关情况,如气候、地理环境等,并根据这些情况做好相应的准备。

(2) 旅行地点的选择要结合自身的实际情况。例如,患有严重心血管疾病、冠心病、心绞痛、低血压的学生,最好不要去高山或高海拔的地区旅游。

(3) 旅游地点尽量选择知名度较高、旅游服务比较成熟的地方,尽量不要选择偏僻的未开发区,从而减少意外情况的发生。

(4) 选择合适的旅行社及交通工具。如果选择跟团旅行,最好选择知名度高、信誉好的旅行社;不要选择无运营资格的小旅行社,不要乘坐私人无运营资格的车、船等。

(5) 带足相关物品。根据旅行的需要带上充足的物品，如适当的衣物、身份证和其他相关证件、常用应急药物等。

二、在宾馆住宿时应注意什么

(1) 在出行前，可上网查看目的地宾馆分布情况和价位，必要时可提前预订。

(2) 不要轻易相信火车站或长途车站附近的拉客者，尽量不要选择火车站、长途车站、大型商品批发市场附近的宾馆，因为这些地方客源复杂，存在较大的安全隐患。

(3) 入住时应出示身份证、学生证等，填写住房登记表，并收好押金单据、寄存单、房卡或房门钥匙等。另外，应熟悉酒店的安全门、安全出口、安全楼梯的位置，以便在发生危险时尽快脱险。

(4) 进入房间后，首先要查看房间的门窗是否能正常关闭，链锁、插销是否完好无损，如有损坏，应更换房间；睡觉前应锁好房门，挂上锁链或插上插销。

(5) 入住后，应将所住宾馆或酒店的名称告知家人和朋友。

(6) 外出时应随身携带钱包、贵重物品和房门钥匙。若发生物品被盗，应立即通知总台或报警。

(7) 如误投黑旅店被宰，应注意不要与其发生正面冲突，以免给自己造成人身伤害。另外，注意收集好相关证据，以便离开后向旅游管理部门或工商管理部门投诉或报警。

三、在旅游景点应注意什么

(1) 游览中严格遵守景区的安全规定，听从导游的安排，对路边的安全警示牌要认真阅读。

(2) 旅游有时会经过一些危险区域景点，如陡坡密林、悬崖蹊径、急流深洞等，在这些危险区域，要尽量结伴而行，千万不要独自冒险前往。

(3) 尊重当地的习俗，许多少数民族有不同的宗教信仰和习俗忌讳，切不可忽视礼俗或由于行动上的不慎而伤害他们。

(4) 到了旅游点，品尝当地名菜、名点，无疑是一种"饮食文化"的享受，但一定要注意饮食饮水卫生，切忌暴饮暴食。

(5) 警惕上当受骗。目前社会上存在着一小部分偷、诈、抢的坏人，因此，"萍水相逢"时，切忌轻易深交，不要把自己的信息告诉陌生人，以防上当受骗造成自己经济、财物上的损失。

厦门东山岛两名大学生乘飞机坠海

2021年3月19日下午4时许，浓雾之中，厦门观音山附近海域，一架小型商用直升机坠入海底。巨大的浪花飞溅，这场坠机悲剧造成4人死亡，包括2名乘客、2名机组人员。2名遇难乘客是广州两所大学学生小波和小家，两人是朋友，均是20岁，此次结伴同行。"放个小假"是小波3月18日更新的微博，而他的微博永远定格在了这一天。微博下，多位亲属朋友留言哀悼，言词凄婉。

儿子走了

2021年3月19日。当天下午6时多，在广东中山的小家爸爸寇先生接到警方电话，被告知儿子在厦门出事了。寇先生当时正在开车，心想儿子在广州上大学，怎么会在厦门出事？他第一反应是诈骗。他很快赶回家，让妻子反复拨打儿子手机，都无法接通。"我们给儿子的几个好朋友打电话，证实儿子确实去了厦门，事情几乎就可以确定了。"寇先生说。

夫妻俩找来朋友开车前往厦门。当时厦门坠机的新闻已出现在网络上，但他们并未关注到，也并未将此事和儿子联系在一起。与此同时，广东惠州的林先生也接到警方电话，称其儿子小波在厦门出事，林先生和妻子到当地派出所确认后，相继赶往厦门。3月20日早晨，两个家庭在厦门见面，随后在当地政府和涉事公司工作人员陪同下，前往厦门市殡仪服务中心。

"我摸了他的心跳，摸了他的脸，他已经结冰了。"小家妈妈说，这时她才真的相信，儿子走了。"他额头上有很深的伤口，嘴巴裂开了。"小家姐姐哭着说，"感觉他都不像我弟弟，我弟弟不是这样子的。"

起飞前的犹豫

"我们只知道孩子从广州买了机票，飞到厦门，此后下飞机的事就不知道了。"一名家属告诉极目新闻记者。

据小波的生前好友家善回忆，小波他们的厦门旅行是临时起意，出发前小波曾邀请他一起去，但他因为有事没有成行。"当时并不知道他们会去坐直升机。"家善说，3月19日下午6时22分，他给小波发了微信，问"在干吗？"，小波没回复，他"拍了拍"小波，依旧没有回复……家善不知道的是，小波中午给他发的消息，已经是他最后的消息了。

"周五（3月19日）早上说走，下午就到了。"小波的好友七姐说，小波爱旅游，挂在口边的话就是"飞了飞了"，当他说去厦门旅行时，大家并没太在意。七姐其实比小波小两岁，但小波一直叫他七姐。七姐印象中，小波个子高，为人仗义热情，会说话，朋友多。

事发后，小波和小家的亲属去了厦金湾直升机场。

直升机场工作人员告诉家属，当时两个孩子上飞机前犹豫了，准备返回，但最后还是上了飞机。该工作人员称，可能两个孩子嫌票价比较贵。但在最后那一刻，是什么力量把两个孩子再次拉回去，已无从知晓。

事故原因待调查

机场工作人员告诉记者，事发后直升机旅游服务已暂停营业，暂不接待来宾。该工作人员称，3月19日事发后，当晚有政府工作人员过来调查，持续到当晚12时。3月20日一早，厦门市政府、民航局、金山街道办等多个单位前来调查，调取了相关监控，具体事故原因等待官方通报。

一位民航业内人士告诉极目新闻记者，一般来说，空难与机械关系不大，此次观光直升机坠海更可能是天气原因。飞机雾天飞行要严格遵守能见度标准，降落时对能见度的要求高于起飞。而在海上飞行时，由于缺乏参照物，驾驶员有可能产生错觉，此时便只能依赖仪表。此外，观光游览行业直升机的标准相对较低，执行起来也可能不够严格。

目前，当地政府及涉事公司正和家属协商善后事宜，坠机具体原因正在进一步调查中。

（资料来源：生活报2021-03-24）

四、旅游安全注意事项

（一）证件安全

（1）护照、签证、身份证、信用卡、机车船票及文件等身份证明和凭据，必须随身携带，妥善保管。

（2）证件一旦遗失或被偷被抢，要立即报告领队并向警方报案，同时请警方出具书面遗失证明。出国或出境游客要向目的地相关机构申请补发签证，向我使（领）馆等机构申请补办旅行证件。

（二）财务安全

（1）一定要保管好自己的证件和贵重物品，不要把现金和贵重物品放在托运行李、外衣口袋、易被割破的手提包、宾馆房间或旅游车中。

（2）不要让不相识的人看管或托运行李。

（3）发现钱物丢失或被偷盗，要立即报告导游或领队并报警。

（三）人身安全

（1）参加旅游活动时，尊重所在国家或地区，特别是有特殊宗教习俗的国家或地区的风俗习惯，避免因言行举止不当引发纠纷。

（2）遇到地震、台风、火灾、洪水等自然灾害或政治动乱、战乱、突发恐怖事件或意外伤害时，要冷静处理并尽快撤离危险地区。在境外可向中国使（领）馆寻求咨询和协助。

（3）人身安全受到威胁和伤害时，应立即向当地警方报案，要求警方提供保护，并取得警方的书面证明。

（四）交通安全

（1）乘坐交通工具时，注意安全，不携带危险或易燃品。

（2）在国外乘坐旅游车时，不乘坐第一排的工作人员专座，此专座只有工作人员保险，游客乘坐发生意外得不到赔偿。

（3）发生交通事故时不要惊慌，要采取自救和互救措施，保护事故现场，并迅速向领队、导游及警方报告。

（五）饮食安全

（1）在指定或下榻宾馆餐厅用餐，不购买和饮用无证商贩或地摊提供的饮料食品。

（2）避免到流行病传播地区旅游。

（3）做好预防措施，携带一些常用必备药品，患病后要及时到医院就诊。出境旅游要慎重选择携带个人药品，出境前应了解有关国家和地区的海关规定，在允许的范围内选择携带药品的种类和数量，如因治疗自身疾病必须携带某种药品，应请医生开具处方，并备齐药品外文说明书和购药发票。

（六）住宿安全

（1）正确使用房间电器等设施，不要在灯罩上烘烤衣物，在卫生间注意防滑，不要在宾馆内吸烟。

（2）要熟悉宾馆安全通道和紧急出口，遇到火灾时不要搭乘电梯。出门需携带一张记有该宾馆地理位置和联系电话的卡片，以便迷路后可安全返回。

(3) 退房时，要检查所携带的行李物品，特别注意证件和贵重物品及眼镜、充电器等小型物品。

（七）其他安全注意事项

(1) 参加组团旅游应和旅行社签订有效旅游合同，明确相关权利和义务，建议自觉投保旅游人身意外险；自助旅游时，最好结伴而行，购买旅游意外保险；出行时，还应互相交换导游和同行人员的电话号码。

(2) 乘坐交通工具时，系好安全带，勿随意更换座位，上下车时要注意来往车辆；不携带危险品或易燃易爆品乘车。

(3) 旅游时不要携带大量现金和贵重物品；贵重物品应放饭店保险箱保管；行李物品不要脱离视线。

(4) 出入饭店房间随手关门，离开房间应切断电源，不在床上抽烟；不让陌生人进入房间。

(5) 不可擅自脱队，如需单独离队，应征得导游和领队同意，并记住集合地点、时间、所乘车号、所住饭店地址、电话；夜间或自由活动时间外出，要告知导游或团友。

(6) 参加漂流、探险、蹦极、登山、缆车等危险性较大的旅游项目时，应严格遵守有关安全注意事项；年迈和身体不适者勿参加剧烈或刺激性活动项目。

(7) 购物和娱乐消费要注意财物安全，保管好发票或凭证。

(8) 按不同季节、地区、出游方式，带好个人防护用品、常用药品和证件。

(9) 遇到紧急情况或安全事故，不要惊慌失措，拨打导游或当地报警、救护、投诉电话，并保护好现场和物证，及时向当地公安机关或相关部门求助。

(10) 外出旅游应掌握预防疾病的基本常识，不到传染病疫区去旅游。

(11) 外出旅游时遇雨天、山路、险坡等应注意行路安全；在景区（点）游玩时，应严格遵守景区（点）设置的安全提示和警示。

(12) 旅途购买食品时应注意食品卫生，防止发生旅途腹泻等问题。

(13) 出行在外少喝酒，要慎吃生食、生海鲜等，不要光顾路边无证摊点，防止暴饮暴食。

(14) 提倡文明旅游，注意自己言行举止，切忌惹是生非，增强自我保护意识。

(15) 严格遵守国家法律、法规，遵守旅游途经地的民俗、宗教习俗。

(16) 外出旅游发生纠纷，需要投诉，请找当地的旅游行政主管部门。

五、注意游玩时的娱乐设施安全

（一）玩水

(1) 为年龄小的孩子准备合适的漂浮辅助工具。

(2) 充分热身并适应水温后再下水。

(3) 不在疲倦、空腹、饱食等情况下水。

(4) 不做跳水、潜水、水下憋气等危险动作。

(5) 不在未开发的水域玩水。

(6) 不在水池排水口逗留。

(7) 孩子玩水时，家长要全程专心看护，不玩手机。

（二）乘船

（1）上下船听从指挥，有序排队。
（2）乘坐时全程穿好救生衣。
（3）不将身体部位伸出船外、不攀爬栏杆，以防落水。
（4）不集中在船体一侧，不摇晃船只，以免船只失去平衡。
（5）不在船上嬉戏打闹，未经许可不得离船下水。

（三）水上滑梯

（1）不在滑梯上逆向爬行。
（2）下滑时注意保持间距。
（3）严禁将身体部位伸出滑梯外。
（4）严禁中途改变滑行姿势。
（5）滑下后快速离开，不在出口停留。

（四）水上充气设施

（1）玩耍时勿携带尖锐物品，防止漏气。
（2）谨防卡在设施中间，导致窒息。
（3）勿追逐打闹，防止意外落水。
（4）勿吃东西，防止食物吸入气道。
（5）家长应全程陪伴孩子，时刻注意安全，谨防孩子意外落水、溺水。
（6）回家后及时洗手，洗澡，以免交叉感染。

六、家庭出游，如何保证安全？

驾车出游请检查车辆电路、油路，预防汽车自燃，查看车载灭火器是否失效。乘车遇到火灾，应立即从车门处疏散逃生；车门被封时，要用车载安全锤敲碎玻璃，破窗逃生。

入住宾馆、酒店时，要留意安全出口位置，熟悉逃生路线。不要卧床吸烟，及时熄灭烟头。

进入山林景区，不要携带打火机、汽油等易燃易爆物品，请遵守景区防火规定，不在景区吸烟，不动用明火，不在山上野炊生火，防止引发火灾。

在野外烧烤，选择烧烤场地时要特别注意防火，周围不要有灌木或过多的树木，下风口周围不要有易燃物品。应选择无风天气和空旷的地点，烧烤结束后，要及时用水或踩踏方式将火彻底熄灭，不要留半点火星，防止其引燃。

外出自驾游玩，要预先掌握出行线路的交通、天气状况，合理安排行程，切勿超速行驶、疲劳驾驶、强超强会、超员载客、酒后驾车。

出发前，最好备个小药箱，准备些退烧、痢疾、感冒的药品。如果打算野营，还要准备帐篷等野营需要的物品。

游玩期间，不要到大石头边沿等危险的地方玩耍、游戏、照相等，以免滑下受伤；也不要到水边玩耍游戏，严禁下水游泳，预防溺水事故发生。

七、户外打卡，景区拍照，安全第一

外出游玩让人心情放松，但一定要以安全为前提。千万不要盲目探险前往人迹罕至的深山，更不能挑战警示有危险的地方。

(1) 出行前应提前了解目的地环境情况，了解紧急联络方式，必要时请求帮助。警惕玻璃栈道、吊桥、高空滑道等网红娱乐项目风险，做好安全评估和安全准备。

(2) 装备再精良，户外经验再丰富，都要尽量避免在恶劣天气出行。

(3) 要注意保暖，及时更换湿衣服，不要穿着湿衣服继续行进或休息。

(4) 尽量在天黑前结束活动。如果夜行时无法辨别方向、路线，应立即报警求助。

(5) 警惕道路湿滑，在徒步陡峭地形时，如悬崖峭壁、陡坡等，要特别注意。

(6) 在迷路等待救援时候，尽量描述清楚方位，不要随意走动。

八、外出游玩如何预防意外伤害

日常在外出游玩时，如何预防意外伤害？在意外发生之后，如何将伤害降到最低？要确保安全出行，请大家牢记以下九大注意事项。

（一）周密计划

出行前要制定好时间、路线、住宿的具体计划，带上导游图、有关地图及车、船时间表，以及必需的行装（衣物、鞋帽、湿巾、卫生用品等）。

（二）急救物品准备充足

应携带急救包，可根据季节、目的地和自身情况，将驱蚊剂、防晒霜、止泻药、止痛药、创可贴、体温计及棉球等放入急救包。

（三）着装得当

气候多变，寒暖不定，要带足衣服，以防感冒。鞋子应选用轻便、无跟、防滑和高弹性的运动鞋，鞋子大小要合适。还要准备好防风镜、墨镜。

（四）别太劳累

旅途中行进要适可而止，步行时间不宜过久，避免过度劳累。如果出现身体不适，应及时对症处理，注意休息。

（五）注意饮食

旅行时体力消耗较大，需要补充能量和营养物质，要保证良好的饮食。同时应避免食用不洁、生冷食品，以免引起消化不良和一些传染病。

（六）防止过敏

郊外某些植物会引起部分人过敏，导致出现荨麻疹，少数人还可能出现胃肠道过敏症状。如果出现胸闷、呼吸困难现象，应及时到医院进行救治。过敏体质者应带上抗过敏药物。

（七）做好拉伸运动

最好在行走前让腿部肌肉充分放松，做一些拉伸运动。此外，如果自驾游，开车2~4小时后，务必换同伴开车，或者停车休息，防止疲劳驾驶。

（八）备足瓶装水

如果是一日游，可以带一些容易打包的食物在景区空旷的地方食用。如果是多日游，车内要准备足够的瓶装水，尽量准备一些可常温保存多天的水果和食物，帮助随时补充能量。

（九）温热水泡脚

玩了一天很劳累，晚上回到酒店后，用温热水泡脚10~15分钟，可促进血液循环，缓解疲劳。

（十）发生意外 正确应对

（1）如果在旅行途中发生小腿抽筋，应急治疗方法有很多。

①旋转法。伸直抽筋的腿，用手握住前脚掌，向外侧旋转踝关节。只要动作连贯有力，通常能很快止住抽筋。

②扳脚法。坐姿，一手用力压迫痉挛的腿肚肌肉，一手抓住足趾向后扳脚，使足部背曲，再上下活动一下脚，抽筋就能得到缓解。

③按压法。在膝关节内侧奈窝两边有硬而突起的肌肉主根，腓肠肌头神经根便附着在里面。用大拇指强力按压此处，可以达到停止抽筋、消除疼痛的目的。

如果上述方法未能完全解除症状，可将热毛巾或热水袋敷于腿肚处。热敷法能有效促进肌肉的血液循环，缓解痉挛。

（2）如果在旅行途中发生关节扭伤，千万不要立即搓揉按摩，也不要用热毛巾敷。正确的方法是用冷水或冰块冷敷15分钟，外擦松节油或涂三七粉。

（3）如果出现骨折，要保暖防凉，并给伤员服用止痛药及镇静药。为避免损伤局部的肌肉、血管、神经等，要防止骨折端错位，也不要强行复位。

安全知识互动 >>

（1）旅行前应注意什么？
（2）在宾馆住宿时应注意什么？
（3）在旅游景点应注意什么？

第七讲
学习安全　筑牢防线

> **素质教育导读**
>
> 学生安全问题涉及千家万户，事关社会稳定，各级政府和教育行政部门应始终将师生安全、校园安宁视为我国教育事业发展最根本的条件。大学生在学习中，也要注意安全，尤其要注意运动安全、实验安全，以及实习与创业安全。

案例导入

健身时意外摔伤，法院：健身房已尽安全保障义务

"在健身房意外受伤，责任应由谁承担？"澳门居民李某在酷某健身公司购买课程，学习室内蹦极。第二次上课时意外受伤，经医院诊断为右侧内踝骨折。法院审理认为：健身公司已尽安保义务，不承担赔偿责任，仅支持了李某返还课程费的诉请。

李某认为，酷某健身公司未在健身场所内贴有警示标志，对室内蹦极这种危险动作未采取适当的保护措施，教练没有予以足够的安全指导，未切实履行学员在运动健身过程中安全保障义务，应承担侵权责任，起诉要求酷某健身公司赔偿其医疗费 2 746.58 元、误工费 349 948 元，并返还课程费 4 944 元等。

酷某健身公司认为，教练全程指导陪同运动，向学员讲解了运动动作和安全提示，同时也带领李某在内的学员进行热身准备，已履行相应的安全保障义务。且运动期间，李某未声称脚受伤，课程结束后自行驾车离开。

争议焦点：健身公司是否尽到安保义务

横琴粤澳深度合作区人民法院审理认为，李某作为完全民事行为能力人，应对室内蹦极课程训练的风险有一定的了解，且在购买课程前，酷某健身公司已对其做了风险提示。

根据民法典第一千一百九十八条规定，李某主张案涉受伤损失赔偿，需举证证明健身公司未尽到安全保障义务。现场视频及截图显示，李某训练时落地不慎受伤，并非酷某健身公司提供的绳索断裂或其他设施缺陷所致，属于意外事件。而李某也未提交证据证实因酷某健身公司未尽到安全保障义务致其受伤，故李某赔偿诉求理据不足。

由于李某因意外受伤，其要求酷某健身公司退回未消费的课时费理由充分。最终，法

院判决酷某健身公司向李某退回剩余课时费 4 753.85 元。

主审法官表示，健身房作为一个经营性场所，其经营者需对该场所承担安全保障义务，否则应当对遭受损害的受害人承担赔偿责任。本案李某在运动课程中受伤，健身房的经营者是否需要承担赔偿责任，关键在于其是否已经履行了安全保障义务。酷某健身公司提供的运动器材和设施等符合安全性要求，同时也向李某告知了动作要领和安全防范事项。据此，酷某健身公司已尽相关安全保障义务，不承担相关赔偿责任。

（资料来源：广州日报 2023-07-12）

案例点评：

以上案件的教训发人深省，法官也因此提醒大家，任何运动都伴随着一定的运动风险。成年健身者是自身安全的第一责任人，应对自身安全负有谨慎注意义务，应尽量遵循自己的身体健康状况，选择合适的健身运动项目。

第一课　运动安全

一、校园运动安全的概念

体育运动是以身体练习为基本手段，以全面发展身体、增强体质、提高运动技术水平、丰富社会文化生活为目的的一种有意识、有组织的社会活动。体育运动安全是指在参加体育运动时不发生或少发生安全事故的主观条件，即指参加体育运动的人遵循体育运动规律，增强安全意识，不因疏忽大意而发生事故。

安全事故是指个人或集体在为实现某种意图而进行的活动过程中，突然发生的违反人意志的迫使活动暂时或永久性停止的事件。事故的发生可从人和物两个方面来进行考虑，根据事故致因模型及其预防后果来分析，我国学校运动安全事故大致有如下两种情况：伤亡事故和一般事故。根据当前多发的运动安全事故来看，其中有很大的共性，主要包括事故发生的地点为学校有管理责任的区域，发生过程是在教学活动、体育竞赛或课下运动训练中，受伤的主体是在校大学生等。综合安全科学、学校体育等多学科来看，学校运动安全事故是指在校大学生参加体育课、课外体育活动、课余体育训练或体育比赛中突然发生的违反个人意愿，迫使个人或集体的体育活动暂时停止或永久停止的事件。

典型案例

某大学生拿下 3 000 米冠军后身亡

2022 年 10 月，在某高校秋季运动会上，张某获得 3 000 米跑项目冠军。下场后，他瘫倒在跑道上，口吐白沫，学校发现后立即将他送往医院，最终却因抢救无效死亡。尸检表明，张某患有感冒并发病毒性心肌炎，再加上比赛中的剧烈运动，最终导致心力衰竭而死亡。

（资料来源：以上信息为作者自行收集）

以上案例中，张某无视自己的感冒症状，坚持参加了 3 000 米跑比赛，最终失去了年轻的生命。这个教训真的值得大家深思，虽然在赛场上夺冠能给班级带来荣誉，但如果自己当时身体状况不容许进行剧烈运动，那就应选择安静地在旁边给其他参赛者加油打气，等下一次校运会时，还有机会为集体挣得荣誉。

有研究指出，高校的重大安全事故中，因体育运动而致伤的比例超过50%。学生运动安全事故的发生不仅给本人及其家庭带来了不幸和痛苦，也给教育行政部门、学校造成教学管理上的困扰。因此，如何在保障学校体育工作正常开展的前提下，又能降低学校运动伤害的发生，是一项重要任务。

二、意外伤害和运动伤害

在各种运动中，意外伤害和运动损害时有发生，原因是多方面的，既与运动者的运动基础、体质水平及自身是否患有疾病有关，也与运动项目的特点、技术难度及运动环境等因素有关。意外伤害和运动伤害总是难以预料，因此，我们必须时刻提高警惕，加强安全防范。

> **典型案例**
>
> **某大学生在赛场被铅球砸中头部**
>
> 某高校运动会铅球赛场，小李的同学小肖观看他比赛，前一个运动员投掷完毕后，小肖跟随裁判老师观看测量结果，在他们还没有撤出落地区时，小李已经将铅球掷出，正好砸中小肖头部，造成急性重型颅脑损伤。
>
> （资料来源：以上信息为作者自行收集）

以上案例中的小肖为了查看同学小李的铅球成绩而被小李误伤，造成急性重型颅脑损伤。这个结果令人唏嘘不已，如果小肖跟随裁判尽快撤出落地区，如果小李迟一点掷出铅球，那么悲剧都不会发生。

运动伤害是指外力超过人体组织所能承受的机械强度，因而造成的肌肉、肌腱、韧带、关节囊或骨骼部位的伤害，以及过度运动造成的疲劳性伤害。任何部位因运动不当或运动过度而受伤时，组织都会短时间缺氧，同时分泌出一些酵素，使血管壁的渗透压增高，血清与血球便会由血管渗透至组织，造成组织肿胀，进而压迫末梢神经，引起疼痛。

在所有的运动伤害中，以膝关节的伤害最为严重；以肌肉拉伤最为常见，其次是踝关节扭伤，其中又以内翻性扭伤最为常见。当肌肉受伤时，如施以不当的按摩，可能使肌肉组织纤维化甚至钙化，使肌肉失去弹性、关节僵硬。

造成运动损害和意外伤害的主要原因有以下几点。

（1）思想上麻痹大意，包括对运动伤害预防的重要性认识不足，未能积极有效地采取预防措施，或措施不当等。

（2）准备活动不足。例如，不做准备活动就进行激烈运动，准备活动敷衍了事，准备活动内容不得当或准备活动过量，致使准备活动无效或身体功能下降。在运动时很容易导致肌肉拉伤或其他伤害。

（3）心理状态不良。在体育运动中，急躁、恐惧、害羞、麻痹、缺乏经验或自不量力，容易导致伤害事故。

（4）气候不宜。过高的气温和潮湿的天气，会导致大量出汗失水；在冰雪寒冷的冬季易发生冻伤或其他伤害事故。

（5）体质和素质不佳。身体素质不好、体质弱、体育基础差，一时不能适应体育运动的需要，容易发生伤害事故。

（6）行为不规范。违反体育运动规定、纪律和要求，也是造成身体伤害事故的原因。

（7）运动设施、场地问题导致的受伤事件。

三、体育运动应该注意的安全事项

（一）运动前注意事项

1. 检查自己的身体情况

大学生在运动前应该检查自己身体情况。存在以下身体问题的学生，禁止参加长跑等长时间剧烈运动。

（1）有体温增高的急性疾病。

（2）处于各种内脏疾病（心、肺、肝、肾和胃肠疾病）的急性阶段。

（3）有出血倾向的疾病，如肺及支气管咳血、鼻出血、伤后不久而有出血危险、消化道出血等。

（4）有恶性肿瘤。

（5）患有心脏病、高血压等疾病。

一旦发现身体状况不对，就一定要及时请假，减轻运动量或直接出场地休息。

2. 检查场地和器材

要认真检查运动场地和运动器材，注意场地中的不安全因素，如场地是否平整；检查沙坑的松散度、是否有石子杂物等；检查体育设施是否牢固、安全、可靠，器材是否完好等。需要时佩戴好各种体育护具，如足关节的护踝、肘关节的护肘等。

3. 做好运动准备

要穿运动服装、运动鞋，不佩戴各种金属的或玻璃的装饰物，不携带尖利物品等。做好热身准备活动，克服内脏器官在生理上的惰性。如果未热身突然进行剧烈运动，就会出现心慌、胸闷、肢体无力、呼吸困难、动作失调等现象。

（二）运动过程中要讲科学

1. 要掌握动作要领

掌握动作要领不仅能够在运动过程中发挥好技术动作，达到体育锻炼的目的，而且还能消除心理上的恐惧，增强自信心，避免不必要的伤害。

2. 要正确使用器材

要严格遵守相关操作规程，在一些体育器械（如铅球、实心球等）的使用中，要注意选择合适场地，确保自身安全，同时还要注意不要伤及他人。

3. 运动负荷要适当

要根据身体素质条件，选择最有利于增强体质的运动负荷。应循序渐进，由易到难，从小到大。只有适宜的运动负荷，才能有效地增强体质，提高健康水平。

4. 身体不适时不参加剧烈运动

患有疾病或身体不适的同学，千万不可参加紧张剧烈的体育活动，以免对身体造成伤害。

5. 上体育课时注意事项

①衣服上不要别胸针、校徽、证章等。
②上衣、裤子口袋里不要装钥匙、小刀等坚硬、尖锐锋利的物品。
③不要佩戴各种金属或玻璃的装饰物。
④头上不要戴各种发卡。
⑤患有近视的同学，尽量不要戴眼镜，如果必须戴眼镜做动作时一定要小心谨慎，做垫上运动时必须摘下眼镜。
⑥不要穿塑料底的鞋或皮鞋，应当穿球鞋或一般胶底鞋。
⑦衣服要宽松合体，最好不穿纽扣多、拉链多或者有金属饰物的服装，有条件的应该穿着运动服。

6. 参加运动会时注意事项

运动会的竞赛项目多、持续时间长、运动强度大、参加人数多，安全问题十分重要，参加运动会时应注意。
①要遵守赛场纪律，高度服从指挥，这是确保安全的基本要求。
②没有比赛项目的同学不要在赛场中穿行、玩耍，要在指定的地点观看比赛，以免被投掷的铅球、标枪等击伤，也避免与参加比赛的同学相撞。
③参加比赛前做好准备活动，以使身体适应比赛。
④在临赛的等待时间内，要注意身体保暖，春秋季节应当在轻便的运动服外再穿上防寒外衣。
⑤临赛前不可吃得过饱或者饮水过多，临赛前半小时内可以吃些巧克力，以增加热量。
⑥比赛结束后不要立即停下来休息，要坚持做好放松活动，例如慢跑等，使心脏逐渐恢复平静。
⑦剧烈运动以后，不要马上大量饮水、吃冷饮，也不要立即洗冷水澡。

（三）运动后注意事项

1. 认真做恢复活动

做恢复活动能使人体更好地从紧张运动状态过渡到安静状态，使心脏逐渐恢复平静，放松身心。如果突然停止运动，会造成暂时性的贫血，产生心慌、晕倒等一系列不良反应，对身心健康造成损害。

2. 自我检查运动反应

如果感到十分疲劳、四肢酸沉、出现心慌、头晕，说明运动负荷过大，需要好好调整与休息。运动后经过合理的休息感到全身舒服、精神愉快、体力充沛、食欲增加、睡眠良好，说明运动负荷安排比较合理。

3. 适当补充能量

参加体育运动要消耗大量的能量，所以在运动后（运动前也应适当补充能量）要科学饮食，保证身体的需要。要注意应在运动后 5~10 分钟后饮水（含盐），避免喝含咖啡因的饮料，半小时后再进餐；运动后不要马上洗澡，应在心率恢复稳定、出汗停止后洗澡。

四、户外运动安全

（一）户外运动注意事项

（1）时刻要有危险意识。初入户外运动者必须认真对待，从学会"害怕"开始，尊重生命。

（2）要储备个人体能。在户外一旦遇到恶劣的环境，身体里的潜在病症可能会被激发出来，后果不堪设想。

（3）要具备基本、必要的求生技能，具备一定的相关知识，学会使用地图等定位工具。户外运动，绝对不能仅凭一腔热情。

（4）选择安全、专业的户外装备。户外运动是一项对装备有专业要求的运动，前期需投入一定经费。同时要选择适合自己的场地，如果不是专业的驴友，不要轻易尝试高山、悬崖等专业运动场地。

（5）尽量选择正规户外团体。专业户外俱乐部一般会有活动预案，具备完善后勤保障和联络系统。

（6）遇上危险知难而退。必须规划好自己的往返时间，心里要清楚自己的规划路线，在遇到突发事件，或者是难度比较大的路线途中，要知难而退，不要强行前进。

（二）在户外运动时迷路了怎么办

（1）若是因不小心与其他队员分开而迷路，应立即大声呼唤同伴，或吹哨子发出求助信号。

（2）如果手机有信号，马上和其他队员联系或拨打 110，请求救援。然后在原地或有明显标志物的地方等待救援。

（3）仔细回忆一下刚才走过的路，见过的泉水、岩石、大树、河流、洞穴、山峰、岔路口等参照物，然后凭自己的记忆寻找自己的足迹，退回到原来的路线上。

（4）在山地迷失方向后，如判断不准方向，可先登高远望，根据太阳或远方的参照物，如村庄、水库、公路等，判断应该向什么方向走。若自己无法判定方向，则应朝地势低的方向走，这样容易碰到水源。

（5）如估计当天走不出去，应及早寻找露天宿营的地点，绝不能在夜间行走。

提醒：在发现迷路的时候，离原有的路径一般不超过 20 分钟路程。

（三）如何在户外使用求救信号

1. 烟火信号

连续点燃三堆火，中间距离最好相等，白天可燃烟，在火上放些青草等产生浓烟的物品，每分钟加 6 次。夜晚可燃旺火。

2. 声音信号

在不是很远的距离内发出求救信号。可大声呼喊，也可借助其他物品发出声响，如用斧子、木棍敲打树木。

3. 反光信号

利用回光反射信号，是有效的办法。可利用的能反光的物品，如金属信号镜、罐头皮、玻璃片、眼镜、回光仪等。

4. 旗语信号

将一面旗帜或一块色彩鲜艳的布料系在木棒上，做"8"字形运动。

5. 地对空信号

地对空信号一般用于等待飞机求救，即用身边现有的材料组成国际通用紧急求救信号SOS。信号材料应与周围颜色有区别，信号材料尺寸要大。

五、常见的运动损伤及其处理方法

（一）软组织损伤

软组织损伤可分为开放性损伤和闭合性损伤两类。前者有擦伤、刺伤和切伤等，后者有挫伤、肌肉拉伤和肌腱腱鞘炎等。

1. 闭合性软组织损伤

受损伤的局部无创口者，称为闭合性损伤，主要包括关节扭伤、肌肉及韧带拉伤或局部组织的挫伤等。关节扭伤是由于外力作用使关节活动超出正常生理范围，造成关节周围的韧带拉伤、部分断裂或完全断裂。

（1）闭合性软组织损伤早期处理的方法主要有冷敷、加压包扎、限制活动和抬高患肢。

①冷敷在应急处理过程中效果最为显著，它具有止痛、止血和减轻局部肿胀的作用。受伤后可尽快用自来水冲淋受伤部位，也可用冷水或冰袋、酒精或白酒冷敷。有条件时可用氯乙烷、冷镇痛气雾剂喷射受伤部位，喷射距离约为10厘米，喷射时间为3~5秒，重复使用时至少间隔半分钟（不宜用于面部和创口）。冷敷时需防止冻伤，尤其是在寒冷季节。如受伤部位已经出现肿胀，不要揉搓、推拿和热敷。急性软组织损伤1~2天内，原则上不做热敷。

②加压包扎是处理急性软组织损伤的关键，包扎得当可达到止血、防肿和缩短伤后康复时间的目的，受伤局部刚出现肿胀或肿胀虽不明显（如臀部、大腿部），但疼痛剧烈、活动障碍明显的，应经短时冷敷尽快加压包扎。包扎时注意松紧适度，包扎太松达不到加压的目的，太紧会引起局部血液循环障碍。包扎后要注意观察肢体循环状况，一旦出现青紫、发凉或麻木感，应及时松懈重新包扎。加压包扎一般需约24小时。

③限制活动和抬高患肢。当肢体受伤较重时，为防止伤处继续出血，减轻肿胀和疼痛，一定要限制活动和抬高患肢数日，以促进血液、淋巴液的回流，加快消肿。

（2）闭合性软组织损伤分急性损伤和慢性损伤。下面介绍几种常见闭合性软组织急性损伤的原因、症状和处理方法。

①肌肉拉伤。

a. 原因与症状。肌肉拉伤是体育运动中最常见的一种肌肉损伤，通常指在外力直接或间接作用下，使肌肉过度主动收缩或被动拉长所致的损伤。这种损伤在准备活动不充分或运动过度，动作不协调及肌肉弹性、伸展性、肌力差者中更容易出现。肌肉拉伤后，受伤处肿胀、压痛，肌肉紧张或痉挛，触之发硬，并出现功能障碍，严重的肌肉拉伤会导致肌肉撕裂。

b. 处理。肌肉拉伤可根据疼痛程度判断其受伤的轻重，一旦出现痛感应立即停止运动，受伤轻者可即刻冷敷，使血管收缩，减少局部充血、水肿，并局部加压包扎，抬高患肢。切忌搓揉及热敷，24小时后方可实行按摩或理疗。如果肌肉已大部分或完全断裂者，在加压包扎后，应立即送医院进行手术治疗。

②肌肉挫伤。

a. 原因与症状。肌肉挫伤是运动中某个部位受到钝性外力直接作用所引起的闭合损伤。运动时身体相互碰撞，或身体某部碰在器械上，都可能发生局部挫伤。单纯挫伤在损伤处会出现红肿，皮下出血，并有疼痛及功能障碍等。严重挫伤且有并发症时，还可能出现全身症状或特殊症状。若头部挫伤并发脑震荡或胸腹挫伤并发内脏器官损伤时，则出现头晕、脸色苍白、心慌气短、出虚汗、四肢发凉、烦躁不安，甚至休克症状。

b. 处理。在24小时内可冷敷或加压包扎，抬高患肢或外服中药。24小时后方可施行按摩或理疗。进入恢复期后可进行一些功能性锻炼。如果怀疑有其他组织器官损伤并出现休克症状，应立即进行抗休克处理，并送医院急救。肌肉断裂者应及早进行手术治疗。

③肩关节扭伤。

a. 原因与症状。一般因肩关节准备活动不充分、训练过度、用力过猛及反复劳损所致，也因技术错误、违反解剖学原理而造成的损伤，肩关节扭伤多发生在排球、棒球和田径投掷等运动项目中。其症状有压痛、疼痛，急性期有肿胀，慢性期三角肌可能出现萎缩，肩关节活动受到限制。

b. 处理。单纯韧带扭伤可采用冷敷，加压包扎，24小时后可用理疗、按摩和针灸等方法治疗。出现韧带断裂时，应立即送医院进行缝合和固定处理，当肩关节肿胀和疼痛减轻后，可适当进行功能性锻炼，但不宜过早活动，以防转入慢性病症。

④踝关节扭伤。

a. 原因与症状。踝关节扭伤是在运动中因跳起落地时身体失去平衡，使踝关节过度内翻或外翻所造成的损伤。多发生在赛跑、篮球、足球、跳高、跳远、滑冰、滑雪、跳伞、摔跤等运动中。在准备活动不充分、场地不平坦或动作不协调等情况下，更容易造成此类损伤。踝关节扭伤后，伤处肿胀、疼痛，韧带损伤处有明显压痛，皮下淤血。如果疼痛剧烈，不能站立、行走，可能是发生了骨折。

b. 处理。踝关节受伤后，应立即进行冷敷，用绷带固定包扎，并抬高患肢。24小时后可根据伤情综合治疗，外敷伤药、理疗、按摩等，必要时做封闭治疗，待病情好转后进行功能性练习。严重者可用石膏固定。

⑤急性腰扭伤。

a. 原因与症状。急性腰扭伤是体育运动中最常见的一种急性损伤，尤其在举重、跳水、跨栏、投掷、跳高、体操、篮球、排球等运动中，更容易发生。运动时腰部受力过重，肌肉收缩不协调，或脊椎运动超过正常生理范围都可能引起腰扭伤。发生损伤后，腰部疼痛，有时咯咯作响，有时出现腰部肌肉痉挛和运动受到限制的情况。

b. 处理。腰部急性扭伤后，若轻度损伤，可轻轻按揉；若受伤较为严重，应立即让患者平卧，并用担架护送医院治疗，一般不应随意移动。处理后，应睡硬板床或腰后垫一个枕头，使肌肉韧带处于放松状态，先冷敷后热敷，24小时后可进行按摩；也可用针灸、外敷药予以治疗。

⑥肌肉痉挛。

a. 原因与症状。肌肉痉挛俗称"抽筋"，是肌肉不自主地强直收缩，使肌肉变得坚硬，失去活动能力。游泳运动容易发生肌肉痉挛，最容易发生肌肉痉挛的是小腿后面的腓肠肌，其次是足屈拇肌和屈趾肌。引起肌肉痉挛的原因是多方面的，如在寒冷的环境中锻炼时，准备活动做的不充分，肌肉受到寒冷刺激后，兴奋性增高，容易引起肌肉痉挛；如果剧烈运动时间较长，身体大量排汗使体内盐分丧失过多，破坏了电解平衡，导致体内盐分含量过低，兴奋性增高而使肌肉发生痉挛；在锻炼中肌肉快速连续收缩，放松时间过短，以致收缩与放松不能协调地交替，也会引起肌肉痉挛。在肌肉痉挛时，局部肌肉坚硬或隆起，剧烈疼痛，且一时不易缓解；有的缓解后仍有不适感并易再次发生痉挛。

b. 处理。发生肌肉痉挛时，一般可通过慢慢加力、持续牵拉肌肉的方式使之得到缓解并消除疼痛。如小腿抽筋时，可伸直膝关节，用力将足尖勾起，用异侧手牵拉前脚掌或用类似方法处理。牵拉时用力适宜，不可突然用力。此外，采用重力按压、推揉、捏小腿肌肉及点压委中穴、承山穴、涌泉穴等手法，也可缓解痉挛。游泳时发生腓肠肌痉挛，不要惊慌，应尽量漂浮水面，用异侧手握住前脚掌向身体方向牵拉，即可缓解肌肉痉挛。

2. 开放性软组织损伤

受损伤的局部有创口者，称为开放性损伤。

开放性软组织损伤首先要止血。一般毛细血管出血，几分钟内会自行止血；创口出血较多时，可立即用干净的手帕覆盖伤口，再直接压迫或加压包扎止血；手指出血，则可用力压住指根两侧或扎紧指根部止血。

其次，应减少创口污染，保持创口清洁，减少不洁物品接触创口。

再次，创口小、边缘对合良好的，可在消毒后直接用胶带牵拉固定一周。创口大或位于面部的创口要缝合，应一周后拆线。

最后，必要时口服消炎药物，以防感染。

对于较深的污染创口，应在清洁伤口后注射破伤风抗毒素。下面介绍几种常见开放性软组织损伤的原因、症状和处理方法。

（1）擦伤。

①原因与症状。擦伤是皮肤表面受到摩擦后的损伤。在运动中擦伤最为常见，多发生在摔倒时，擦伤后皮肤有出血或组织液渗出。

②处理。如擦伤部位较浅，只需涂红药水即可；如擦伤创面较脏或有渗血时，应用生理盐水清创后再涂上红药水或紫药水，再用消毒布覆盖，最后用纱布包扎。面部轻微的擦伤可用生理盐水或凉开水清洗创伤面，在创口周围用76%酒精消毒，创伤面涂消炎软膏，无须包扎，面部创口不要擦有色药水。关节附近擦伤用消炎软膏包扎较好，可以防止关节活动时创伤面干裂而影响愈合。

（2）撕裂伤。

①原因与症状。在剧烈运动时，突然受到强烈的撞击，可能造成肌肉撕裂。常见的撕裂伤有眉际撕裂和跟腱撕裂等。开放性撕裂伤有出血、周围肿胀等现象，有疼痛感。

②处理。轻度开放性撕裂伤用红药水涂抹伤口即可；裂口大时，则需要止血和缝合伤口，必要时需注射破伤风抗毒素，以防破伤风症。

（二）骨折

1. 原因与症状

常见骨折分为两种，一种是皮肤不破，没有伤口，断骨不与外界相通，称为闭合性骨折；另一种是骨头的尖端穿过皮肤，有伤口与外界相通，称为开放性骨折。前者皮肤完整，较易治疗；后者皮肤破裂，骨折端与外界相通，容易发生感染，较难治疗。运动中发生的骨折多为闭合性骨折。

2. 处理

发生骨折后，如有休克症状者，应先让其躺下，将下肢抬高，头部略放低，同时注意保暖，保持呼吸道畅通，并使用止痛药，防止休克。若受伤者昏迷不醒，可用手指掐人中穴、合谷穴，使其苏醒。如果发生开放性骨折大出血，应迅速止血，并用消毒纱布等对伤口处做初步包扎，以免引起骨髓炎。骨折后暂不移动患肢，否则伤者会产生剧烈疼痛或加重损伤，可用木板、塑料板等固定伤肢。

（三）髌骨劳损

1. 原因与症状

髌骨劳损是膝关节长期局部负担过重或反复损伤累积而成的，也可能是一次直接外力撞击致伤而未及时治疗所致，大多发生在足球、体操、篮球和排球等运动中。髌骨具有保护股骨骨关节面，维护关节外形，传递股四头肌力量的作用，是维护膝关节正常功能的主要结构。髌骨劳损常有关节疼痛肿胀等症状，特别是在上下楼梯、跑跳，用力或半蹲位起跳时，疼痛明显，而常常伴随有膝关节发软、无力，静止时也会感觉疼痛。

2. 处理

髌骨损伤后，可采用中药外敷针灸和按摩等方法加以治疗，平时也可加强膝关节肌群力量的练习，如采用高位静力半蹲，每次保持三至五分钟，病情好转时可逐渐增加练习时间，每日练习一至两次。

（四）关节脱位

1. 原因与症状

关节脱位及脱臼，是因受直接或间接的外力作用，使关节面脱离了正常的解剖位置所致。关节脱位可分完全关节脱位和半关节脱位（或称错位）两种。在发生关节脱位的同时，由于暴力的作用，常常伴有关节囊、周围韧带及软组织损伤，甚至可能伤及神经、血管等。在运动中发生的关节脱位，大都是间接外力撞击所致，如摔倒时用力撑地，引起手关节或肩关节脱位。

关节脱位常出现畸形，与健肢对比不对称，因软组织损伤而出现炎症反应，有局部疼痛、压痛和关节肿胀等症状，并失去正常活动功能，甚至发生肌肉痉挛等现象。

2. 处理

一旦发生关节脱位，应叮嘱病人保持安静，不要乱动，更不可揉搓关节脱位部位，妥善固定处理后送医院治疗。应用长度和宽度相等的两个夹板固定伤肢，或者将伤肢固定在自己的躯干、健肢上，也可以先冷敷扎上绷带，保持关节固定不动，如果是肩关节脱位，可把患者肘部弯成直角，用三角巾或绷带，把前臂和肘部托起，挂在颈上，如果是髋关节脱位，则应立即让病人平卧并送往医院，必须指出，如果没有把握做整复处理，切不可随意做整复手术，以免加重伤情。

（五）脑震荡

1. 原因与症状

脑震荡是指头部受到外力打击或碰撞到坚硬物体后，使脑神经细胞和神经纤维受到过度震动所引起的意识和功能的障碍，脑震荡根据受伤的程度可分为轻度、中度和重度脑震荡，一般可恢复，无明显的解剖病理改变，在体育运动中，头部受到重物打击或撞击器械、地面硬物时，都可能造成脑震荡。

脑震荡后，由于大脑管理平衡的膜半规管、椭圆囊、球囊等感受器功能失调，伤者会出现神志不清、脉搏徐缓、肌肉松弛、瞳孔稍大但能保持对称、神经反射减弱或消失等症状。清醒后，患者常会头痛头晕、恶心、有呕吐感。头痛、头晕的症状在伤后数日内较明显，之后逐渐减轻，恶心、呕吐等现象在稍后数天内可消失。此外，脑震荡还可能出现情绪烦躁、注意力不易集中、耳鸣、心悸、多汗、失眠、记忆力减退等一系列植物性神经功能紊乱症状。

2. 处理

脑震荡伤者应平卧，保持安静，不可坐起或站立，冷敷头部，注意保暖，若出现昏迷，可指压人中穴、内关血、合谷血，若发生呼吸障碍，应立即进行人工呼吸，上述处理后还会反复昏迷，时间超过几分钟，两侧瞳孔不对称或耳鼻口内出血及眼球青紫，或者清醒后有剧烈头痛、呕吐并再度昏迷者，表明损伤较为严重，应立即送医院治疗，在治疗途中，伤者要平卧，头部要固定，避免颠簸阵痛，要保持意识不清者呼吸道的畅通，可使伤者侧卧，以防止发生窒息。

（六）中暑

1. 原因与症状

在高温环境中（温度高、通气差、头部缺少保护）被烈日直接照射，因体温调节功能障碍而发生中暑。

轻度中暑时会出现面部潮红、头晕、头痛、胸闷、皮肤灼热、体温升高等反应；严重时则会出现恶心、呕吐、脉搏快而细弱、精神失常、虚脱抽搐、血压下降甚至昏迷等反应

2. 处理

将患者迅速移至通风、阴凉处，冷敷额头，温水抹身，并喝含盐饮料或十滴水，数小时后即可恢复。

（七）运动性昏厥

1. 原因与症状

由于剧烈运动或长时间运动，大量血液聚在下肢，回心血量减少，脑供血不足导致昏厥。空腹运动，血糖含量较低，也会造成能量供应不足而引起头昏。

症状有全身无力，头昏耳鸣，眼前发黑，脸色苍白，失去知觉，突然昏倒，手足发凉，脉搏缓慢而微弱，血压降低，呼吸缓慢。

2. 处理

立即使患者平卧，足略高于头，并由小腿向大腿、心脏方向进行按摩，同时用手指掐人中、百会、合谷等穴位。

六、常见的急救技术

急救是指对运动中突然发生的严重损伤进行紧急、初步和临时性处理，以减轻患者的痛苦，预防并发症，为转送医院进一步治疗创造条件，运动损伤的急救是一项极其重要的工作，如果处理不当，轻者加重损伤甚至感染，增加患者痛苦，重者因伤致残甚至危及生命，因此应当及时、准确、合理、有效地进行急救，对运动损伤采用的常见的急救技术有止血、包扎和人工呼吸等方法。

（一）止血法

血的性质分为毛细管出血，静脉出血和动脉出血。静脉出血时，血液呈暗红色，危险性较小，一般用加压包扎止血法即可；动脉出血时，血液呈鲜红色，危险性较大，常用指压止血法和加垫屈肢止血法。

根据出血的部位可分为外出血和内出血两种。在开放性损伤中血管因受伤破裂，而使血液向体外流出称为外出血。下面介绍外出血的止血方法。

1. 加压包扎止血法

加压包扎止血法主要用于小的外伤，毛细血管或小静脉出血，流出的血液易于凝结，在伤口部位盖上消毒敷料，然后用三角巾或绷带等加压包扎即可。

2. 指压止血法

指压止血法用手指压迫创口或身体浅处的动脉，以达到止血的目的，一般用于动脉止血，即用手指将出血动脉的近心脏端用力压向其相对的骨面，以阻断血液来源而达到临时止血的目的。

3. 止血带止血法

四肢大动脉出血不宜用加压包扎止血法或指压止血法，可用止血带（橡皮带或其他代用品）缚扎于出血部位的近心脏端。注意止血带不能直接压在皮肤上，而是先在用止血带的部位用三角巾、毛巾等软物包垫好，将伤肢抬高，再扎上止血带，其松紧程度以能压住动脉血流为原则，缚后以肢端蜡色为宜；如果呈紫红色则以能压住动脉血流为原则，如系上肢应每隔20~30分钟放松一次，如系下肢应每隔45~60分钟放松一次，并观察伤肢血液循环情况。凡用止血带的伤者，必须记录用止血带的部位与时间，并迅速送往医院。

4. 加垫屈肢止血法

加垫屈肢止血法主要用于前臂或小腿出血时。在肘窝或膝窝放纱布等物品，屈曲关节，用绷带将屈曲的肢体紧紧缠起来，每隔一小时左右松开绷带一次，观察3~5秒钟，以防止肢体坏死。

（二）包扎

包扎有保护伤口，减少感染机会，压迫止血，固定骨折处和减少伤痛的作用，是损伤急救的主要技术之一。包扎常用的材料有绷带、三角巾等。现场如果没有以上材料，亦可用毛巾、衣物等代替。包扎手法力求熟练，包扎物应柔软，松紧适度。下面介绍以绷带为材料或类似绷带材料的包扎法。

1. 环形包扎法

环形包扎法常用于肢体较小部位的包扎，或用于其他包扎法的开始和终结。包扎时打开绷带卷，把绷带斜放在伤口上，用手压住，将绷带绕肢体包扎一圈后，再将带头和一个小角翻折过来，然后继续绕圈包扎，第二圈盖住第一圈，包扎3~4圈即可。

2. 螺旋包扎法

绷带卷斜行缠绕，每卷压着前面的一半或三分之一。此法多用于肢体粗细差别不大的部位。

3. 反折螺旋包扎法

在做螺旋包扎时，用大拇指压住绷带上方，将其反折向下，压住前一圈的一半或三分之一，多用于肢体粗细相差较大的部位。

4. "8"字包扎法

"8"字包扎法多用于关节部位的包扎。在关节上方开始做环形包扎数圈，然后将绷带斜行缠绕，一圈在关节下缠绕，两圈在关节凹面交叉，反复进行，每一圈压过前一圈的一半或三分之一。

（三）人工呼吸

人工呼吸的方法有举臂压胸法、仰卧压胸法、俯卧压背法、口对口呼吸法等，其中以口对口呼吸法和仰卧压胸法最为有效。

1. 口对口呼吸法

消除患者口中的分泌物或呕吐物，松开衣领、裤带和胸腹部衣服，使患者仰卧，头部后仰，急救者一手托起患者下颌，掌根部轻压环状软骨（即食道管）以防止空气进入，另一只手捏住患者的鼻孔。深吸一口气，与患者的口紧密接触后，将大口气吹入患者口中，吹气后将捏鼻子的手松开。如此反复进行，吸气频率每分钟16~18次，直至患者恢复自主呼吸为止。

2. 仰卧压胸法

将患者仰卧在木板或平地上，急救者两手上下重叠，用掌根置于患者胸骨下半部，肘关节伸直。急救者借助于自身体重和肩臂部力量，均匀而有节律地向下施加压力，将胸壁下压3~4厘米，随即松手，胸壁将自然回弹。如此反复进行，每分钟60~80次，直至患者恢复自主心脏跳动为止。必要时口对口呼吸法和仰卧压胸法同时进行，两者以1∶4频率进行。

七、预防运动损伤的注意事项

大学生大都喜爱运动，并积极参与各项体育活动，但常常因缺乏一定的运动训练知识而受伤，受伤后往往造成不必要的痛苦，严重者甚至导致终生遗憾。为了减少运动损伤，避免安全事故，保证体育教学、训练和比赛正常进行，首要任务是做好预防工作。其实，只要我们了解运动损伤产生的原因，掌握基本的运动保健知识，是可以预防和避免伤害的。为此提出以下预防运动损伤的几点注意事项。

（一）学习预防知识，强化安全意识

学习运动损伤的技术和理论，是防止发生运动损伤的基础。加强安全意识，克服麻痹大意的思想是防止运动损伤发生的一个重要手段。认真进行体育道德教育，提倡文明，健康的体育比赛，也有助于预防运动损伤。在运动前做好准备活动，除了做一般性、专门性的活动之外，还要有针对性地对易受伤部位的关节、韧带和肌肉等做好准备工作。在运动、训练或比赛结束后要充分做好整理活动。

（二）充分热身，避免运动过度

1. 要掌握正确的训练方法和运动技术，科学地增加运动量

对于不同性别、年龄、运动水平及健康状况的人，训练时在运动量的安排上应因人而异、循序渐进。例如，年龄小的在训练内容上，应把全面身体训练和专项身体训练结合起来，并以全面身体训练为主；在运动量的安排上应考虑到他们的生理特点，与成年人比较起来训练时间应短些，强度、密度应小些。

2. 准备活动要充分

在实际工作中，我们发现不少运动伤害是由于准备活动不足造成的。因此，在训练前做好充分的准备活动十分必要。准备活动可以提高中枢神经系统的兴奋性，克服机体机能活动的生理惰性，为正式练习作好准备。准备活动能增加肌肉中毛细血管开放的数量，提高肌肉的力量、弹性和灵活性，同时也可以提高关节韧带的机能，增强韧带的弹性，使关节腔内的滑液增多，防止肌肉和韧带的损伤。在进行准备活动时，既要躯干、肢体的大肌肉群和关节充分活动开，同时也要注意各个小关节的活动。准备活动还应增加一些专项素质的内容。

3. 注意间隔放松

在训练中，每组练习后为了更快地消除肌肉疲劳，防止由于局部负担过重而出现的运动伤，组与组之间的间隔放松非常重要。在间隔时间内，一些运动员对这一问题重视不够，他们在每组练习后往往站在一旁不动或千篇一律地做些放松跑。这样并不能加快机体疲劳的消除，再进行下组练习时还易出现损伤。由于各个项目的练习内容不同，间隔放松的形式也应有所区别。例如，着重于上肢练习的项目，在间隔可做些放松慢跑；着重于下肢的项目结束后，可以在垫子或草地上仰卧，将两腿举起抖动或倒立。这样一方面可以促进血液的回流，改善血液的供给，另外也能使活动肢体中已疲劳的神经细胞加深抑制，得到休息，这对于消除疲劳及防止运动伤害有着积极意义。

4. 防止局部负担过重

训练中运动量过分集中，会造成机体局部负担过重而引起运动伤。例如，膝关节半蹲起跳动作过多，易引起髌骨损伤；过多地练习鸭步，可引起膝内侧副韧带及半月板的损伤。因此，在训练中应避免单调片面的训练方法，防止局部负担量过重。

5. 加强易伤部位肌肉力量练习

据统计，在运动实践中，肌肉、韧带等软组织的运动伤最为多见。因此，加强易伤部位的肌肉力量练习，对于防止损伤的发生具有十分重要的意义。例如，加强股四头肌力量

的练习可以防止膝关节损伤,而防止肩关节伤则应加强三角肌、肩胛肌、胸大肌和肱二头肌的练习。

> **安全知识互动**
> 1. 什么是意外伤害和运动伤害?
> 2. 怎样预防运动损伤?
> 3. 分析校园运动安全事故产生的原因有哪些。
> 4. 简述在运动损伤中常见的急救技术。

第二课　实验安全

学习知识离不开实验。高校实验室使用频繁,人员集中且流动性大,加之种类繁多的化学药品、易燃易爆物品、有毒物品和仪器设备都存放在实验室,如果没有严格有效的安全管理,很容易成为危险之地。

湖南某大学教学楼发生火灾

2021年10月10日,湖南某大学化工学院理学楼发生火灾,起火原因为存放在储柜内的化学药剂遇水自燃。此次事故导致过火面积近790平方米,造成直接经济损失42.97万元,未造成人员伤亡。经外围调查和现场勘验,消防部门认定,起火部位为××大学化工学院理学楼药物反应与分离制备室,起火点为该室里间西侧操作台下南端药剂储柜,柜内的化学药剂遇水自燃引起火灾。

经调查询问证实,火灾当日9时至11时30分,7名学生对该实验室进行了卫生打扫,用水和洗洁精清洗了玻璃器皿,并用湿抹布擦拭了实验操作台及试剂瓶,多名学生证实西侧操作台南侧存在漏水现象,而实验室内存放有三氯氧磷、氰乙酸乙酯、金属钠等遇水自燃物品。

(资料来源:以上信息为作者自行收集)

以上案例中,湖南某大学化工学院对实验用危险化学药剂管理不善,没有对未使用完的药剂进行严格管理,未将遇水自燃药剂放置在符合安全条件的储存场所,是导致火灾发生的直接原因。起火建筑物为砖木结构,屋顶为木质材料,建筑耐火等级低,是导致火灾迅速蔓延的主要原因,也暴露出当前高校师生消防安全意识淡薄、高校建筑消防安全隐患严重等问题。根据《中华人民共和国消防法》《湖南省实施〈中华人民共和国消防法〉办法》和《高等学校消防安全管理规定》(具体详情见附录4),湖南省消防总队责成湖南××大学对火灾事故发生直接责任人及化工学院消防安全管理人、责任人给予行政处分。

实验室安全与防护工作既包括常见的防火、防毒和防爆,还包括防辐射、防传染、防噪声、防振动和防"三致物资"（致突变物资、致癌物资、致畸物资）。做好实验室的技术安全、环境保护和防火工作是关系到师生人身和财产安全的大事，是确保学校教学、科研工作正常开展的重要条件。实验室安全与防护工作要坚持安全第一、预防为主的原则，对进入实验室的师生都必须进行实验室安全、实验室突发事件处置等知识的教育，确保实验安全。

一、实验室安全事故分类

由于实验室的工作性质不同，其安全防范措施的重点也不一样。例如，化学实验室重点是防火、防爆；物理实验室重点是防触电、防火；生物、医学实验室应该把防传染作为重点；一些机械、铸造、锻造、焊接等实验室或工厂，要重点预防工伤事故的发生。

（一）火灾

（1）一般实验室用火、用电比较多，尤其是化学实验室，多是易燃、易爆物品，若管理不善，容易出现火灾，特别是学生做实验时，更易发生事故。

（2）燃油发动机实验过程中，如果出现气缸破裂、火焰冲出、油路漏油等情况，或调整化油器时，容易发生火灾。

（3）半导体实验室中的洁净室是封闭式的，在操作中要使用丙酮等易挥发的易燃物质；有的实验容易形成爆炸性混合物，遇到明火就会燃烧或爆炸。

（二）电击

凡有电器设备的实验室，如果电器的线缆绝缘和接地出现问题，用电量超过安全载流量，使用设备时未严格遵守操作规程，人与带电体接近时未保持安全距离等，均易引发电击事故。

（三）化学品危害

化学、生物、医学等实验室中，强酸、强碱、强氧化剂等容易引起烧伤事故。氰化钾、甲苯、乙醚等化学物质，积累过多会破坏人体正常的生理功能，引起暂时或持久的病理状态，甚至危及生命。凡是有毒的粉尘、烟、雾、气体或蒸汽污染了实验室，均可使皮肤过敏，或引起全身中毒。

（四）传染

生物、生化、医学和农业实验室都要预防细菌、微生物传染问题。例如，在生物实验中，昆虫、动物的传染病通过媒介可能传染给实验工作人员。发生传染最常见的原因有：接种时出现差错，注入体内；被动物咬伤、抓伤，伤口受感染；注射器、离心机喷溅等。

> **典型案例**
>
> **某农大师生被带菌山羊传染**
>
> 2020年12月，4只未经检疫的山羊进入了东北某农业大学的实验室，导致28名师生患上了布鲁氏杆菌传染病。事故原因如下：购买实验山羊时，未要求出具检疫合格证明；实验前，教师未对山羊进行现场检疫；实验中，教师未严格要求学生遵守操作规程进行防护。
>
> （资料来源：以上信息为作者自行收集）

以上案例告诉我们，实验室频发的安全事故，提醒着我们在聚精会神地专注于实验操作时，危险已经悄然来到身边。提高安全意识、加强实验室规范管理已经刻不容缓。

（五）辐射

辐射源包括放射性物质，如铀、镭、钴等；高速电子，如激光。凡接触这些物质的实验，如果操作不当，都会直接损伤细胞结构或组织结构，出现放射病的病理现象。

（六）噪声病及振动病

在一些机械、铸造、焊接等实验室或工厂，机械设备产生高强度噪声和振动。在无防护的情况下，长期接触会引起听觉器官的损害，同时对中枢神经、心血管、内分泌和消化系统等有不良影响。长期接触强烈振动可引起肢端血管痉挛、上肢骨及关节骨质改变、周围神经末梢感觉障碍等。

二、实验室相关安全常识

学生实验前，应充分预习，了解实验内容及有关安全事项。实验开始前，先检查仪器是否完整、放妥。实验时不得随意离开，必须注意实验情况，检查是否有漏气或玻璃破损。实验完毕要关好水、电、煤气开关。操作中如有自燃、易燃物品，附近应设灭火用具和急救箱。

（一）使用设备溶剂安全常识

大学生在实验室开展实验要用到实验室的一些设备和溶剂，在使用这些设备与溶剂时应注意以下六点。

（1）使用煤气灯时，应先将火柴点燃，一手执火柴靠近灯口，一手慢开煤气阀。不能先开煤气阀，后点燃火柴。用火时，应做到火着人在，人走火灭。

（2）使用电器设备（如烘箱、离心机、电炉等）时，严防触电，绝不可用湿手或在眼睛旁视时开关电闸和电器开关。应该用试电笔检查电器设备是否漏电，凡是漏电的仪器，一律不能使用。

（3）使用浓酸、浓碱时，必须极为小心地操作，防止溅出。用移液管量取这些试剂时，必须戴乳胶手套，使用橡皮球吸取。若不慎溅在实验台上或地面，必须及时用湿抹布擦洗干净，如果触及皮肤应立即就医。

（4）使用可燃物，特别是易燃物（如乙醚、丙酮、乙醇、苯、金属钠等）时，应特别小心。不要将其大量放在桌上，更不要放在靠近火焰处。只有在远离火源时，或将火焰熄灭后，才可大量倾倒易燃液体。低沸点的有机溶剂不准在火上直接加热，只能在水浴上利用回流冷凝管加热或蒸馏。

（5）易燃和易爆炸物质的残渣（如金属钠、白磷、火柴头）不得倒入污物桶或水槽中，应收集在指定的容器内。

（6）废液，特别是强酸和强碱不能直接倒在水槽中，应先稀释，然后倒入水槽，再用大量自来水冲洗水槽及下水道。

（二）实验室安全常识

大学生开展实验除了需注意设备与溶剂安全外，还应注意实验过程中的安全，在挪动干净玻璃仪器时，勿使手指接触仪器内部；洗净的仪器要放在架上或干净纱布上晾干，不能用抹布擦拭，更不能用抹布擦拭仪器内壁；除微生物实验操作要求外，不要用棉花代替橡皮塞或木塞堵瓶口或试管口。

不要用纸片覆盖烧杯和锥形瓶等；取用试剂和标准溶液后，需立即将瓶塞严，放回原处；取出的试剂和标准溶液，如未用尽，切勿倒回瓶内，以免带入杂质。

凡是会发生烟雾、有毒气体和有臭味气体的实验，均应在通风橱内进行，橱门应紧闭，非必要时不能打开；用实验动物进行实验时，不许戏弄动物，进行杀死或解剖等操作，必须按照规定方法进行，绝对不能用动物、手术器械或药物开玩笑；使用贵重仪器如分析天平、比色计、分光光度计、酸度计、冰冻离心机、层析设备等时，应加倍爱护，使用前应熟知使用方法，若有问题，随时请指导实验的教师解答，使用时要严格遵守操作规程，发生故障时应立即关闭仪器，并告知管理人员，不得擅自拆修。

三、实验室安全防护原则

在教学实验中，经常使用各种化学药品和仪器设备，以及水、电、煤气，还会经常遇到高温、低温、高压、真空、高电压、高频和带有辐射源的实验条件和仪器，若缺乏必要的安全防护知识，会造成生命和财产的巨大损失。因此，实验室必须按"四防"（防火、防盗、防破坏、防治安灾害事故）的要求，建立健全以实验室主要负责人为主的各级安全责任人的安全责任制和各种安全制度，加强安全管理。

（一）穿着规定

（1）进入实验室，必须按规定穿戴必要的工作服。

（2）进行危害物质、挥发性有机溶剂、特定化学物质或其他毒性化学物质的操作实验或研究，必须要穿戴防护用具（防护口罩、防护手套、防护眼镜）。

（3）实验过程中，严禁戴隐形眼镜（防止化学药剂溅入眼镜而腐蚀眼睛）。

（4）需将长发及松散衣服妥善固定，且在处理药品所有过程中需穿拖鞋。

（5）操作高温实验，必须戴防高温手套。

（二）药品领用、存储及操作相关规定

（1）操作危险性化学药品请务必遵守操作守则或遵照老师操作流程进行实验，勿自行更改实验流程。

（2）领取药品时，请确认容器上标示的中文名称是否为需要的实验用药品。

（3）领取药品时，请看清楚药品危害标示和图样，确认是否有危害。

（4）使用挥发性有机溶剂、强酸强碱性、高腐蚀性、有毒性的药品，请务必要在特殊排烟柜及桌上型抽烟管下进行操作。

（5）有机溶剂、固体化学药品、酸碱化合物均需分开存放，挥发性的化学药品更必须放置于带抽气装置的药品柜内。

（6）高挥发性或易于氧化的化学药品必需存放于冰箱或冰柜之中。

（7）避免独自一人在实验室做危险实验。

（8）若须进行无人监督的实验，其实验装置对于防火、防爆、防水灾都须有相当的考虑，且让实验室灯开着，并在门上留下紧急处理时联络人电话及可能造成的灾害。

（9）做危险性实验时必须经实验室主任批准，有两人以上在场才可进行，节假日和夜间严禁做危险性实验。

（10）做有危害性气体的实验必须在通风橱里进行。

（11）做放射性、激光等对人体危害较重的实验，应制定严格安全措施，做好个人防护。

（12）废弃药液或过期药液或废弃物必须依照分类标示清楚，药品使用后的废（液）弃物严禁倒入水槽或水沟，应倒入专用收集容器中回收。

（三）用电安全相关规定

（1）实验室内的电气设备的安装和使用管理，必须符合安全用电管理规定，大功率实验设备用电必须使用专线，严禁与照明线共用，谨防因超负荷用电着火。

（2）实验室用电容量的确定要兼顾事业发展的增容需要，留有一定余量，但不准乱拉乱接电线。

（3）实验室内的用电线路和配电盘、板、箱、柜等装置及线路系统中的各种开关、插座、插头等均应经常保持完好可用状态，熔断装置所用的熔丝必须与线路允许的容量相匹配，严禁用其他导线替代。室内照明器具都要经常保持稳固可用状态。

（4）可能散布易燃、易爆气体或粉体的建筑内，所用电器线路和用电装置均应按相关规定使用防爆电气线路和装置。

（5）对实验室内可能产生静电的部位、装置要心中有数，要有明确标记和警示，对其可能造成的危害要有妥善的预防措施。

（6）实验室内所用的高压、高频设备要定期检修，要有可靠的防护措施。凡设备本身要求安全接地的，必须接地，并且定期检查线路，测量接地电阻。自行设计、制作对已有电气装置进行自动控制的设备，在使用前必须经实验室与设备处技术安全办公室组织验收，合格后方可使用。自行设计、制作的设备或装置，其中的电气线路部分也应请专业人员查验无误后再投入使用。

（7）实验室内不得使用明火取暖，严禁抽烟。必须使用明火实验的场所，须经批准后才能使用。

（8）手上有水或者潮湿请勿接触电器用品或电气设备；严禁使用水槽旁的电器插座（防止漏电）。

（9）实验室内的专业人员必须掌握本实验室的仪器、设备的性能和操作方法，严格按操作规程操作。

（10）机械设备应装设防护设备或其他防护罩。

（11）电器插座请勿接太多插头，以免电荷负荷不了，引起电器火灾。

（12）如电气设备无接地设施，请勿使用，以免触电。

四、实验室安全事故的预防与处置

在化学实验室里，安全是非常重要的，它常常潜藏着诸如爆炸、着火、中毒、灼伤、割伤、触电等事故的危险。虽然知道许多化学药品易燃易爆，一些化学药品对身体有害，但是由于每天都要接触这些东西，部分学生的安全意识也就逐渐淡了。有因操作人员操作不慎、使用不当和粗心大意酿成的人为责任事故；有因仪器设备或各种管线年久老化损坏酿成的设备设施安全事故；有因自然现象酿成的自然灾害事故。大学生在进行实验操作时，应对实验室安全事故的预防与处置方案进行学习，并在实验中保持高度警惕，预防和避免事故发生。

（一）实验室灭火法

实验中一旦发生火灾，切忌惊慌失措，应保持镇静。首先应立即切断室内一切火源和电源。然后根据具体情况正确地进行抢救和灭火。

常用的方法有以下几种。

（1）在可燃液体燃烧时，应立即拿开着火区域内的一切可燃物质，关闭通风器，防止扩大燃烧，若着火面积较小，可用抹布、湿布、铁片或沙土覆盖，隔绝空气，使之熄灭，但覆盖时要轻，避免碰坏或打翻盛有易燃溶剂的玻璃器皿，导致更多的溶剂流出而再着火。

（2）酒精及其他可溶于水的液体着火时，可用水灭火。

（3）汽油、乙醚、甲苯等有机溶剂着火时，应用石棉布或砂土扑灭，绝对不能用水，否则会扩大燃烧面积。

（4）金属钠着火时，可把砂子倒在上面。

（5）导线着火时不能用水及二氧化碳灭火器，应切断电源或用四氯化碳灭火器。

（6）衣服烧着时切忌奔走，可用衣服、大衣等包裹身体或躺在地上滚动。

（7）发生较大的着火事故应立即报警。

（二）实验室急救

在实验过程中不慎受伤，应立即采取适当的急救措施。

（1）受到玻璃割伤及其他机械损伤。首先必须检查伤口内有无玻璃或金属等碎片，然后用硼酸水洗净，再擦碘酒或紫药水，必要时用纱布包扎。若伤口较大或过深而大量出血，应迅速在伤口上部和下部扎紧血管止血，立即到医院诊治。

（2）烫伤。一般用浓度为90%~95%的酒精消毒后，涂上苦味酸软膏。如果伤处红痛或红肿（一级灼伤），可用橄榄油或医用棉花蘸酒精敷盖伤处；如果皮肤起泡（二级灼伤），不要弄破水泡，防止感染；如果伤处皮肤呈棕色或黑色（三级灼伤），应用干燥无菌的消毒纱布轻轻包扎好，急送医院治疗。

（3）强碱（如氢氧化钠、氢氧化钾）触及皮肤而引起灼伤时，要先用大量自来水冲洗，再用1%硼酸溶液或2%乙酸溶液涂洗。

（4）强酸、溴等触及皮肤而致灼伤时，应立即用大量自来水冲洗，再以5%碳酸氢钠溶液或5%氢氧化铵溶液洗涤。

（5）如酚触及皮肤引起灼伤，应该用大量的清水冲洗，并用肥皂和水洗涤，忌用乙醇。

（6）若煤气中毒，应到室外呼吸新鲜空气，严重时应立即到医院诊治。

（7）水银容易由呼吸道进入人体，也可以经皮肤直接吸收而引起积累性中毒。

严重中毒的征象是口中有金属气味，呼出气体也有气味；流唾液，牙床及嘴唇上有硫化汞的黑色；淋巴结及唾液腺肿大。若不慎中毒，应送医院急救。

急性中毒时，通常用碳粉或呕吐剂彻底洗胃，或者食用蛋白质（如1升牛奶加3个鸡蛋清）或蓖麻油解毒并催吐。

（8）触电。触电时可按下述方法切断电路。

①关闭电源。

②用干木棍使导线与触电者分开。

③使触电者和土地分离，进行急救时急救者必须做好防止触电的安全措施，手或脚必须绝缘。

> **安全知识互动**
>
> 1. 实验室安全事故的类别有哪些？
> 2. 使用设备溶剂需要注意哪些事项？
> 3. 在实验过程中不慎受伤，应立即采取哪些急救措施？

第三课　实习与创业安全

一、实习安全

实习，即把学到的理论知识拿到实际工作中去应用和检验，以锻炼工作能力。随着竞争的加剧，实习经历越来越受到用人单位的重视。但与此同时，大学生实习事故频发，影响了学生的身心健康。

> **典型案例**
>
> **大学生实习时受伤**
>
> 2023年6月，某高校男生张某，进行金属焊接实习时，未按要求戴防护眼镜，在清理电焊渣时违反操作规程，使温度极高的焊渣崩入眼睛，幸运的是仅造成眼角化脓，未伤及眼膜。7月，该校女生刘某在某工厂实习，一次操作机床时，未按规定戴好安全帽，低头时长发被转入高速旋转的车床中，造成头皮撕裂，落下终身残疾。
>
> （资料来源：以上信息为作者自行收集）

大学生在实习过程中因为疏忽大意出现的安全问题越来越多，给大学生造成了无法挽回的损伤，给企业和高校也造成了不好的影响。因此，大学生应该加强实习安全方面的知识学习。

（一）实习中的安全事故

实习是培养学生专业技能和职业素养的必要阶段，但是在实际工作环境中锻炼自己时，学生们容易因为没有实践经验和缺乏安全防范意识而出现安全问题。为了避免发生上述事故，一定要关注实习安全，做好安全防范，消除安全隐患。

（1）大学生在任何单位从事任何内容的实习，都要将安全放在第一位，时时提高警惕，培养安全意识和自我保护意识，一时疏忽可能影响一生。

（2）学校和实习单位要认真做好安全实习第一课，进行实习前的安全指导，提高学生保护自己的能力。要针对不同专业实习过程中容易发生的问题进行强调和强化训练，引起学生的注意和重视。

（3）实习前尽量了解可能发生的安全事故和存在的安全隐患，做到有备无患。

（4）无论是学校安排还是自己联系实习单位，在实习之前都要和实习单位达成相关协议，内容包括实习安全、实习报酬等方面。对实习的项目、内容、时间等都要有所规定，保证实习安全。涉及高危性的工作，实习生要学会拒绝，注意保护自己。遇到相关事故，要寻求法律的支持，将损失减少到最低。

（二）大学生实习事故发生的原因

近年来，随着我国高校实践教学力度的逐步加大，学生实习伤害事故的发生率也呈逐年上升的态势。大学生实习事故原因主要有以下几种。

（1）对实习设备不熟悉而造成操作失误，从而引发伤亡事故。有的学生对设备的操作不熟悉，在好奇心驱使下容易造成操作失误。例如，北京某大学学生在一家工厂实习时，由于对冲床的错误操作，造成其右手中指被切断。

（2）安全意识差，违反安全操作规程，引发伤亡事故。有的学生安全意识淡薄，违规操作机械设备，致使发生伤亡事故。例如，某高校学生金工实习进行金属成型加工，随意用脚踩开关，造成左手小指被扳机剪断；某医学院学生在进行毕业实习时，严重违反操作规程为患者注射抗生素，险些造成患者死亡。

（3）安全知识匮乏导致伤亡事故。由于学生对安全知识知之甚少，从而造成事故隐患。例如，机械零件加工过程中对工件尺寸的测量，要求必须在机床完全停止转动后才可进行；加工的铁屑只能够用铁钩清理，不允许用手直接清除。但这些基本知识却常常被学生忽略。

（4）未严格按要求穿戴工作服。工作服是实习学生进入实习场地必须穿戴的服装，不同实习场合的着装要求和着装的衣料区别也很大。但有的学生并没有按要求着工作服，而是随意着装，以致发生事故。

（三）大学生实习安全注意事项

实习过程中的安全事故不仅给实习生造成很大的伤害，也影响到了校企合作的积极性。因此，实习生在学校期间，要熟悉操作规程与操作程序，做到心中有数；学校应主动与实习单位沟通，设计学生实习的方案，争取实习单位的支持；实习单位要加强安全管理，健全安全制度，为学生的安全实习提供保障。通过大家共同努力，确保实习安全。

1. 实习学生注意事项

大学生在实习期间为保证自身安全和实习的顺利开展，应加强对实习安全注意事项的学习。

（1）自觉接受岗位安全教育和安全技术培训，遵守安全实习上岗制度。

（2）听取指导老师的安全操作规程教育，了解有关注意事项。增强自我防护意识，车工、金工等操作实习前必须穿好工作服、扎好袖口、戴好防护帽、防护眼镜，女生不准穿高跟鞋、裙子，不得以长辫、披发上岗；男生不准穿背心、短裤、拖鞋上岗。

（3）实习场地内严禁乱闯、喧哗、打闹，以免发生高空坠落、机械伤害等恶性事故，造成人员伤亡；不得动用他人的设备、器具。

（4）操作中发现不正常现象时，应及时向指导老师报告。准确了解实习单位内的特殊危险工区、地点及物品，避免发生意外事故。实习期间应服从实习指导老师、实习管理人员的管理和教育，未经同意，不得擅自启动实习设备。

(5) 严格按操作规程使用实习工具，不得擅自触摸带电的危险设备、设施和电路板。

2. 学校及实习单位注意事项

任何劳动都伴随着劳动风险。大学生在用人单位实习，实际参与劳动和工作，难免会遇到权益受损的情况，这些情况中最常见的是实习生在实习中身体健康受损和实习单位没有按约定提供实习条件或待遇两种情况。在校生外出实习是学校教学活动的安排，学校在预防大学生实习安全事故方面应提前做好预防，加强对实习大学生的监管，防范事故发生。

（1）学校在防范大学生实习安全事故方面应注意以下事项。

①学校应根据对实习单位综合情况的调查，提出各个实习点的重点管理目标对象、重点时段、重点场所及必要的措施。

②学校要有针对性地开展实习安全教育，让学生认识到自我保护的重要性，提高自我保护的自觉性和遵纪守法的自觉意识。

③学校应根据学生健康状况，提出不宜外出实习的学生名单。在给每个实习组进行编组时，要注意男、女生混合编组，尽量避免女老师、女学生单独编组，禁止一人单独进行野外实习。

（2）实习单位在防范大学生实习安全事故方面应注意以下事项。

①要加强学生实习期间的劳动保护，严格执行《中华人民共和国劳动法》和《未成年工特殊保护规定》，防止实习过程中发生意外事故。如果实习单位不具备有关法规所规定的条件，学生可以拒绝参加实习训练。

②实习单位在实习学生上岗前，应对其进行有关的劳动纪律、职业道德、生产安全、劳动防护的教育、培训，落实学生实习的指导老师，确定实习内容。没有接受过安全培训或安全培训不合格者，不能上岗。让实习生准确了解企业内特殊危险工区、地点及物品，避免发生意外事故。禁止同学间在实习现场相互嬉戏，以防发生高空坠落、机械伤害等恶性事故，造成人员伤亡。要求实习学生正确穿戴和使用劳动防护用品，不准穿钉有铁掌或铁钉的鞋，以防走路时与地面摩擦产生火花，引起火灾或爆炸。女同学的长发必须盘在头顶，且必须佩戴工作帽，以防头发被转入设备，造成伤亡；不准穿裙子、高跟鞋，以防在攀梯等时造成扭伤或摔伤。在实习现场时，不要随便触摸裸露的管道与设备，以防烫伤；更不要随便动现场的阀门与按钮，以防发生紧急停车、物料放空等生产事故，造成重大经济损失。

（四）大学生实习安全事故的应急处置

如果发生实习事故，应按以下方法进行处理。

（1）在实习过程中发生事故一定要冷静，尽快通知老师，听从老师安排。

（2）在实习、劳动过程中被划伤时，应迅速用干净的纱布等包住伤口，止住血，并立即送往医院；如果被铁钉扎伤，还应到医院打破伤风针。

（3）在实习、劳动过程中，不慎从高处或从楼梯上滚落扭伤关节、碰伤骨头时，千万不要随意移动，应保持着地姿势，并拨打急救电话。

（4）在实习过程中，发现同学触电，要迅速切断电源，千万不要用手去拉触电者，应设法用绝缘体挑开电线。如果发现触电者昏迷，应及时做人工呼吸，并送往医院进行救治。

（5）在实习过程中，如果手指轧入车床，或头发、衣角卷入车床，应立即关闭车床；如果发生断指、断臂的情况，应紧急包扎受伤处上部肢体止血，并迅速捡拾断指、断臂清洗后浸入生理盐水（切记不可浸入酒精或消毒液中），并立即送到医院救治。

实习安全需要全体师生的共同努力，教师在教学及指导过程中应及时发现并处理安全隐患，且需要学生的积极配合。只有从思想上真正地认识到安全的重要性，才能保证实习的安全。让安全观念在学生的思想上深深扎根。这既是实习教学的首要前提，也是我们的根本目的。

二、创业与社会实践安全

2015年5月，《国务院办公厅关于深化高等学校创新创业教育改革的实施意见》，允许在校大学生保留学籍，休学创新创业，这无疑是给广大有创业梦想的在校大学生吹来了一阵春风。在"大众创业、万众创新"的时代，这对于进一步挖掘大学生潜力、推动大学生自身发展、扩大社会就业、增加民众收入都具有重大意义。

在学校支持和学生自身的努力之下，大学生创业成功之花在各大高校竞相盛开。但是由于部分学生社会阅历较浅，自我保护意识相对薄弱，再加上社会经验不足、创业经验缺乏，也有不少大学生栽了跟头。因此，大学生不论是创业还是参与社会实践，都应该具备一定的安全知识。

大学生缺少法律意识背债百万元

2006年，秦亮（化名）经商失误，惹上了官司。纠缠了两年的案子终于二审判决，秦亮背上了100多万元的债务。

一、大四学生大胆创业

2003年，在上海大学读大四的秦亮通过熟人与中国联通上海分公司一级代理商上海美天通信科工程设备有限公司取得联系，并得知美天正准备推广CDMA校园卡业务。秦亮认为可以发动老师同学购买，盈利几乎唾手可得。由于美天要求必须同公司签协议，秦亮和几个同学又发动父母成立公司。耐不住孩子的恳求，三个下岗母亲在经济开发区注册了上海想云科技咨询有限公司。2003年3月，想云公司与上海美天签署了《CDMA校园卡集团用户销售协议书》，约定想云公司在上大发展CDMA手机及UIM卡进行捆绑销售，并约定想云公司对校园卡用户资料真实性及履行协议承担保证责任，用户必须凭学生证和教师证购买，一人一台等。如想云公司发展用户不真实，美天有权停机，想云承担不合格用户的全部欠费。

二、火热销售后欠费

在同学、老师的帮助下，秦亮的"生意"一下子很红火。秦亮一共发展了4 196户，按照与美天的协议，秦亮和想云公司可拿到10余万元的回报。但是美天刚支付给秦亮2万元钱后，2003年12月，联通公司发现想云公司递交的几百名客户资料虚假，有一部分根本不是校园用户，还有冒用别人身份证的，最终形成了大量欠费。美天为此赔偿联通442户不良用户的欠费52万余元，联通还扣减美天406部虚假用户和不良用户的手机补贴款28万余元及8万余元。美天将想云公司及秦亮起诉到法院，要求承担上述赔偿款项，另赔偿美天406部虚假、不良用户手机的补贴差价6万余元及未归还的手机价款15万余元和卡款5 100元，总计100万元左右。

三、一人承担所有债务

一审法院认定秦亮借用想云公司名义与美天签订销售协议，并发动几十名学生、教师发展介绍用户，并无想云公司人员参与，故秦亮与想云公司共同承担100万元的赔偿责任。和秦亮一起操作该业务的虽然还有很多人，但由于与美天的协议书上是秦亮的签名和想云的公章，秦亮也不想再牵连其他人进来，而想云公司本来就是为创业成立的公司，加上经营亏损，已被吊销营业执照，秦亮成了债务承担人。毕业两年都未找到工作的秦亮因生活困难，向法院申请缓交上诉费，法院予以准许。

（资料来源：以上信息为作者自行收集）

创业毕竟是项事业，有一定难度和很大的风险，所以更需要有法律进行保障。但目前的情况是，大学生在创业前很少认真了解与创业相关的法律内容，或者虽有所了解，但在实践中的众多环节上却忽视法律，在风险和利益同时存在的情况下，以赌博意识、投机心理和冒险行为替代理性的法律思维，以致造成一些惨痛的教训。案例中的秦亮一心只想着赚钱，而忽视了协议要求事项，最后一分钱没挣的他反背上了100多万元的债务。

近年来，在国家政策的大力扶持下，大学生创业风起云涌，正成为创新创业和经济发展的生力军。但是由于大学生缺乏社会经验，创业之路并不平坦，大学生在创业安全方面存在以下不足。

（一）大学生社会经验不足，容易被虚假信息蒙骗

一些不规范的中介机构利用学生想创业的心理，夸大事实，无中生有，以"低价加盟""低价转让""地区代理"等方式为诱饵，将门店转让或转租给大学生，当大学生接手经营后，才意识到上当受骗。因此，大学生在寻找创业信息时，要自行甄别，要查看这些"机构"或"企业"的相关资质和证件，善于发现疑点。只有确保真实无误后，才能签订协议、交付费用、索要票据。

（二）大学生急于求成，容易陷入非法传销

很多大学生对创业的理解还停留在一个美妙的想法与概念上，许多人还憧憬着通过所谓的"销售"发家致富。由于人们对传销的认识不够深入，对直销和传销的区别知之甚少，尚缺乏全民抵制非法传销的社会氛围。再加上一部分大学生急功近利，对生活的期望值过高，很容易被那些宣称能暴富的传销组织"洗脑"，上当受骗。同时，陷入传销组织的大学生被骗后无法索回交出的钱，但又想控制损失，于是越陷越深，不能自拔。

（三）大学生创业法律意识淡薄，维权意识差

当前，大学生创业的社会环境良好，发展趋势令人期待。但大学生更应注意到创业大潮中的创业风险问题，特别是法律问题和维权问题。在法治社会里，法律风险贯穿于大学生自主创业的始终。大学生由于自身经验和能力的局限，在创业过程中更容易受到法律风险的冲击。据调查，杭州高新区（滨江）的大学生创业企业中，有198家企业进行过法律培训或宣传教育，占企业总数的23.3%；只有18家企业有专职或兼职的法务人员或聘请过法律顾问，占企业总数的2.1%；不少大学生创业者甚至不知晓企业设立、经营过程中的基本法律法规。可见，法律意识淡薄是大学生创业的一个普遍现象。

特别是大学生创业者不与合作公司、合作伙伴签订协议，从而导致维权时缺少证据。有些大学生碍于民事诉讼所需花费的时间和精力，如果不是严重的权益受损，一般怠于维权。

三、大学生社会实践安全

> **典型案例**
>
> **大学生网上兼职被骗500万**
>
> 　　近日，上海某大学的学生小军，受人诱骗签下了一个500万的单子。骗子收钱后表示："发不了货！"众网友对还未毕业的小军表示同情并担心其前程。
>
> **单纯"小白"创业未半就被骗**
>
> 　　2022年年初，一直有着创业梦想的学生小军，通过微信，偶然认识到网友郑某。并且了解到他有苹果内部人员朋友，由此可以拿到七五折的苹果手机。小军心动了，在不断地接触下，郑某答应可以将他朋友介绍给小军，作为其供应商。让小军从郑某朋友处购买具有折扣的苹果手机，进行"低进高卖"，赚取其中的差价。
>
> 　　2022年3月，小军与供货方签订了一个协议，之后小军不断从网络上联系想要购买手机的人群进行集资。一直到6月，小军陆陆续续对郑某的转账已经达到509万。但供货方那边收到钱却迟迟不肯发货。起初对方以"6·18"活动期间订单太多，物流运作慢为理由，不进行发货。后来，对方又以上海订单积累过多、系统负担过于繁重为由，同样不发货。此时，由于供应商方面的不发货，而客户那边又催着货款或者货物，小军心里已经开始慌了。立即就要求郑某进行退款，但对方以七天之内退款为由又进行拖延。七天过后，对方又以货款资金较大为理由，不能退款！而且郑某表示：无法给小军提供订单号。这时小军心里就开始怀疑自己可能是被骗了！然后立即找到苹果官方求证，官方表示，如果按正常渠道进行下单，一定会收到订单号。如果缺货或者是未发货都会有相应的提示。此时的小军就彻底明白了，郑某收款后并没有下单，而是卷款跑路了！
>
> 　　家里人知道小军的情况之后，立刻选择报警。2022年7月19日，南宁市公安局经济犯罪侦查支队的工作人员表示，目前正在对该情况进行核实，是否涉嫌诈骗仍在调查过程中。2022年9月6日，南宁市公安局就此事发出立案公告书。
>
> **"真假难辨"套路多**
>
> 　　在整个案件过程中，骗子诱导获取他人信任方式层出不穷，行骗手段更是"高深莫测"。对于骗子而言，这种刚出社会，没有经验的学生最为好骗。他们通过社交软件，给自己塑造一个良好敦厚的人设，让小军放下对他的戒备心，同时通过长期不断的聊天，获得了小军的信任。
>
> 　　待时机成熟，就有意无意的刺激小军想要赚钱，想要自力更生的心理。欲擒故纵最得人心，骗子把自己演绎得很为难的样子，将小军一步步带到他提前设置好的陷阱里。在此过程中，充分的把握了人性。这就是骗子的"新手段"，将现代网络通信技术和人性的弱点相结合，实施犯罪。
>
> 　　在聊天过程中骗子最擅长把握节奏，就例如他介绍好的供应商，提供货源，然后通过怎样的方式进行获利，这些方法全都交给小军，还不让小军察觉到，最终一步一步地将受害者带入深渊！
>
> （资料来源：科普ROOM2022-09-12）

以上例子中，小军被骗的原因，笔者总结了以下三点。

第一点，小军作为一个刚出社会的大学生，社会经验和阅历不足。不能盲目地去创业，更不能盲目地相信一个陌生人所说的话。他就错在太容易相信别人。

第二点，小军作为一个成年人，没有用最基本的理智去判断这件事情的真实性。如果说要创业，首先肯定是要进行前期的市场调研。一般来说卖手机，毛利率只能达到10%左右。如果按七五折的价格进货，按原价来卖。那这个毛利率可以达到25%左右，这个天上掉馅饼的事情怎么可能发生呢？小军连这么基础的市场调研都不去做，如何能不被骗？

第三点，盲目自大，只看收益，不看风险。如果说小军只是向骗子小额投入自己的成本，以此来赚取大学生活费的话，就算被骗，那也是在可承受范围之内。但是，小军已经被庞大的利益所蒙了双眼，根本就不考虑筹集了这么多资金，如果一旦中途出现什么差错。这可不是他一个普通大学生能够承担得起的！

就算郑某被逮捕，但那一份钱也不可能一分不少的回来。这是因为小军对郑某的转账，并不是一次性汇款结清，而且并没有及时报警追查。要知道，骗子背后都有着一定规模的洗钱组织，当骗到钱之后。他们会通过各种看起来正规合法的手段，将来历不明的钱财给洗白。这就导致了警方在追溯钱财的过程中困难重重！所以像小军这起诈骗事件，一般情况下，追回钱财的概率小的可怜。毕竟已经过去几个月了，足够骗子背后的洗钱组织将钱洗的一干二净！

此时的小军还未毕业，就已经背负500万元的巨债。这难免让我们不为他的前程担忧，这500万元无疑是破坏了一个普通家庭的安稳，同样也摧毁了一个刚毕业的青年大学生的未来！

近年来，我国高校学生社会实践工作不断得到推进和发展，社会实践已经成为大学生业余生活的重要组成部分。大学生利用双休日或假期开展社会实践，人数日趋增多，特别是高职高专类学生，他们所学以技术型、应用型为主，强调实践能力，社会实践就成了他们很好的选择。这既有利于培养大学生的劳动观念、自立精神及实践动手能力，也有利于改善大学生的学习条件。在参加社会实践过程中，由于部分学生社会阅历较浅、自我保护意识相对薄弱，致使产生很多安全问题。

（一）大学生社会实践的领域

社会实践是指学生利用课余时间参加，以培养自立能力、获得报酬为主要目的的一种服务和劳动。当前大学生社会实践涉及的领域比较广，概括起来主要有以下三种类型。

1. 科技、智力服务

结合大学生具有一定专业知识技能的特点，利用自己所学的专业知识和掌握的技能为社会提供有偿服务。学校可以组织学生承担助教、助研、助管工作，也可以组织理工科学生参与工程项目的研究设计、新产品的研制和开发，例如，计算机系学生可利用计算机应用方面的专业知识为企事业单位设计计算机应用软件；美术专业学生可利用美术专业知识为厂家设计、制作产品广告；还可组织文科学生广泛地开展社会调查，为地方的经济社会发展发挥积极作用。

2. 家教等文化服务

这是师范院校学生开展社会实践最为主要的内容之一。改革开放以来，随着经济的发展、生活水平的提高，特别是家长对子女的期望值越来越高，人们越来越重视文化教育。

于是，家庭教师应运而生。师范院校学生从事家教活动从某种意义上说也是一种实习，对巩固专业思想、提高学习自觉性都有积极的促进作用。

3. 劳动服务

大学生不仅具有专业知识和技能，还有精力充沛的特点。应组织学生从事力所能及的体力劳动，如安排学生从事校园文明行为的执勤、治安巡逻、自行车棚的管理，以及帮助图书馆、资料室、实验室进行整理等辅助性的工作。

（二）大学生社会实践存在的安全问题

大学生社会阅历尚浅，有急于找到社会实践岗位的心态，部分学生还有就业和生活的压力，加之目前大学生缺乏安全教育方面的实践，社会上一些不法分子借此将他们作为侵害的主要对象。大学生社会实践存在的安全问题，主要体现在以下几个方面。

1. 上当受骗和被敲诈

个别大学生由于社会经验不足，缺乏应有的警惕意识，联系社会实践工作时，没有通过正规渠道，轻信人贩子的花言巧语，被拐卖到交通闭塞的山区，后来被解救。此事虽是个案，但教训是深刻的。非法传销组织者看好的"五同四友"（同学、同事、同乡、同宗、同好、室友、战友、朋友、酒友）和五类最佳发展对象，都将大学生作为发展下线的主要对象。他们以招聘为名，迎合一些大学生急功近利的心理，向他们灌输"一夜就能暴富、人人能成功"等谬论。1998年4月国家明令禁止后，仍有不少大学生误入歧途。

2. 遭到伤害，走上违法犯罪之路

有的大学生在社会实践过程中因为对周围环境不熟悉等，容易发生交通事故，以及被盗窃、被抢劫的情况，有的甚至可能会遭到性骚扰和性侵害。有的大学生因社会实践的失败而自卑，怀疑自己能力而失去信心等，在困难和失利面前屈服而走向犯罪，甚至走向自残或自杀。有的大学生在社会实践过程中被骗后，为挽回损失也不择手段地欺骗其他人，有的甚至进行诈骗活动，最终遭到法律的制裁。

四、大学生创业与社会实践安全事故的预防与处置

（一）大学生创业需要注意的问题

（1）要有成熟的心理准备，学会甄别社会上的一些虚假信息，寻找最适合自身的创业项目。

（2）不要急于求成，要保持平稳的创业心态，面对项目选择时要多加思考，不要误入传销。

（3）不要过于相信自有创意项目或者自有专利技术、成果一定能创业成功，而是要进行充分的市场研究；最好不要单打独斗，要有自己的创业团队，要学会用政策、法律保护自身的权益。

（4）大学生创业遇到自身权益受损或其他困难时，应拿起法律武器进行维权或与老师、家长进行沟通共同处理。

大学生社会实践项目很多，如家教、暑期三下乡、参加社会公益活动等。家教是比较普遍的社会实践项目，据某刊物抽样调查显示，大学生做家教的原因中，经济原因占46.9%，培养教学能力的占31.6%，增加社会阅历的占18.4%，打发空闲时间的占3.1%。

大学生做家教不仅可以锻炼自己，提高能力，而且能减轻家庭经济负担。然而，由于目前家教市场还存在许多不规范、不完善的地方，同时，大学生还没有真正地接触社会，思想比较单纯，一些不法分子利用大学生社会实践的急切心理，通过一些不正规途径向在校大学生发布虚假家教信息，以骗取钱财。

（二）大学生做家教时要注意的安全问题

（1）应选择正规渠道。大学生找家教一定要通过正规的渠道，如学校的社会实践中心、正规的家教服务机构、大型的人才市场等，通过街头举牌、散发和张贴小广告等方式很容易被不法分子利用。

（2）面对社会上中介市场良莠不齐、鱼龙混杂的状况，大学生在交换意见、签订协议时，应仔细研究对方提出的要求和协议中的条款，不要匆忙允诺或签字，以防上当受骗。

（3）认清家教职责，不要轻易缴纳各种费用。

（4）由于大学生白天上课，不少人都是在晚上做家教工作，这就要求大学生第一次正式工作之前应先熟悉周围的环境，尽量利用双休白天时间出去工作。

（5）由于家教工作大都在校外进行，所以要注意交通安全，最好乘坐公共交通。

（6）在做家教过程中，大学生要注意文明礼仪、自我保护，不得随便动用雇主家的物品，不要住在雇主家里，避免发生意外。

（三）大学生在做其他社会实践劳动服务时应注意的问题

（1）遵纪守法，依照学校规定和工商行政管理法规，凭诚实劳动获得报酬。

首先，要熟悉有关法律法规，遵纪守法。其次，依法保护自己。大学生社会实践应当以诚实的劳动和服务，获得的收入应当受到法律保护。在社会实践时最好先了解有关法规，熟悉校内有关规定，明确自身行为的依据，并以此维护自身的正当权益。

（2）有组织地开展社会实践活动。参加社会实践活动最好是有组织地进行，这样可以避免或减少失误、上当的可能。当然，统一组织并非限定为全校统一行动，而是指加强组织观念，根据组织的安排进行活动，以确保活动顺利、合法开展。

（3）社会实践要量力而行，避免风险。大学生进行社会实践时要找适合自己的内容，如做家教、参加学校内部的劳务、参加学校治安服务工作等，千万不要盲目找一些赚钱较多但风险较大的工作。

（4）少部分大学生会在假期从事以体力劳动为主的社会实践工作。参加这些劳动时，稍有不慎就可能发生意外。某高校一男大学生张某利用暑假时间在一私人建筑队打工，由于工地安全保护设施不完善，从未完工的建筑物掉下一块砖头将他当场砸昏迷，脱离生命危险之后留下了极为严重的脑震荡后遗症。所以，在进行此类有危险性的实践工作时，一定要注意人身安全或者最好不要参与。

> **安全知识互动** »
>
> 1. 大学生实习时应注意哪些事项？
> 2. 大学生参加社会实践存在的安全问题有哪些？
> 3. 大学生创业与实践时应注意哪些问题，以确保自身安全？

第八讲
生命安全 重于一切

素质教育导读

作为新时代的大学生，我们在生活中也要时刻注意自己的安全，包括在外面就餐、露宿时注意饮食卫生，养成勤洗手、爱整洁的生活习惯，自觉规避一些不必要的传染源，并在发现电梯失灵、公交失控、恐怖袭击以及泥石流、地震等险情发生的时候，及时逃生。无论处在多么凶险的境地，一定要记得，确保自己的生命安全，如若遭遇险情，一定要沉着冷静，高度警惕身边的风吹草动，伺机自救。

案例导入

飞来横祸！地铁自动扶梯上突然掉下拉杆箱

好端端踏上地铁站内的自动扶梯，不想竟遭遇"飞来横祸"，被飞速坠落的拉杆箱砸倒，致头破血流、寰椎骨折。拉杆箱缘何坠落？伤者损失谁来承担？

案件回顾：

15岁中学生小李拖着行李拉杆箱，乘坐地铁站内的自动上行扶梯。由于小李边乘扶梯时双手拿着手机低头看，未拉好拉杆箱，一不留神，拉杆箱从自动扶梯上端快速滑落，砸中刚踏上自动扶梯的沈阿婆，导致沈阿婆头骨开裂、寰椎骨折，当场被送到医院救治。

后沈阿婆向法院起诉，要求小李及其监护人承担赔偿责任。

小李及其父母辩称，事发时沈阿婆头向右看，没注意到拉杆箱坠落，理应减轻小李的赔偿责任。经审理，法院认为：小李乘自动扶梯时低头看手机，未拉住拉杆箱导致箱子滑落砸伤他人；小李虽为限制民事行为能力人，但对拉杆箱滑落致人损害后果的发生具有预见的可能，故小李存在过错，沈阿婆受伤与小李的过错存在因果关系。针对被告辩称的，事发时沈阿婆头向右看的情况；法院认为，虽然沈阿婆头向右看，但在扶梯向上运行的情况下，沈阿婆没时间、也没空间避让；故小李对沈阿婆构成侵权，应当对沈阿婆的损害后果承担全部赔偿责任。

法院最终判决：小李及其监护人，赔偿沈阿婆全部损失2万余元。

（资料来源：上观网 2022-08-24）

案例点评:

文明安全出行、避免伤害事故是每个公民应尽的义务。若行人违反注意义务而损害他人权益,应当承担赔偿责任。本案中,小李携带拉杆箱应优先选择搭乘无障碍电梯,即使搭乘自动扶梯,也应尽到注意义务,确保拉杆箱处于安全状态。

自动扶梯广泛应用于机场、车站、商场等公共场所,为行人出行提供便利的同时,也存在一定安全隐患。行人搭乘自动扶梯应做到以下两点:

(1) 遵守使用规则,注意扶梯的警示标识及使用提醒,听从工作人员或广播语音的指挥、引导;

(2) 乘梯时要集中注意力,避免低头看手机、接听电话等行为,携带大件行李者应选择无障碍电梯。

第一课 饮食与健康安全

一、食物中毒的含义及分类

(一) 食物中毒的含义

食物中毒是由于摄入了含有生物性、化学性等有毒有害物质的食品或者把有毒有害物质当作食品摄入后出现的非传染性的急性、亚急性疾病。但并不是所有的因为食品所引起的疾病都是食物中毒。

(二) 食物中毒的种类

同时食物中毒也是吃了含有有毒物质的食物或误食有毒有害物质后出现的一类非传染性的急性疾病。

根据有毒物质的不同性质,我们一般将食物中毒分为四类,包括细菌性食物中毒、真菌性食物中毒、动植物性食物中毒、化学性食物中毒。

1. 细菌性食物中毒

细菌性食物中毒为最常见的一类,主要体现为吃了含有某种致病细菌或细菌毒素的食物而引起的中毒。

2. 真菌性食物中毒

真菌性食物中毒主要体现为吃了发霉的农作物而引起的中毒,如赤霉病麦中毒、霉变甘蔗中毒等。

3. 动植物性食物中毒

动植物性食物中毒主要体现为吃了有毒动物、植物而引起的中毒,如河豚中毒、毒蘑菇中毒等。

4. 化学性食物中毒

化学性食物中毒主要体现为不小心吃了有毒化学品而引起的中毒,如亚硝酸盐中毒、农药中毒等。

据世界卫生组织统计、全世界每年有数亿人因食物污染而患病，发病率为5%~10%。食物中毒是由于吃了有毒食物而引起的，例如，不要随意采集自己不熟悉的野生植物使用；在没有十足把握的前提下，应该将安全置于首位，放弃食用，绝不能抱一丝侥幸心理，铤而走险。危害性较大、被污染或有毒的食物通常在外观上与正常的食物没有明显的区别，学生凭感官往往不易判别。如果不了解预防食物中毒的常识，就有可能成为受害者。食物中毒轻者可使人体健康受到损害，重者会导致死亡。由此可见，人的健康与饮食的卫生关系重大，如何科学、合理地把握好饮食关，是人们越来越重视的一个问题。

二、学生怎样预防食物中毒

典型案例

需警惕！！！女子吃凉皮后中毒身亡？

近日，河南永城市两名女子吃凉皮后中毒致1死1伤的消息，引发广泛关注。医生向家属表示，两人是米酵菌酸中毒。

其实，早在2020年10月，黑龙江鸡西市东县某家庭，因食用酸汤子，致8人抢救无效身亡。当地警方调查得知，该酸汤子食材为该家庭成员自制，且在冰箱中冷冻近一年时间。经流行病学调查和疾控中心采样检测，在玉米面中检出高浓度米酵菌酸，同时在患者胃液中亦有检出。

米酵菌酸是致死率最高的细菌毒素之一，病死率达40%以上，潜伏期一般为30分钟至12小时。

夏季食物中毒高发，如何预防？

目前天气炎热，温度高，湿度大，适合细菌繁殖，食物很容易腐败。加之苍蝇蚊虫等叮咬，污染食物，一旦吃了被病菌污染的食物，就可能引起食源性疾病。

食源性疾病患者往往有腹泻、恶心、呕吐、腹痛、脱水、休克等症状，严重的患者甚至可能会因器官衰竭而死亡。夏季常见的食源性疾病包括：细菌性的、化学性的、有毒动植物性的、真菌及毒素性的等。

吃不完的食物放冰箱会不会有细菌？

冰箱是一个封闭环境，放置其中的食物一旦腐败，细菌便会大量滋生。还有一些细菌并不"害怕"冰箱的寒冷，一般情况下，家用冰箱的常用冷藏温度是4℃至8℃，在这种环境下，大部分细菌生长缓慢，但有些细菌却喜欢冷的环境，比如李斯特菌、耶尔森菌等，它们在这种温度下反而能迅速生长繁殖。

冷藏会滋生细菌，冷冻也同样不是"高枕无忧"的储藏手段，因为冷冻并不能完全杀死细菌，有些细菌只是进入休眠状态，一旦解冻，这些细菌便又会恢复活力。

所以，我们储存在冰箱中的食物时间不要过长，一些放置较久的食物要及时清理，以免腐败变质。

如何预防细菌性食物中毒？

第一，选择新鲜、无变质的食品。购买肉、海鲜等食物时，应注意新鲜度、有无检疫部门的检疫章。不要购买来源不明的畜禽肉和随意食用病死动物和禽类，更不要购买变质的食品。

第二，控制细菌繁殖。把食品买回家后要及时放进冰箱冷冻、冷藏。冷藏食品之间要有间隙。如果没有冷藏设备，可采用盐腌的办法，加 8%～10% 的食盐腌一下，摊放在阴凉、通风处也可控制细菌繁殖。

第三，及时加工食品。食物在食用前应充分清洗和浸泡，新鲜食品及时加工，尤其是肉类、水产品等更应如此，这样可有效地预防食物中毒。

第四，缩短存放时间。贮存食物要生熟分开，预防交叉污染。烹调好的食品，应尽量缩短存放时间，最好现做现吃。特别是熟肉制品在无冷藏的条件下，存放时间不宜超过4个小时。

第五，不吃隔顿的凉拌菜和剩饭剩菜。若真的要吃，食用前应进行彻底加热处理，煮熟煮透。外购食品或隔夜熟食更要煮透后再食用。

第六，对于火腿、熟肉以及罐头等食品，罐头的两端若有膨胀现象，或色、香、味改变的食品，应禁止食用，即使煮沸也不宜食用。

（资料来源：澎湃新闻 2023-07-17）

（一）养成良好卫生习惯

增强自我防范意识，提高对食入不洁或有毒食物严重危害性及可能性的认识。不在饮食卫生条件不好的餐馆、小吃店、摊点进食。养成饭前便后要洗手的良好卫生习惯。不良的个人卫生习惯会把致病菌从人体带到食物上去。比如，手上沾有致病菌，再去拿食物，被污染的食物就会进入消化道，引发细菌性食物中毒，从而引起腹泻。装有消毒剂、杀虫剂或鼠药的容器用后一定要妥善处理，防止误用而导致中毒。不到没有卫生许可证的小摊贩处购买食物。饮用符合卫生要求的饮用水。不喝生水或不洁净的水，最好是喝白开水。

（二）选择新鲜和安全的食品

购买食品时，要注意查看其感官性状，是否有腐败变质。尤其是对小食品，不要只看其诱人的外表，还要查看其生产日期、保质期，是否有厂名、厂址、生产许可证号（QS号）等标识。不能买过期食品和没有厂名、厂址的产品。否则，一旦出现质量问题无法追究。

（三）食品在食用前要彻底清洁

生吃瓜果要洗净。瓜果蔬菜在生长过程中不仅会沾染病菌、病毒、寄生虫卵，还有残留的农药、杀虫剂等，如果不清洗干净，不仅可能染上疾病，还可能造成农药中毒。需加热的食物要加热彻底，如菜豆和豆浆含有皂苷等毒素，不彻底加热会引起中毒。

（四）尽量不吃剩饭菜与霉变食物

对于头天留存的剩饭剩菜，如需食用，应彻底加热。剩饭菜、甜点心、牛奶等都是细菌的良好培养基，不彻底加热会引起细菌性食物中毒。

不吃霉变的粮食、甘蔗、花生米（粒上有霉点），其中的霉菌毒素会引起中毒。

（五）提倡体育锻炼，增强机体免疫力，抵御细菌的侵袭

强健体魄是体育运动的好处之一，适当运动有助于促进血液循环，减少心脑血管疾病的发生，改善呼吸系统；坚持体育锻炼，还能增强免疫力，减少疾病的发生；体育运动还能减少脂肪的堆积，达到健美的效果。此外，当我们在运动时，与肌肉有关的脑细胞处于

兴奋状态，使大脑皮质管理思维的部分得到了休息，有利于缓解脑疲劳。运动还可以锻炼神经系统对疲劳的耐受能力和对外界环境的适应能力。

三、日常饮食注意事项

（一）菠菜与豆腐长期同时食用易患结石症

豆腐里含有氯化镁、硫酸钙这两种物质，而菠菜中则含有草酸，两种食物遇到一起可生成草酸镁和草酸钙。这两种白色的沉淀物不能被人体吸收，不仅影响人体吸收钙质，而且还容易患结石症。医生也建议如果两者能分开吃，营养吸收会比较好。

（二）鸡蛋与豆浆搭配会降低蛋白质吸收

生豆浆中含有胰蛋白酶抑制物，它能抑制人体蛋白酶的活性，影响蛋白质在人体内的消化和吸收。鸡蛋的蛋清里含有黏性蛋白，可以同豆浆中的胰蛋白酶结合，使蛋白质的分解受到阻碍，从而降低人体对蛋白质的吸收率。

（三）牛奶与巧克力配合不利于吸收

牛奶含丰富的蛋白质和钙，巧克力则含草酸，若二者混在一起吃，牛奶中的钙会与巧克力中的草酸结合成一种不溶于水的草酸钙，降低营养物质的吸收。

（四）水果与海鲜同时食用不容易消化

吃海鲜的同时，若再吃葡萄、山楂、石榴、柿子等水果，就会出现呕吐、腹胀、腹痛、腹泻等。因为这些水果中含有鞣酸，遇到水产品中的蛋白质，会沉淀凝固，形成不容易消化的物质。人们吃海鲜后，应间隔4小时以上再吃这类水果。

（五）火腿与乳酸饮料搭配容易致癌

常常吃三明治搭配优酪乳当早餐的学生要小心，三明治中的火腿、培根等和乳酸饮料（含有机酸）一起食用，容易致癌。为了保存香肠、火腿、培根、腊肉等加工肉制品，食品制造商会添加硝酸盐来防止食物腐败及肉毒杆菌生长。当硝酸盐碰上有机酸（乳酸柠檬酸、酒石酸、苹果酸等）时，会转变为一种致癌物质——亚硝胺。

（六）海鲜与啤酒搭配容易诱发痛风

人们在吃海鲜的时候喜欢就着啤酒一块吃，这样是比较危险的。因为海鲜是一种含有嘌呤和苷酸两种成分的食物，而啤酒中则富含分解这两种成分的重要催化剂——维生素B1。如果吃海鲜时饮啤酒，会促使有害物质在体内的结合，增加人体血液中的尿酸含量，从而形成难排的尿路结石。如果自身代谢有问题，吃海鲜的时候喝啤酒容易导致血尿酸水平急剧升高，诱发痛风，以致出现痛风性肾病、痛风性关节炎等。

（七）混搭食物小知识

1. 水果和海鲜

虾蟹类和海鲜，忌维生素。虾、蟹等食物中含有五价砷化合物，如果与含有维生素C的水果同食，会令砷转化成三价砷，也就是剧毒的"砒霜"，危害甚大。长期食用，会导致人体中毒，免疫力下降。少量食用会导致腹泻，常年在体内积累严重可导致死亡。所以吃完海鲜或者水果后要注意一定不能混在一起吃。

2. 酸味水果与甜味水果不可一起吃

亚酸味水果可与酸味、甜味水果同食，酸味水果则不可与甜味水果一起吃，因为酸味水果会干扰甜味水果的顺利消化，延迟胃的排空，导致甜味水果的果糖成分长时间与胃酸接触并起作用，造成过度发酵，引发腹胀不适。水果简单分为酸味、亚酸味、甜味具体如下。酸味水果有葡萄柚，橘子，梨，奇异果，柠檬，青苹果，草莓；亚酸味水果有番茄，红苹果，荔枝，葡萄，桃子；甜味水果有木瓜，甘蔗，西瓜，香蕉。

3. 咖啡和酒精

（1）酒精忌咖啡。酒中含有的酒精，具有兴奋作用，而咖啡所含咖啡因，同样具有较强的兴奋作用。两者同饮，对人产生的刺激甚大。如果是在心情紧张或是心情烦躁时这样饮用，会加重紧张和烦躁情绪；若是患有神经性头痛的人如此饮用，会立即引发病痛；若是患有经常性失眠症的人，会使病情恶化；如果是心脏有问题，或是有阵发性心跳过速的，将咖啡与酒同饮，很可能诱发心脏病。一旦将二者同时饮用，应饮用大量清水或是在水中加入少许葡萄糖和食盐喝下，可以缓解一下不适症状。

（2）解酒忌浓茶。有些朋友在醉酒后，饮用大量的浓茶，试图解酒。殊不知茶叶中含有的咖啡因与酒精结合后，会产生不良的后果，不但起不到解酒的作用，反而会加重醉酒的痛苦。

4. 蜂蜜和大葱

在吃完含葱的食物后一定不要立刻喝蜂蜜，因为这两样食物的混搭会随时要了你的命。尤其是生葱和蜂蜜一起，食用少量即可令你上吐下泻，食用过多则可能立刻毙命，如果不小心服用导致上吐下泻，也不要着急，用焦米磨碎后和二两粉状甘草混合服下，焦米止腹泻甘草解百毒。

5. 蔬菜和肉

蔬菜食用不当也会令人产生不适反应，如黄瓜与花生同食会腹泻；洋葱加蜂蜜对眼睛有害；萝卜和木耳可诱发皮炎。紫菜如在发水后呈蓝紫色，切不可食用，因为这种紫菜已经被一种叫环状多肽的有毒物质污染了。另外，有些人偏爱腌制不久的酸菜，其实这是不正确的。蔬菜在腌制的时候，有时由于用盐不足，一些细菌没有被完全消灭，它们会把蔬菜中的硝酸还原成有害的亚硝酸盐。所以，腌制酸菜最好隔半个月时间再开坛食用。此外，鲤鱼与甘草、甲鱼与苋菜、鸡肉与菊花、杨梅与鸭肉、芥菜与兔肉、冬瓜与鲫鱼、猪肉与芝麻花、牛肉与香附子等都不宜同食。

6. 及时就医

生活中还有很多食物相生相克，在日常生活中一定要注意，如果发现什么不良状况，一定要及早就医，以免带来生命危险。

（八）一日三餐小知识

生活中人们吃东西除了达到饱腹的目的，最重要的一点还是要注意食物中营养的吸收。所以一日三餐中的营养搭配也是非常重要的，一定要结合个人的身体情况来制定专门的营养套餐。从营养层面上而言也有专门的一日三餐营养搭配表。

一般来说，一日三餐的主食和副食应该粗细搭配，动物食品和植物食品要有一定的比例，最好每天吃些豆类、薯类和新鲜蔬菜。一日三餐的科学分配是根据每个人的生理状况和工作需要来决定的。按食量分配，早、中、晚三餐的比例为3∶4∶3，如果某人每天吃

500克主食，那么早晚各应该吃150克，中午吃200克比较合适。

1. 早餐：牛奶燕麦粥+煮鸡蛋+青菜

燕麦粥，粗燕麦需要水煮或者加入水中用微波加热，这样做是为了让燕麦更好软化。喜欢有甜味的朋友可以在其中加入新鲜苹果丁、葡萄干。看似简单的早餐，其实大有学问。燕麦粥可以帮你降低胆固醇，鸡蛋含有丰富蛋白质，而青菜含有大量的维生素。这是一份高谷物、高纤维的早餐。

2. 午餐：海鲜/鸡肉+新鲜蔬菜+谷薯类主食（煮玉米）

午餐在一天的生活中起着"承上启下"的作用，因为营养的搭配不可忽视。海鲜或鸡肉低脂且蛋白高，而蔬菜可提供氧化素，保证身体里维生素C和维生素E的正常含量。这样能够降低心血管疾病、肥胖症和高血压病的发病概率。用来作为主食的玉米里含有充足的碳水化合物能够为你提供足够的能量。

3. 晚餐：煲汤/粥品+绿茶

晚餐前小食（下午加餐），一包蛋白粉+柚子/梨/苹果。晚餐应该少吃，但是完全不吃是不对的，而是要吃得精致点。苹果被称为"水果之王"，它含有丰富果胶，食用苹果有良好的润肠促消化作用，而蛋白粉是身体强壮的燃料，在冬天能让身体更耐寒。煲汤或粥品都可以选择广式的，广式粥和汤是出了名的营养丰富。另外，在晚间九点之前饮绿茶，在防饥饿的同时提升了基础代谢。

四、食物中毒后的自救措施

如果发现自己或者身边的人出现腹痛以及伴发恶心、呕吐、发烧、拉水样便等疑似食物中毒症状时，应立即停食用可疑食物，并立即拨打120呼救，在专业医生到来之前，可以采取以下自救措施。

1. 催吐

对中毒不久而无明显呕吐者，可用手指或圆钝的勺柄刺激中毒者舌根部的方法催吐，或让中毒者大量饮用温开水并反复自行催吐，以减少毒素的吸收，催吐越早越好。经大量温水催吐后，呕吐物已为较澄清液体时，可适量饮用牛奶以保护胃黏膜。如在呕吐物中发现血性液体，则可能出现了消化道或咽部出血，应暂时停止催吐。

2. 导泻

如果患者吃下中毒食物的时间较长（超过两小时），精神尚好，可采取服用泻药的方式，促使有毒食物排出体外。

以上处理只是为治疗患者争取时间，在紧急处理后，患者应该马上入院进行专业治疗。

3. 资料提供

需要强调的是，一旦高度怀疑食物中毒，应注意提供以下资料给医生。

（1）食物的名称，是水剂还是固体食物。
（2）患者的吞食量是多少。
（3）从吞食到采取措施时的时间间隔有多久。
（4）保留残留食物，并及时送当地卫生监督部门进行定性检验。如果身边没有食物样本，也可保留患者的呕吐物和排泄物，以方便医生确诊和救治。

> **安全知识互动** >>
> 1. 食物中毒的种类有哪些？
> 2. 怎样防范食物中毒？
> 3. 食物中毒后，该如何自救？

第二课 远离各种传染病

一、校园传染病的流行特点

高校是人群集中且人群年龄结构特殊的场所，近年来由于种种原因，高校突发公共卫生事件频频发生，尤其是传染病的暴发与流行在高校时有发生。高校一旦发生传染病疫情，如果防控不当，将迅速流行蔓延，造成严重后果，不仅影响到学生的身心健康和学业；疫情严重时，还会影响到高校正常的教学秩序，如被迫采取停课、停学措施等。

（一）紧迫性和危害性

1. 紧迫性

高校疫情的发生，紧迫性是其主要特征。当疫情发生须第一时间处理，是否处理及时直接影响疫情的发展趋势。如果不能在第一时间采取有效措施加以阻止，很可使疫情发生升级，造成更严重的损失和人身危害。

2. 危害性

此外，危害性是重大疫情的本质特征。重大疫情的发展迅速，可以仅在一日之内就使一个城市的感染人数和疑似病例就增加上千人，潜在的危害性令人震惊，如果疫情发生在人员高度密集的高校，其后果难以想象，将对学校乃至本地区造成的影响也就可想而知。

（二）突发性和公共性

1. 突发性

传染病疫情具突发性特征，疫情一般前期无明显征兆，或是隐蔽性较强，不易觉察。重大疫情的发生都存在量的不断累积，最后导致发生质变的过程，如果没有在量增加的前期捕捉到信息，很有可能发生质变，演变成重大疫情进而难以处理。

2. 公共性

公共性体现在疫情一旦发生，可以在公共场合迅速传播，可能涉及公共场所的所有人员。突发性和公共性容易造成高校陷入被动和恐慌。实际上，在处理高校重大疫情时，应该因地制宜，快速反应，精准施策。

（三）传播性和衍生性

1. 传播性

高校一旦发生疫情，由于其人员密集的特点，其疾病的传播性会比其他场所更强大，传播性会随时间、处置能力而迅速发展，可能在一夜之间波及众多学生，可能导致出现局势失控的局面。此外，随着网络时代的到来，重大疫情的新闻舆情传播性也随之加快，高校疫情会通过不同渠道被广泛传播，造成较大的社会影响。

2. 衍生性

高校如果不能及时有效的处理好疫情，就很可能使事态持续扩大，发生不可逆，衍生为新的社会不稳定事件，可能引发其他方面的社会矛盾，从而引起更为严重的后果。

二、校园常见传染病的类型

（一）流感

流行性感冒简称流感，是由流感病毒引起的急性呼吸道传染病，具有很强的传染性。流行性感冒是大学里最常见的传染病之一。流感病毒传染性强，一年四季均可发病，以冬春季节为主。其流行与人群密集程度和流动情况有关，如教室、图书馆、宿舍、食堂人群集中，加上大学生经常外出活动，极易引起传染。流感的传播途径以空气、飞沫直接传播为主，也可通过被病毒污染的物品间接传播。

常见症状，以发热、全身中毒症状为主。高热39℃~40℃，持续4~7天；伴畏寒或寒战、头痛、关节痛、肌痛、全身不适及纳差等。患者面颊潮红、眼结膜轻度充血、咽部充血，肺部听诊多为正常。退热后全身症状逐渐好转，但病后感觉软弱倦怠，往往两周后才能完全康复。

由于流感病毒不断变异，世界各地不断有流感的散发流行和暴发。一旦有新毒株出现流行可能迅速波及全球。因此，必须对全世界的流感流行情况进行监测，随时掌握世界流感流行动态及毒株变异情况，以便及时采取有效预防措施。

典型案例

大一女生游园后感染流感

某校大一女生张某参加完学校的游园晚会，回到寝室后突然感觉嗓子发痒，很快喉咙发炎肿痛，吞咽唾沫都痛，时而还有浓痰咳出，第二天开始流鼻涕，咳嗽加重，并伴有头痛、发烧等症状，整个人感觉浑身乏力，只想睡觉。后在室友的陪同下来到校医院就诊。经医生诊断，张某患了流行性感冒。该医生反映，最近几天因患流行性感冒前来就诊的学生人数不断增加。

在此特别提醒同学们：一旦患上感冒，要及时去医院就诊，并注意个人卫生，保持室内的通风，加强对流感的预防。

（资料来源：大学生安全教育，李晓林主编，第2版）

流行性感冒是由流感病毒引起的急性呼吸道传染病，其特点是起病急传染性强，流行广泛，传播迅速，易引起流行。流感是通过飞沫传播的。当病人咳嗽、打喷嚏及大声说话时，病毒随飞沫喷到病人周围空气中，侵入正常人的鼻黏膜而进行传染，与尘埃及日常用品的间接接触也有可能感染流感。疫苗接种是防控流感的主要方法。与此同时，还应注意以下几点。

第一，发现流感病人应及时隔离治疗，减少传播，降低发病率。

第二，流行期间不搞大型集会和集体活动，不到或少到公共场所活动，互相接触时戴口罩。

第三，平时加强营养，加强户外活动，锻炼身体，增强对流感病毒的抵抗力。

第四，病人应卧床休息，多饮水，进食可口清淡的流质或半流质食物。

第五，在发病的早期可服用抗病毒药物及对流感病毒有抑制作用的中草药制剂，减轻症状。目前尚无确切有效的抗病毒药物，高热病情较重者可输液，并进行物理降温，如合并有细菌感染者，应使用抗菌药物。

（二）甲型肝炎（简称甲肝）

病毒性肝炎是由多种肝炎病毒引起的以肝脏病变为主的一种传染病。按致病的病毒不同，可分为甲型、乙型、丙型、丁型和戊型5种。其中，甲型肝炎和乙型肝炎发病率较高。甲型肝炎系由甲型肝炎病毒引起的急性肝脏炎症。主要经粪—口途径传播，好发于儿童及青少年，主要表现为食欲减退、恶心、呕吐、乏力、肝大及肝功异常，病初常有发热，临床经过常呈自限性，绝大多数患者在数周内可恢复正常。在甲肝疫苗广泛使用前，全国曾多次出现甲型肝炎暴发流行。

甲型肝炎常见症状，以食欲减退、恶心、上腹部不适、肝区痛、乏力为主要表现。部分病人可有黄疸发热和肝大伴有肝功能损害的情况。有些病人可慢性化，甚至发展成肝硬化，少数可发展为肝癌。

肝炎病毒传染性强，传播途径复杂，流行面广。如学生经常在一起聚餐庆祝节日、过生日等，有的谈恋爱时由于直接接触甚至发生了不良性接触，这样就给肝炎病毒提供了传播途径。

高校是人员密集、交流频繁、周边环境需要重点整治的场所，各种传染病容易在校园内流行，如果不加重视可能产生严重的后果。所以大学生必须要防患于未然，自觉预防流行性疾病。

高校对病毒性肝炎的防疫必须做到以下几点。

（1）提高个人卫生水平，养成饭前便后洗手的良好习惯。

（2）不要随意在流动小摊点、小饭店吃饭，这些地点的食具往往大多未经消毒处理，极易造成感染。

（3）同学之间不要相互使用茶具、餐具、毛巾等。

（4）要注意性接触的卫生。因为病毒性肝炎病毒还可存在于病人的精液、阴道分泌物及经血之中，故性接触也是也是一条重要的传播途径，切不可粗心大意。

（5）利用各种宣传手段，广泛开展生理卫生健康教育。

大学生若不幸感染了甲型肝炎，其治疗原则以适当休息、合理营养为主，适当辅以药物治疗及支持疗法。但目前尚无特效药物。饮食中，注意多食用高维生素、易消化吸收的食物。甲型肝炎的预防要点是加强饮食和饮水卫生，不食用易受粪便污染的食物和水。在公共聚餐时要用分食制或使用公筷、公勺。急性发病时需要住院治疗或在家中隔离至少30

天。与病人接触后 7~14 天内，可注射丙种球蛋白预防，同时服用板蓝根等中药制剂。由于乙型肝炎是通过血液传播，因此加强血液及血制品的安全性，尽量减少血制品使用，同时加强医疗器械消毒，注射时应做到一人一械一针，不共用剃须刀片，预防理发器械划破皮肤。

（三）肺结核病

肺结核是由结核分枝杆菌引起的慢性传染病，可侵及许多脏器，以肺部结核感染最为常见。排菌者为其重要的传染源。人体感染结核菌后不一定发病，当抵抗力降低或细胞介导的变态反应增高时，才可能引起临床发病。肺结核病在高校中主要传染源是来自边远地区的大学生，他们原来受到过结核菌的感染，但因身体抵抗力差，来到新的地方，学习负担过重，营养跟不上，容易发生继发性肺结核病。

常见症状如下。

（1）咳嗽、咳痰：是肺结核的最主要症状。

（2）咯血：是肺结核病常见症状之一，从痰中带血到每次多少不一，血色鲜红带泡沫。

（3）胸痛：位置不定的隐痛或钝痛，有时胸闷。

（4）午后潮热：体温一般 38℃左右，午后逐渐升高。

其他常见的症状还有低烧、夜间盗汗、疲乏无力、体重减轻、女性月经失调等。

肺结核患者需进行长期、正规的抗结核治疗，且有复发的可能，故应重在预防。一般预防措施是接种卡介苗。国家对传染性肺结核病人实行免费治疗，对咳嗽、咳痰超过 2~3 周的可疑结核病人实行免费检查，对传染性肺结核病人提供免费的由世界卫生组织制定的统一治疗方案所需的抗结核药品。肺结核的治疗原则是：早期、联合、适量、规律、全程。通过正规治疗，95%以上的肺结核病人都可以治愈。

（四）艾滋病

艾滋病，即获得性免疫缺陷综合征（Acquired Immune Deficiency Syndrome，AIDS），该病由人体免疫缺陷病毒（HIV）感染而引起，导致被感染者免疫功能的部分或完全丧失。其特点是免疫系统受损，表现为协调免疫系统的 $CD4^+T$ 淋巴细胞数量大幅度下降，机体抵抗疾病的能力逐渐下降，当机体的抵抗力下降到一定程度时，容易感染一般健康人通常不易感染的传染病和肿瘤等疾病。艾滋病患者通常不是死于艾滋病本身，而是各种疾病的并发症。艾滋病的三种主要传播途径是性接触、血液传播和母婴传播。

1. 艾滋病的主要症状

（1）一般症状。

持续发烧、虚弱、盗汗，持续广泛性全身淋巴结肿大。颈部、腋窝和腹股沟淋巴结肿大更明显。淋巴结直径在 1 厘米以上，质地坚实，可活动，无疼痛。体重下降在 3 个月之内可达 10%以上，最多可降低 40%，病人消瘦特别明显。

（2）呼吸道症状。

长期咳嗽、胸痛、呼吸困难、严重时痰中带血。

（3）消化道症状。

食欲下降、厌食、恶心、呕吐、腹泻、严重时可便血。通常用于治疗消化道感染的药物对这种腹泻无效。

(4）神经系统症状。

头晕、头痛、反应迟钝、智力减退、精神异常、抽搐、偏瘫、痴呆等。

(5）皮肤和黏膜损害。

单纯疱疹、带状疱疹、口腔和咽部黏膜炎症及溃烂。

(6）肿瘤。

可出现多种恶性肿瘤，位于体表的卡波济肉瘤可见红色或紫红色的斑疹、丘疹和浸润性肿块。

2. 艾滋病的防治措

全世界范围内仍缺乏根治 HIV 感染的有效药物，因此最重要的是采取预防措施。其方法有以下几点。

(1）坚持洁身自爱，不卖淫、嫖娼，避免婚前、婚外性行为。

(2）严禁吸毒，不与他人共用注射器。

(3）不要擅自输血和使用血制品，要在医生的指导下使用。

(4）不要借用或共用牙刷、剃须刀等个人用品。

(5）使用安全套是性生活中最有效的预防性病和艾滋病的措施之一。

(6）要避免直接与艾滋病患者的血液、精液、乳汁接触，切断其传播途径。

（五）流脑

流行性脑脊髓膜炎简称流脑，它是由脑膜炎双球菌引起的急性呼吸道传染病，传染性较强。流脑发病初期类似感冒，症状有流鼻涕、咳嗽、头痛、发热等。病菌进入脑脊液后，头痛加剧，出现嗜睡、颈部强直、有喷射样呕吐和昏迷休克等危重症状。传染源主要来自病人或带菌者，传播途径以空气飞沫直接传播为主，潜伏期一般为 2～3 天，最长的为一周。人群普遍易感，好发于少年儿童。

（六）麻疹

麻疹是由麻疹病毒引起的急性呼吸道传染病，传染性极强。其临床特征为发热、流鼻涕、咳嗽、眼结膜炎，出现特殊的科氏斑（又称麻疹黏膜斑）和广泛的皮肤斑丘疹。麻疹一般康复顺利，但也可引起严重并发症，如肺炎、喉炎、脑炎。在麻疹疫苗使用以前，我国麻疹发病水平很高。根据卫计委的统计资料记载：1950—1965 年，未进行麻疹疫苗大规模接种前，我国年平均麻疹发病率为 0.59%。如在 1959 年发生了全国范围内的麻疹大流行，报告发病数约 1 000 万，年报告发病率高达 1.432%，病死率约为 3%。自 20 世纪 70 年代以来，通过麻疹疫苗接种等综合防控措施，麻疹发病在我国已得到有效控制，控制麻疹工作取得了很大的成绩。

（七）水痘

水痘是由水痘-带状疱疹病毒引起的原发感染，是以全身出疱疹为特征的急性传染性皮肤病。多见于少年儿童，具有高度的传染性，易造成小区域的流行，愈后可获终身免疫。

（八）流行性腮腺炎

由腮腺炎病毒引起的急性、全身性感染的传染病。俗称"乍腮"，一般 2 周左右可治愈。典型的临床症状是发热、耳下腮部、颌下漫肿疼痛，腮腺肿大的特点是以耳垂为中心向前、后、下方蔓延，可并发脑膜脑炎、急性胰腺炎等。传染源是腮腺炎病人或隐性感染者，病毒经过飞沫使健康人群受感染。多发于儿童及青少年，预后良好，病后有持久的免疫力。

（九）风疹

风疹是一种由风疹病毒引起的急性呼吸道传染病，春季是风疹的高发季节。开始一般仅有低热及很轻的感冒症状。多在发病后 1 到 2 天出现皮疹，疹的形状及分布与麻疹相似，出疹顺序是面部—躯干—四肢，出疹迅速只需要 1 天的时间，发热即出疹，热退疹也退，这些是风疹的特点。枕后、耳后、颈部淋巴结肿大，也是本病常见的体征。风疹患者、带有风疹病毒却没发病的人和先天性风疹患者是此病的传染源。儿童及成人都可能得此病，发病前 5 天至 7 天和发病后 3 天至 5 天都有传染性，起病当天和前一天传染性最强。感染后基本上能获得永久免疫。空气飞沫传播是风疹的主要传播途径，日常的密切接触也可传染，风疹无需要特殊治疗，诊断明确后，在家观察，做好皮肤、口腔的清洁护理，给予易消化、富有营养的流食或半流食，并注意安静休息。

（十）细菌性痢疾

细菌性痢疾简称菌痢，是志贺菌属（痢疾杆菌），是由痢疾杆菌引起的常见急性肠道传染病，以结肠化脓性炎症为主要病变，有全身中毒症状，腹痛、腹泻，排脓血便等临床表现。痢疾杆菌随患者或带菌者的粪便排出，通过污染的手、食品、水源或生活接触，或苍蝇、蟑螂等间接方式传播，最终均经口进入消化道使易感者得病。

常见症状：起病急，有中度毒血症表现，怕冷、发热达 39℃、乏力、食欲减退、恶心、呕吐、腹痛、腹泻、里急后重。稀便转成脓血便，每日数十次，量少，失水不显著。一般病程 10~14 天。

防治措施：确诊后，应进行隔离、卧床休息。患者应多饮开水，饮食以容易消化的流质食物为主，如米汤、藕粉、稀粥、面条等。牛奶不宜多喝，以免增加腹胀，切忌过早地给予有刺激性或多渣滓食物。有呕吐、失水、高热者，需给予静脉补液，也可给予患者口服补液盐。慢性菌痢患者尤需注意个人卫生，并加强免疫力。

（十一）伤寒

伤寒是由伤寒杆菌引起的急性肠道传染病。伤寒是一种古老的传染病，但在目前的传染病防治中，仍占有重要的地位。伤寒是一种全身性的疾病，并非只局限于肠道受损。伤寒的基本病理特征是持续的菌血症与毒血症，单核吞噬细胞系统的增生性反应，以回肠下段淋巴组织为主的增生、肿胀、坏死与溃疡形成等病变为显著。目前该病在国内外局部依然高发，其传染性强、病程长、易复发、并发症多、疾病负担重。

（十二）急性胃肠炎

急性胃肠炎患者多在夏秋季突然发病，并多有误食不洁食物的病史。有呈暴发性流行的特点，病人多表现为恶心、呕吐在先，继以腹泻，每天 3~5 次，甚至数十次不等，大便呈水样，深黄色或带绿色，恶臭，可伴有腹部绞痛、发热、全身酸痛等症状。大便常规检查及粪便培养，血白细胞计数可正常或异常，病人以恶心、呕吐为表现者称急性胃炎，以腹痛、腹泻为表现者常称为急性肠炎；临床上往往恶心、呕吐、腹痛、腹泻同时并见，故亦称急性胃肠炎。

（十三）狂犬病

狂犬病是狂犬病毒所致的急性传染病，人兽共患，多见于犬、狼、猫等肉食动物，人多因被病兽咬伤而感染。潜伏期长短不一，多数在 3 个月以内。狂犬病的整个病程一般不超过 6 日，偶见超过 10 日者。被动物咬伤或抓伤后，应立即用 20% 的肥皂水反复冲洗伤口。同时应及时注射狂犬病疫苗，重度咬伤者可加入抗狂犬病免疫血清。目前，医学界对于狂犬病尚缺乏有效的治疗手段，人患狂犬病后的病死率几近 100%，患者一般于 3~6 日内死于呼吸或循环衰竭，故应加强预防措施。

感染狂犬病后，病症分轻重，可能会依次出现以下三个时期。

1. 前驱期或侵袭期

多数患者有低热、食欲不振、恶心、头痛、倦怠、周身不适等症状；继而出现恐惧不安，对声、光、风、痛等较敏感，并有喉咙紧缩感。本期持续 2~4 日。

2. 兴奋期

患者逐渐进入高度兴奋状态，突出表现为极度恐怖、恐水、怕风、发作性咽肌痉挛、呼吸困难、排尿排便困难及多汗流涎等。本期持续 1~3 日。

3. 麻痹期

痉挛停止，患者逐渐安静，但出现迟缓性瘫痪，尤以肢体软瘫为多见。眼肌、颜面肌肉及咀嚼肌也可受累，表现为斜视、眼球运动失调、下颌下坠、口不能闭、面部缺少表情等，本期持续 6~18 小时。

三、如何抵制传染病的传播

（一）高校传染病疫情应急防控的原则

（1）以生为本，预防为要。学生的人身安全是高校的头等大事，重大疫情的防控重中之重是要具有较强的防范意识，在重大疫情中一定要做好前期预防准备工作。

①做好学生的思想政治教育工作，做到令行禁止，服从指挥，统一行动。

②掌握学生的身体状况和心理状况，要做好学生的信息收集。对于是否与疫区人员有过密切接触，近期有无发热情况，密切接触的亲属的身体状况都要有详细的掌握。

③要做好风险预测，准备好各类防范物资储备。确保疫情一旦发生，要第一时间响应，做到第一时间发现，第一时间报告，第一时间处理。

④在处理过程中，要做到以生为本，既要做好发生疫情学生的处置工作，还要考虑到对其他学生的安全，进行必要的防护隔离或寻求医疗救助。

（2）主动与本地区疾病防控相关部门进行密切联系，进行适当的科学防控知识的普及，特别是一线工作人员，应做到熟练掌握科学防控知识。此外，高校相关工作人员还要具备专业应急知识的能力，实现及时、全面、有效应对。在疫情发生时，也要结合科学防治的知识，进行精准施策。

（二）高校传染病疫情应急防控的措施

1. 提高思想认识水平，高度重视传染病防控工作

任何工作，如果自上而下从思想上重视了，有了强有力的制度保障，就会很快在行动中有所推进。传染病防控工作的开展涉及人、财、物的储备，财和物应该做好准备，难的在于防控队伍的建设，这个问题在高校中较为普遍。有些院校由于自身医疗资源的受限，传染病管理工作不得不由学校学工处或是校办或是后勤处人员来管理。由于防控人员不是

专业人员，从事具体工作时就可能会不规范，不科学，甚至出现差错。因此，要提高全体师生特别是领导的思想认识水平，重视高校医疗资源的发展，加强高校传染病防控工作，构建和完善传染病防控网络，不断推进健康校园建设，为学校的教科研，师生生活、学习保驾护航。

2. 转变观念，多措施并举加强宣教培训，提高对传染病防治重要性的认识

学校应经常开展传染病防控知识宣传教育，开设专门的健康教育课程，提高学生们的防范意识，增强体育锻炼预防疾病，也可通过多种媒介广泛地宣传传染病预防知识。各个高校可以根据自身特点，因校制宜，以学生喜闻乐见的方式，结合网络和各种新媒体、自媒体来开展丰富多彩的主题教育活动。

（1）文字及视频类宣传。学校官网、校园广播、公共宣传栏等都是很好的平台，QQ群、微信群、微信公众号、小视频软件等方式也是很好的补充和细化，可通过它们定期给学生推送适应不同季节的相关传染病防治知识。

（2）丰富多彩的互动性集体活动，也是对学生进行宣传教育的有效途径，可以让学生们理论联系实际，参与其中主动获取防治知识。"纸上得来终觉浅，绝知此事要躬行"。情景剧、演讲比赛、知识竞赛等活动都是在实践中行之有效的。

（3）一定不能忽视学校医务室或者校医院的主导作用，在学生就诊时，医生和护士应该抓住机会，通过发放宣传小手册、"明白纸"等方式来极力宣传传染病预防知识增强学生防治能力。

3. 搞好校园公共卫生，重视对师生的公共卫生健康教育

教室、实验实训室、宿舍、食堂、图书馆和微机房等是学生集中的地方，必须切实搞好这些地方的清洁卫生。我校每天有专人负责对这些场所进行打扫，经常开窗通风，保持室内空气流通。同时，提倡学生个人应养成良好的卫生习惯，勤洗手、勤晒被褥、勤洗澡等，引导师生转变不良的生活方式和生活习惯，从而更好地控制传染病的出现与传播。具体而言，可从以下几点做起。

（1）合理膳食，增加营养，多饮水，摄入足够的维生素，宜多食富含优质蛋白、糖类及微量元素的食物，如瘦肉、禽蛋、大枣、蜂蜜和新鲜蔬菜、水果等；积极参加体育锻炼，多到郊外、户外呼吸新鲜空气，每天散步、慢跑、做操、打球等，使身体气血畅通，筋骨舒展，增强体质。

（2）不到人口密集，人员混杂、空气污染的场所去，如：农贸市场、个体饮食店、游艺活动室等。

（3）每天开窗通风，保持室内空气新鲜。

（4）合理安排好作息，做到生活有规律。不用污浊的毛巾擦手，不要过度疲劳，以免抗病力下降。

（5）不食、不加工不清洁的食物，拒绝生吃各种海产品和肉食。不吃带皮水果，不喝生水。不随便倒垃圾，不随便堆放垃圾，垃圾要分类并统一销毁。

（6）注意个人卫生，勤洗手、勤剪指甲、勤洗澡、勤换衣、勤洗头、勤理发，不随便吐痰，打喷嚏时要先用手巾纸捂好口鼻。

（7）发热或有其他不适时应及时就医，到医院就诊最好戴口罩，以防感染传染病或将疾病传染他人。

(8) 避免接触传染病人，尽量不到传染病流行疫区。回宿舍后立即洗手，避免交叉感染。

(9) 传染病人用过的物品及房间适当消毒，如日光下晾晒衣被，房内门把手、桌面、地面用含氯消毒剂喷洒、擦拭。

(三) 学生在预防传染病方面的要求

学生是高校的主人，预防传染病需要地方政府、高校和高校师生共同努力。就学生而言，要坚持学习学校和社会组织的传染病预防方面的相关教育，遵守相关管理规定，自觉做好个人防护，确保自身安全，确保周边环境安全。

> **安全知识互动**
> 1. 校园传染病的流行特点是什么？
> 2. 校园常见的传染病类型有哪些？
> 3. 大学生在校内外防范各种传染病，应采取哪些措施？

第三课　面对险情，及时逃生

在日常生活中，人们会遇到各式各样的危险，正确的逃生方法是对生命最好的呵护。针对大学中经常出现的安全事故，在此介绍大学生需要掌握的一些逃生技巧和需要学会使用的逃生工具。希望大学生通过学习逃生技巧，养成处变不惊的心理素质。

一、电梯逃生

电梯的普及给生活在城市中的人们带来了不少的便利，但是也带来了相应的安全隐患。当电梯出现故障，乘坐者被困在电梯里时，可以利用平时掌握的逃生技巧，合理控制情绪，科学分配体力，成功脱困。

> **典型案例**
>
> **货梯突坠，1死2伤**
>
> 3月26日，浙江省湖州市德清县洛舍镇众创园一栋楼内，发生一起电梯坠落事故。有视频显示，电梯墙壁扭曲肉眼可见，事发现场被拉起警戒线。
>
> 据附近一商户称，电梯内装的是一些设备，事发后民警以及相关部门工作人员赶到现场参与处置工作。洛舍派出所民警称，事故系一货梯从三楼坠落，造成1人死亡2人受伤，且出事货梯处在待维修状态就被使用。后续事项正在进一步处理中。
>
> （资料来源：澎湃新闻 2024-03-29）

1. 电梯

电梯，是指以动力驱动，利用刚性导轨运行的箱体或者沿固定线路运行的梯级（踏步）进行升降或者平行运送人、货物的机电设备，包括人（货）电梯、自动扶梯、自动人行道。

2. 电梯的构造

（1）曳引系统。曳引系统的主要功能是输出与传递动力，使电梯运行。曳引系统由曳引机、曳引钢丝绳、导向轮、反绳轮组成。

（2）导向系统。导向系统的主要功能是限制轿厢和对重的活动自由度，使轿厢和对重只能沿着导轨做升降运动。导向系统由导轨、导靴和导轨架组成。

（3）轿厢。轿厢是运送乘客和货物的电梯组件，是电梯的工作部分。轿厢由轿厢架和轿厢体组成。

（4）门系统。门系统的主要功能是封住层站入口和轿厢入口。门系统由轿厢门、层门、开门机、门锁装置组成。

（5）重量平衡系统。重量平衡系统的主要功能是平衡轿厢重量，在电梯工作中能使轿厢与对重间的重量差保持在限额之内，保证电梯的曳引传动正常。重量平衡系统由对重和重量补偿装置组成。

（6）电力拖动系统。电力拖动系统的功能是提供动力，对电梯速度进行控制。电力拖动系统主要由曳引电动机、供电系统、速度反馈装置、电动机调速装置等组成。

（7）电气控制系统。电气控制系统的主要功能是对电梯的运行实行操纵和控制。电气控制系统主要由操纵装置、位置显示装置、控制屏（柜）、平层装置、选层器等组成。

（8）安全保护系统。安全保护系统用于保证电梯安全使用，防止一切危及人身安全的事故发生。安全保护系统由电梯限速器、安全钳、夹绳器、缓冲器、安全触板、层门门锁、电梯安全窗、电梯超载限制装置、限位开关装置组成。

3. 如何避免发生电梯安全事故

在乘坐电梯时，一定要了解以下注意事项，以避免发生电梯安全事故。

（1）看是否挂有"停梯检修"标志。来到电梯前，乘客应看电梯前是否挂有"停梯检修"标志，如果挂有该标志，说明电梯正在维修，不要乘坐。

（2）看有无安检合格标志。乘坐电梯时，首先要查看电梯内是否有质量技术监督部门核发的安全检验合格标志且是否在有效期内，两者同时具备才能保障安全。

（3）看是否超载。电梯超载容易引发安全事故，当电梯因超载报警时，应该主动退出等待。

（4）看运行是否正常。电梯停稳后，乘客进出电梯时应注意观察电梯轿厢地板与楼层是否平齐，如果不平，说明电梯存在故障，应及时通知电梯使用单位。

（5）按钮别多按，不要倚靠门。等候电梯时，有的人总是反复按动上行或下行按钮，还有人喜欢倚靠在门上暂时休息，有的人则会拍打电梯门。殊不知反复按按钮会造成电梯误停、按钮失灵，而倚靠、手推、撞击、撬动层门会影响层门开启或导致层门误开，人稍不留神就会有坠入井道的风险。

安全乘梯警示标志，如图 8-1 所示。

图 8-1 安全乘梯警示标志

(6) 开关层门不要伸手。电梯层门正在关闭时,外面的乘客会用手、脚等阻止层门关闭,这样做很不安全。这时应等待下一次电梯停靠,或者请电梯内部的乘客按动开门按钮使层门重新开启。电梯内的人不要伸手伸脚、探头探脑,更不能将携带的物品放在间隙处阻止电梯层门关闭。

4. 电梯事故的逃生技巧

(1) 电梯被困自救。

①保持镇定,并且安慰困在一起的人,向大家解释不会有危险,电梯不会掉下电梯槽。因为电梯槽有防坠安全装置,会牢牢夹住电梯两旁的钢轨,安全装置也不会失灵。即使电梯上的安全绳断了,在电梯槽的底部还有缓冲器,它可以减小掉下来时的冲击速度。电梯内的人是不会受到伤害的,所以,不要因此而害怕。

②利用警钟或对讲机求援,如无警钟或对讲机,可拍门叫喊,或可脱下鞋子敲打,并请求立刻来人营救。

③如不能立刻找到电梯技工,可请外面的人打电话叫消防员或拨打110。消防员通常会把电梯绞上或绞下到最接近的一层楼,然后打开层门。即使停电,消防员也能用手动器把电梯绞上或绞下。

④如果外面没有受过训练的救援人员,不要自行爬出电梯。

⑤千万不要尝试强行推开电梯内门,即使能打开,也未必够得着外门。想要打开外门安全脱身更不可能。电梯外壁的油垢还可能使人滑倒。

⑥若电梯天花板上有紧急出口,也不要从此处爬出去。出口板一旦打开,安全开关就无法使电梯运行。但如果出口板意外关上,电梯就可能突然启动,使人失去平衡。人在漆黑的电梯槽里,可能被电梯的缆索绊倒,或因踩到油垢而滑倒,从电梯上掉下。

⑦在深夜或周末下午被困在商业大厦的电梯中,有可能会持续几小时。在这种情况下,最安全的做法是保持镇定,等候救援。最好能忍受饥渴、闷热之苦,注意倾听外面的动静,如果有人经过,要设法引起他的注意。

(2) 电梯坠落自救。

电梯出现突然急速下坠时,乘客应该采取以下措施进行自救。

①不论有几层楼,要迅速把每一层楼的按键按下,一般电梯紧急电源启动时,可停止继续下坠。

②若电梯里有把手,乘客最好紧握把手,这样可避免因重心不稳而摔伤。

③在电梯下坠的过程中,乘客要将整个背部跟头部紧贴电梯内墙,呈一直线,这样可以运用电梯墙壁作为脊椎的防护,同时,膝盖要保持弯曲姿势,利用韧带来缓冲重击压力。

④在电梯停止下坠后,应利用应急电话或手机与值班人员、维保人员取得联系,将受困信息发布给电梯所在大楼管理机构或电梯维保单位,告知电梯所在位置、轿厢内人员情况等。乘客应当待在轿厢内等待救援人员,切不可强行推开电梯内轿门。

二、公交车逃生

在日常生活中,人们经常选择公交车出行。因为选择乘坐公交车不仅环保,而且非常便捷。但是,公交车上也是安全事故的多发地,尤其是公交车发生火灾时。如果车内突发火灾,很容易因为乘客拥挤而导致人员伤亡。因此,我们要学会应对公交车突发事故,在发生危险时顺利逃生。

天津一大客车追尾公交车致1死37轻伤

天津市公安局东丽分局15日发布情况通报:

2024年3月15日6时37分,在东丽区津汉公路东向西24.2千米处,一辆大客车追尾一辆因故障停靠路边的公交车,引发两车起火。事故发生后,公安、应急、消防、卫健等部门迅速赶到现场,开展救援处置工作。事故造成大客车驾驶人死亡、37名乘客轻微受伤,伤者均已送医治疗。目前事故原因调查和善后处置等工作正在进行中。

(资料来源:中国新闻网天津3月15日报道)

公交车火灾最大的特点就是火势蔓延特别迅猛,往往在数秒内就席卷全车,加上封住了车门,乘客稍有犹豫就会丧失逃生的良机,如果遭遇上下班高峰期,人员伤亡会更大。

1. 公交车的安全隐患

公交车(包括其他公共汽车)的安全隐患大概可以分为5类,包括火灾、车祸、卫生安全、偷盗、自然灾害。

(1)火灾。公交车最常见的安全事故是火灾,公交车火灾逃生技巧也是大学生必须掌握的逃生技巧。

车辆自身安全状况差,供油系统、电气系统或机械设备存在一些先天性故障或火灾隐患,如燃油箱渗油或存在缺陷、电气线路老化、机械设备陈旧或丧失部分功能等,一旦遇到明火或火星,甚至振动碰撞,都会引起爆炸和火灾事故,这是公交车起火的主要原因;人为因素引发的火灾,如有乘客携带易燃易爆等危险物品及火种上车,驾驶人员或乘客忽视消防安全,在车内吸烟、乱扔烟头等。

公交车火灾发生的特点如下。

①发生突然,发展迅速。公交车火灾无论是人为的火灾,还是车辆自身故障引发的火灾,一般都发生在车辆高速行驶中,火灾发生带有突然性、突发性。

②燃烧迅猛、蔓延速度极快。目前公交车特别是旧车型公交车，车体内使用易燃材料多，特别是一些内饰材料和布质座椅等，遇到火源或燃烧时发热量高，发烟量大，且燃烧迅猛，蔓延极快。

③容易造成人员伤亡。公交车由于空间狭小封闭、人员拥挤、逃生困难，容易造成人员伤亡和财产损失。

（2）车祸。公交车车祸事故主要包括翻车、落水、碰撞等，在发生车祸时，应该在第一时间离开车体，并在确保安全的前提下及时报警。

（3）卫生安全。公交车人员流动性大，人员构成复杂，不排除有病菌携带者甚至传播者，而且公交车上卫生状况也不容乐观，车内外的灰尘、飞沫、纸片等都会加重车内环境污染。

（4）偷盗。公交车偷盗行为比较常见，尤其在人流拥挤的上下班高峰期，小偷会隐藏在人群当中伺机偷盗。

（5）自然灾害。

①高温。夏季时易出现高温天气，当出现温度高于35°的天气时，乘客应避免乘坐非空调车或超载车辆，此时车内空气较差，极易中暑。

②雷击。雷击是较频繁的自然灾害之一，雷雨天气最好避免出门。

③台风。台风期间尽量不要外出行走。若在公交车上，可双手用力向前推扶手或椅背，双脚抵住固定物，稳定自己的身体。

2. 公交车逃生技巧

（1）旋转应急开关。公交车车门一般由驾驶员用开关按钮进行电动控制，一旦出现开关按钮损坏的情况，就需要乘客用另一种方式开门。公交车车门上方显眼处一般设有一个红色按钮，称为应急开关。如果车门无法正常开启，乘客可以按箭头指示方向旋转应急开关，这时会听到一阵"嘶嘶"声，表示气阀内的气压已放掉，用手就可推开车门。

（2）逃生锤砸开车窗。每辆公交车上都安装有4~5个逃生锤，均设在驾驶员和车窗附近。危急情况下，乘客可取下逃生锤，用锤尖用力锤击车窗玻璃的四角，击碎玻璃后清除车窗上的玻璃碎片，然后从车窗逃出。

有些公交车车窗中间位置安装了防止乘客甩出车外的栏杆，乘客击碎玻璃逃离时可抓住栏杆跳出窗外。

（3）推开车顶天窗。公交车车厢前后有两个换气用的天窗，当遇到紧急情况时，乘客可以按箭头指示方向旋动天窗一侧的按钮，然后向上用力推开天窗，就可以踩着座椅等爬出天窗，安全逃生。

三、除地震外的地质灾害逃生技巧

地质灾害是指，在自然或者人为因素的作用下形成的，对人类生命财产、环境造成破坏和损失的地质作用（现象）。如崩塌、滑坡、泥石流、地裂缝、地面沉降、地面塌陷、岩爆、坑道突水、突泥、突瓦斯、煤层自燃、黄土湿陷、岩土膨胀、砂土液化、土地冻融、水土流失、土地沙漠化及沼泽化、土壤盐碱化，以及地震、火山、地热害等。据悉，2023年一季度，全国共发生地质灾害97起，以小型崩塌、地面塌陷为主。

（一）主要地质灾害类型

地震是地质灾害的主要表现，因其突发性和破坏范围较大，常常造成严重的人员伤亡。地震发生常伴有火灾、水灾、有毒气体泄漏、细菌及放射性物质扩散，并可能造成海啸、滑坡、崩塌、地裂缝等次生灾害。

1. 滑坡

是指斜坡上的岩体由于某种原因在重力的作用下沿着一定的软弱面或软弱带整体向下滑动的现象。

2. 崩塌

是指较陡的斜坡上的岩土体在重力的作用下突然脱离母体崩落、滚动堆积在坡脚的地质现象。

3. 泥石流

是山区特有的一种自然现象。它是由于降水而形成的一种带大量泥沙、石块等固体物质条件的特殊洪流。泥石流的识别：中游沟身长不对称，参差不齐；沟槽中构成跌水；形成多级阶地等，如图 8-2 所示。

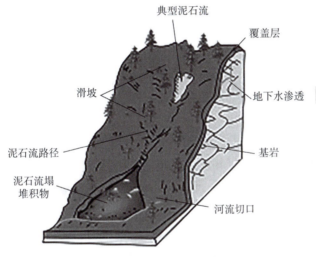

图 8-2 典型泥石流示意图

4. 地面塌陷

是指地表岩、土体在自然或人为因素作用下向下陷落，并在地面形成塌陷坑的自然现象。

（二）地质灾害的诱因分析

地质灾害都是在一定的动力诱发（破坏）下发生的。诱发动力有的是天然的，有的是人为的。据此，地质灾害也可按动力成因概分为自然地质灾害和人为地质灾害两大类。自然地质灾害发生的地点、规模和频度，受自然地质条件控制，不以人类历史的发展为转移；人为地质灾害受人类工程开发活动制约，常随社会经济发展而日益增多。

诱发地质灾害的因素主要有：

（1）采掘矿产资源不规范，预留矿柱少，造成采空坍塌，山体开裂，继而发生滑坡。

（2）开挖边坡：指修建公路、依山建房等建设中，形成人工高陡边坡，造成滑坡。

（3）山区水库与渠道渗漏，增加了浸润和软化作用导致滑坡泥石流发生。

（4）其他破坏土质环境的活动如采石放炮、堆填加载、乱砍滥伐，也有导致发生地质灾害的致灾作用。

（三）地质灾害发生的前兆现象

1. 崩塌前兆

崩塌的前缘不断发生掉块、坠落、小崩小塌的现象；崩塌的脚部出现新的破裂形迹；不时听到岩石的撕裂摩擦声；出现热、气、地下水异常；动物出现异常。

2. 滑坡前兆

滑坡前缘出现横向及纵向裂缝，前缘土体出现隆起现象；滑体后缘裂缝急剧加宽加长，新裂缝不断产生，滑坡体后部快速下坠，四周岩土体出现松动和小型塌滑现象；滑带岩土体因摩擦错动出现声响，并从裂缝中冒出气或水；在滑坡前缘坡角处，有堵塞的泉水复活或泉水、井水突然干涸；动物出现惊恐异常现象；滑坡体上的观测点明显位移；滑坡前缘出现鼓丘；房屋倾斜、开裂和出现醉汉林、马刀树等。

3. 泥石流发生的前兆

沟内有轰鸣声，主河流水上涨和正常流水突然中断。动植物异常，如猪、狗、牛、羊、鸡惊恐不安，不入睡，老鼠乱窜，植物形态发生变化，树林枯萎或歪斜等现象。

4. 地面塌陷的前兆

泉、井的异常变化；地面变形；建筑物作响、倾斜、开裂；地面积水引起地面冒气泡、水泡、旋流等；植物变态；动物惊恐。

滑坡、崩塌、泥石流三者除了相互区别外，常常还具有相互联系、相互转化和不可分割的密切关系。如发现上述的一些征兆，尤其是发现山体出现裂缝，则可能存在发生崩塌、滑坡的隐患，长期降雨或暴雨则可能诱发泥石流。

（四）遇到滑坡、崩塌、泥石流等地质灾害时该怎么逃生？

（1）不能心存侥幸，千万不能有"也许灾害不会发生"的想法；要及时远离以及通知周围的居民、游客远离。

（2）崩塌即将发生或正在发生时，首先撤离人员，千万不要立即进行排土、清理水沟等作业，待灾情稳定以后再作处理。

（3）大雨过后，虽然天气转晴，但在5至7天内仍有可能发生崩塌灾害，因此，人员撤出后，虽然崩塌没有发生，也不要天气一转晴就急着搬回去居住。

（4）最好能临时搬出，投亲靠友，待天气晴好5至7天后再搬回居住。

（5）不要在靠山坡的房间内居住。

（6）晚上睡觉时房门要打开，遇到危险时便于及时逃生。

（7）向滑坡方向的两侧逃离，并尽快在周围寻找安全地带，如图8-3所示。

图 8-3　发生灾害后要第一时间向两侧撤离

（8）当无法继续逃离时，应迅速抱住身边的树木等固定物体。

（9）沿山谷徒步行走时，一旦遭遇大雨，发现山谷有异常的声音或听到警报时，要立即向坚固的高地或泥石流的旁侧山坡跑去，不要在谷地停留。

（10）一定要设法从房屋里跑出来，到开阔地带，尽可能防止被埋压。

（五）遇到滑坡、崩塌、泥石流等地质灾害后如何自救

地质灾害发生后，专业救灾队伍未来到前，应及时采取必要的避灾措施。

（1）不要立即进入灾害区域搜寻财务，以免再次发生滑坡、崩塌。

（2）立即派人将灾情报告政府。

（3）迅速组织人员查看是否还有滑坡、崩塌的风险发生。

（4）查看天气，收听广播，收看电视，关注是否还有暴风雨等极端天气。

（5）有组织地搜寻附近受伤和被困人员。

四、地震逃生技巧

虽然地震目前是人类无法避免和控制的，但是只要掌握一些逃生技巧，是可以将伤害降到最低点的。

2008年5月12日14时28分4秒，四川汶川、北川发生里氏8.0级地震，地震造成约69 000人遇难，超过37万人受伤，近18 000人失踪，被称为"汶川大地震"。

2010年4月14日晨，青海省玉树藏族自治州玉树县（今为玉树市）发生两次地震，最高震级7.1级，地震震中位于县城附近。截至2010年5月30日18时，玉树地震已造成2 698人遇难，其中已确认身份2 687人，失踪270人。

2013年4月20日8时2分，四川省雅安市芦山县发生7.0级地震。震中芦山县龙门乡99%以上房屋垮塌，卫生院、住院部停止工作，停水停电。截至2013年4月24日14时30分，地震共计造成196人死亡，失踪21人，11 470人受伤。

由以上新闻，我们可以看出，地震等地质灾害危害极大，尤其是在校园等人员集中区域，很容易造成大面积的人员伤亡。因此，大学生应该在了解地震知识的基础上，掌握地

震逃生自救知识，挽救自己及他人的生命。

（一）地震

地震又称地动、地振动，是地壳在快速释放能量过程中造成振动，其间会产生地震波的一种自然现象。

由于地球处于不断运动和变化中，逐渐积累起巨大的能量，造成地壳某些脆弱地带的岩层突然断裂，或者引起原有断层产生错动，地震就发生了。

地震活动在时间上具有一定的周期性，表现为在一定时间段内地震活动频繁，强度大，称为地震活跃期；而另一时间段内地震活动相对来讲频率低，强度小，称为地震平静期。

地震的地理分布受一定的地质条件控制，具有一定的规律。板块之间的消亡边界容易形成地震活动活跃的地震带。

（二）地震术语

1. 震源与震中

地壳内部发生地震的区域叫震源，地面上正对震源的位置叫震中，震源到地面的垂直距离是震源深度。震源越浅，地震的破坏强度越大。

2. 震级和烈度

震级和烈度是衡量地震的两把尺子，震级是指地震释放能量的大小；烈度是指地震在不同地点造成破坏的程度。一次地震只有一个震级，但可有多个烈度，一般而言，离震中越近的地方破坏强度越大，烈度也越高。

3. 不同震级之间的差别

震级小于 3 级的为弱震，一般人们不易觉察；震级等于或大于 3 级，等于或小于 4.5 级的为有感地震，人们容易感觉到，一般不会造成破坏；震级大于 4.5 级，小于 6 级的为中强震，属于可造成破坏的地震，但破坏强度轻重还与震源深度、震中距等多种因素有关；震级等于或大于 6 级的为强震，其中震级等于或大于 8 级的称为巨大地震，会造成很大的破坏。

4. 地震能量

地震能量决定震级，震级相差 1 级，地震能量相差约 30 倍。目前地球上有记载的最大地震的震级为 8.9 级。

（三）地震前的异常反应

地震前，在自然界发生的与地震有关的异常现象，称为地震前兆，它包括微观前兆和宏观前兆两大类。常见的地震前兆现象有地震活动异常、地震波速度变化、地壳变形、地下水异常变化、地下水中氡气含量或其他化学成分发生变化、地应力变化、地电变化、地磁变化、重动异常、动物异常、地声、地光以及地温异常等。

1. 动物异常

地震前，飞禽走兽、家畜家禽、爬行动物、穴居动物和水生动物往往会有不同程度的异常反应。人们还总结出这样的谚语。

震前动物有预兆，抗震防灾要搞好。

牛羊驴马不进圈，老鼠搬家往外逃。
鸡飞上树猪拱圈，鸭不下水狗狂叫。
兔子竖耳蹦又撞，鸽子惊飞不回巢。
冬眠长蛇早出洞，鱼儿惊惶水面跳。
家家户户要观察，综合异常做预报。

2. 地下水异常

地震前，地下含水层受到强烈挤压，破坏了地表附近的含水层状态，使地下水重新分布，造成有的区域水位上升，有的区域水位下降。水中化学物质成分的改变使有些地下水出现水味和颜色改变，发生水面浮"油花"、打旋冒气泡等现象。

3. 震前地声

不少地震震前数小时至数分钟，少数在震前几天，会有地声传出。灾区群众根据地声的特点，能够判断出地震的大小和震中的方向，"大震声发沉，小震声发尖；响的声音长，地震在远方；响的声音短，地震在近旁"。

（四）地震逃生技巧

（1）地震前及时关火。地震时，会有不能依赖消防车灭火的情形。因此关火、灭火的这种努力是能否将地震灾害控制在最低程度的重要因素。

（2）不要慌张地向户外跑。地震发生时，慌慌张张地向外跑，碎玻璃、屋顶上的砖瓦、广告牌等掉下来砸在身上是很危险的。此外，水泥预制板墙、自动售货机等也有倒塌的危险，不要靠近这些物体。

（3）将门打开，确保出口。钢筋水泥结构的房屋等，由于地震的晃动会造成门窗错位，打不开门，曾经发生有人被封堵在屋子里的情况，所以将门打开，是确保出口畅通的关键。

（4）躲在桌子等坚固家具的下面。在地震发生时，首先要在重心较低且结实牢固的桌子下面躲避，并紧紧抓牢桌子腿。在没有桌子等可供藏身的场合，要用坐垫等物保护好头部。

（5）在户外的场合，要保护好头部，避开危险之处。在繁华街道、楼区，最危险的是会有玻璃窗、广告牌等物掉落下来砸伤行人，要注意用手或手提包等物保护好头部。

（6）公共场合不慌乱。在百货公司、地下街区等人员较多的地方，最危险的是发生混乱，一定要依照商店职员、警卫人员的指示来行动。

（7）汽车靠路边停车。发生强震时，汽车会像轮胎泄了气似的，难以驾驶。因此应注意避开十字路口，将车子靠路边停下。

（8）务必注意山崩、断崖落石或海啸。在山边、陡峭的倾斜地段有发生山崩、断崖落石的危险，应迅速到安全的场所避难；在海岸边有遭遇海啸的危险。

（9）避难时要徒步，所携带物品要尽量减少。因地震造成的火灾，危及生命、人身安全时，应以市民防灾组织、街道等为单位，由负责人及警察等带领采取徒步避难的方式，携带的物品要尽量减少。绝对不能利用汽车、自行车避难。

（10）不要听信谣言，不要轻举妄动。在发生强震时，人们心理上易产生波动，为防止混乱，人们应依据正确的信息，冷静地采取行动。一定要相信政府、消防等防灾机构发布的信息，决不轻信不负责任的流言蜚语，不轻举妄动。

> **安全知识互动** >>
>
> 1. 简述电梯逃生与公交车逃生的相关技巧。
> 2. 简述地质灾害的种类与成因。
> 3. 简述地震发生后该如何逃生。

第四课　沉着应对踩踏与恐袭事故

一、踩踏事故

杭州南站清明期间险发踩踏事件

　　4月6日晚9点，清明假期返程高峰，杭州南站出闸口发生大面积旅客拥堵事件。据北京时间报道，事发当晚，险些发生踩踏事件，多名乘坐扶梯下站的游客摔倒被压。

　　网传一则视频中，大批游客拥挤在车站出行通道：长长的队伍从下客电梯一直延伸至闸机口，相比人流量，通道空间确实略显狭小，堵到人挨着人。有目击者表示，前面的人受堵，动不了，后面却不断有乘坐扶梯的旅客下行，紧接着前面人员摔倒，后面的人也摔倒，人压在了人身上……直至扶梯被紧急制动。

　　有一名亲历者发帖称"刚刚小命差点交代在杭州南站了。"

　　据其表述，出站时，自动扶梯前面堵了好多人，上一秒自己还在拍照感叹好多人，下一秒被扶梯带到下面，"前面堵着人，扶梯一直往下，但走不了，后面的人又到了，大家都惊恐地被带着往前挤……"

　　"像多米诺骨牌一样，我摔倒后面的人也摔下来，压在我身上，我动不了。后面压上来的人越来越多，我以为我要死了，还好前面的人都疏散了，爬起来，被一个工作人员拉起来……"

　　慌张下，有乘客选择破开一旁紧锁的玻璃门，疏散人群。

（资料来源：潇湘晨报 2024-04-07）

（一）如何预防踩踏事故

　　踩踏事故，是指在聚众集会中，特别是在整个队伍产生拥挤移动时，有人意外跌倒后，后面不明真相的人群依然在前行，对跌倒的人产生踩踏，从而产生惊慌、加剧的拥挤和新的跌倒人数，并恶性循环的群体伤害的意外事件。

　　要预防踩踏事故的发生，应该做到以下几点：

（1）上下楼梯都应该举止保持文明，人多时不拥挤、不起哄、不打闹、不故意怪叫制造紧张或恐慌气氛。

（2）下楼时应该尽量避免到拥挤的人群中，不得已时，尽量走在人流的边缘。

（3）发觉拥挤的人群向自己行走的方向过来时，应立即避到一旁，不要慌乱，不要奔跑，避免摔倒。

（4）顺着人流走，切不可逆着人流前进，否则，很容易被人流推倒。

（5）假如陷入拥挤的人流时，一定要先站稳，身体不要倾斜失去重心，要用一只手紧握另一手腕，双肘撑开，平放于胸前，要微微向前弯腰，形成一定的空间，保证呼吸顺畅，以免拥挤时造成窒息晕倒。即使鞋子被踩掉，也不要弯腰捡鞋子或系鞋带，有可能的话，应先尽快抓住坚固可靠的东西慢慢走动或停住，待人群过去后再迅速离开现场。

（6）在人群中走动，遇到台阶或楼梯时，尽量抓住扶手，防止摔倒。

（7）在拥挤的人群中，要时刻保持警惕，当发现有人情绪不对，或人群开始骚动时，就要做好准备以保护自己和他人。

（8）在人群慌乱时，脚下要注意些，千万不能被绊倒，避免自己成为拥挤踩踏事件的诱发因素。

（9）当发现自己前面有人突然摔倒了，马上要停下脚步，同时大声呼救，告知后面的人不要向前靠近。

（二）当踩踏事故发生时，该怎么办？

（1）一旦发生骚乱，切勿盲目地跟随人多的流向狂奔，应尽量向人少的地方躲避。

（2）应迅速寻找安全出口，听从现场治安人员指挥，依次疏散，不要慌乱拥挤，如图8-4所示。

图8-4　听从治安人员指挥疏散

（3）若发现慌乱的人群朝自己的方向涌过来，不要逆着人流行动，应快速躲避到一旁，或者靠在附近墙角，等人群过去后再离开。

（4）如果已身陷拥挤的人群中又无法脱身，不要拼命推搡，要将双肘适当撑开，平放于胸前，形成一定的空间，从而保证呼吸顺畅，也避免内脏受到挤压。在保护自己的同时也要尽量保护身边的人，避免有人跌倒引起更大的混乱。

（5）要远离如玻璃幕墙之类相对脆弱的设施，以免被扎伤或砸伤。

（6）若被推倒，要设法靠近墙壁，或移向人流移动方向的侧面。同时，双手在颈后紧扣，以保护身体最脆弱的部位，面向墙壁，身体蜷成球状，如图8-5所示。

（7）如果不能靠近墙壁，倒下时一定保持身体弓形，并继续保持手部姿势，以保护头部、胸部等重要器官，如图8-6所示。

图 8-5　靠墙正确姿势　　　　　图 8-6　倒地后正确姿势

二、大学生遭遇恐怖袭击怎么办？

恐怖袭击，是指极端分子人为制造的，针对但不仅限于平民及民用设施的，不符合国际道义的攻击方式。恐怖袭击从二十世纪九十年代以来，在全球范围内不时发生，对于恐怖分子而言，高校也有可能是他们发起袭击的场所之一。因此，作为新时代的大学生，如果偶然遇到了恐怖袭击时，请保持沉着冷静，灵活应对，确保自己的生命安全。

（一）如何发现疑似恐怖分子？

1. 从人物特点识别恐怖分子

（1）神情恐慌、言行异常者。
（2）着装、携带物品与其身份明显不符，或与季节不协调者。
（3）冒称熟人、假献殷勤者。
（4）在检查过程中，催促检查或态度蛮横、不愿接受检查者。
（5）频繁进出大型活动场所。
（6）反复在警戒区附近出现。
（7）疑似公安部门通报的嫌疑人员。

2. 从生活中识别恐怖分子

（1）昼伏夜出，作息时间反常。
（2）房屋内有异常声响、气味。
（3）常出现非生活垃圾。
（4）交往复杂、异常。
（5）常携带异常物品出入。

3. 从各种细节中识别恐怖分子

（1）状态异常。从车辆结合部位及边角外部的车漆颜色与车辆颜色是否一致，确定车辆是否改色；车的门锁、后备厢锁、车窗玻璃，是否有撬压破损痕迹；车灯是否破损或异物填塞；车体表面是否附有异常导线或细绳。
（2）停留异常。违反规定停留在水、电、气等重要设施附近或人员密集场所。
（3）人员异常。神色惊慌、东张西望；发现警察后启动车辆躲避的。
（4）行驶异常。在非机动车道区域快速行驶，或者左右摇摆，忽快忽慢。
（5）物品异常。车内装载易燃易爆、易挥发、易腐蚀等危险品，或者大量管制道具等。

（二）正面遭遇恐怖袭击时，请遵循"逃""躲""战"三大法则

1. 逃

（1）如果有出口可以逃生，马上逃。
（2）别带任何行李。
（3）逃到安全地以后马上报警。

2. 躲

（1）找到一个安全的屋子，把门反锁。
（2）保持安静，把手机等物品静音，以防被发现。
（3）藏在一些大物件后面，比如柜子。

3. 战（如果实在跑不了，也躲不了）

（1）身边能当武器的东西都拿起来用。
（2）直面歹徒，先把他的武器打掉。
（3）最好多个人一起行动。

（三）如果不幸被恐怖分子劫持，该怎么办？

（1）保持冷静，不要反抗，相信政府一定会来解救自己的。
（2）尽量不与对方对视，尽量顺从对方要求。在极端生存情况下，要尽可能保存自己的体力，以备随时找机会逃生。
（3）尽可能保留和隐藏自己的通信工具，及时把手机改为静音，适时用短信等方式向警方（110）求救。求救电话或短信的主要内容应包含：自己所在位置，人质人数，恐怖分子人数等。
（4）注意观察恐怖分子人数，头领身体与面部特征，便于事后提供证言。
（5）在警方发起突击的瞬间，尽可能趴在地上，在警方掩护下脱离现场。

> **安全知识互动**
>
> （1）如何预防与应对踩踏事故？
> （2）如何辨别恐怖分子？
> （3）遭遇恐怖袭击时该如何自保？

第九讲 消防安全　预防先行

素质教育导读

消防事故主要包括火灾、触电、爆炸、煤气中毒、烧（灼）伤等几项类型，这些事故重点发生在生产车间和生活区。生产车间，电气焊、窑炉等主发工序；而在生活区有宿舍和食堂用电、煤气油炉使用等。消防涉及的事故基本上都是重大事故，轻则重伤，重则死亡。

案例导入

又一起火灾！致7人死亡

江苏省无锡市一纺织厂20日晚间发生火灾，事故造成7人死亡。

据无锡市惠山区应急管理局发布的信息，惠山区前洲街道天天润纺织科技有限公司11月20日18时30分许发生火灾，事故共造成7人死亡。目前事故救援已经结束，善后工作已展开，事故原因正在调查中。

在同一天的14时04分，黑龙江大庆市肇州一简易板房发生火灾，致7人死亡。

据央视新闻客户端11月20日消息，从黑龙江大庆市肇州县人民政府获悉，2023年11月20日14时04分，县消防大队接到报警，肇州县丰乐镇十字街南一个体工商户的单层钢结构简易板房发生火灾。14时40分现场明火扑灭，过火面积280平方米，火灾造成7人死亡。

（资料来源：光明网 2023-11-21）

案例点评：

同一天发生两起火灾，直接造成14人的死亡。也就是说，这两场火灾的发生，造成14个家庭失去亲人的悲剧。由此也可以看出，火灾的发生危害极大，作为普通人，我们无法避免火灾的发生，但还是需要掌握一些必要的火灾逃生技巧。

如果你被困火灾中，你应当利用周围一切可利用的条件逃生，可以利用消防电梯、室内楼梯进行逃生，普通电梯千万不能乘坐，因为普通电梯极易断电，没有防烟功效，火灾发生时被卡在空中的可能性极大。同时，也可以利用建筑物外墙的水管进行逃生。

第九讲　消防安全　预防先行

第一课　消防常识应掌握

一、火灾的基本常识

火灾是指在时间或空间上失去控制的燃烧所造成的灾害。火给人类带来了文明进步、温暖。但是，失去控制的火，会给人类造成灾难。人们在用火的同时，不断总结火灾发生的规律，尽可能地减少火灾对人类造成的危害。对于火灾，在我国古代，人们就总结出"防为上、救次之、戒为下"的经验。随着社会的不断发展，导致发生火灾的危险性也在增多，火灾的危害性也越来越大。

> **典型案例**
>
> **广西一服装作坊突发火灾，两名消防员被墙体砸中**
>
> 7月30日中午，广西玉林玉州区人民西路一服装加工作坊发生火灾，两名消防员在扑救时，屋顶一面女儿墙突然倒下来，墙体将两人砸中，所幸经送医检查确认身体状况良好。
>
> 7月30日下午2时许，玉林市消防救援支队官方微博"玉林消防"发布通报称，2023年7月30日12时24分，玉林市玉州区人民西路111号一服装加工作坊发生火灾，消防部门立即赶赴现场处置。在处置过程中，两名消防员被坠落物砸中。经送医检查，两名消防员身体状况良好。感谢广大网友对消防救援人员的关心。目前明火已经扑灭，请过往市民不要聚集围观。
>
> （资料来源：极目新闻 2023-07-30）

据联合国世界火灾统计中心（WFSC）统计，近年来在全球范围内，每年发生的火灾有600万~700万起，每年有6.5万~7.5万人死于火灾，每年的火灾经济损失可达整个社会生产总值（GDP）的0.2%。仅美国每年发生火灾就有7 000起，平均每天20起。据统计，我国20世纪70年代火灾年平均损失不到2.5亿元；20世纪80年代火灾年平均损失不到3.2亿元；20世纪90年代，特别是1993年以来，火灾造成的直接财产损失上升到年均十几亿元，年均死亡2 000人。

实践证明，随着社会和经济的发展，消防工作的重要性越来越突出。"预防火灾和减少火灾的危害"是对消防立法意义的总体概括，它包括了两层含义：一是做好预防火灾的各项工作，防止发生火灾；二是火灾绝对不发生是不可能的，而一旦发生火灾，就应当及时、有效地进行扑救，降低火灾的危害。

（一）火灾的成因

在火灾的成因中，人是最主要的因素，火灾的发生与人的心理和行为有着密切的关系，有什么样的心理与行为就有什么样的防范火灾的态度。若思想上重视、行为上落实，就能控制火灾发生；反之，如果思想麻痹、疏忽管理就容易发生火灾。火灾事故发生的原因总的来讲有，人为纵火、电气设备老化、违章操作、玩火、用火不慎、吸烟不慎、自燃、雷击、静电，以及其他因素如地震、风灾等。

（二）火灾的蔓延

1. 室内火灾的发展过程

火灾的发展，一般都要经过一个火势由小到大、由弱到强、逐步发展的过程。建筑火灾最初是发生在建筑物内的某个房间或局部区域，然后由此蔓延到相邻房间或区域，以至整个楼层，最后蔓延到整个建筑。房间内局部燃烧向全室性燃烧过渡的现象通常称为轰燃，是室内火灾最显著的特征之一，它标志着火灾全面发展阶段的开始。对于安全疏散而言，人若在轰燃之前还没从室内逃出，则很难幸存。

2. 建筑物内火灾蔓延的途径

火灾蔓延的途径有水平方向的蔓延和通过竖井蔓延两种。火灾蔓延的方式主要是通过内墙门、隔墙、楼板、外墙窗口洞孔进行火焰蔓延、热传导、热对流及热辐射。

（三）火灾发展阶段

火灾的发生形成有一个物理过程，一般分为以下几个阶段。

1. 初起阶段

可燃物起火后在短时间内，燃烧面积不大，烟气流动速度不快，火焰辐射能力不强，周围的物品和结构开始受热。此阶段用较少的人力和简单的灭火器就能将火势控制或扑灭。

2. 发展阶段

由于燃烧强度增大，温度进一步上升，周围可燃物和结构受热并开始分解，气体对流加强，燃烧速度加快，燃烧面积迅速扩大。在这个阶段需要投入较大的消防力量才能将火扑灭。

3. 猛烈阶段

由于燃烧面积的迅速扩大，大量的热被释放出来，温度急剧上升，使周围可燃物和结构几乎全部卷入燃烧，火势达到最猛烈程度。这时，燃烧强度最大，热辐射最强，温度和烟气对流达到最大限度，可燃物将被烧尽，不燃材料和结构的机械强度遭到破坏，建筑物变形或发生倒塌，大火突破建筑物外壳向周围蔓延。此阶段火灾最难扑救，不仅需要投入大量的消防力量和器材，还要有相当的力量来保护周围的建筑物。

4. 下降和熄灭阶段

火场的火势被控制以后可燃材料已大部分燃烧殆尽，加上灭火剂的作用，火势逐渐减弱直到熄灭。

由此可见，火灾的初起阶段易于控制和扑灭，所以要千方百计抓住这个有利时机，扑灭初起火灾。日常生活当中，凭我们个人或少数人的力量和简单的灭火工具，只能扑救初起火灾。

（四）火灾的分类

火灾根据可燃物的类型和燃烧的特性，分为A、B、C、D、E、F六类。

1. A类火灾

指固体物质火灾。这种物质通常具有有机物质性质，一般在燃烧时能产生灼热的余烬，如木材、煤、棉、毛、麻、纸张等火灾。

2. B 类火灾

指液体或可熔化的固体物质火灾，如汽油、煤油、柴油、甲醇、乙醇、沥青、石蜡等火灾。

3. C 类火灾

指气体火灾，煤气、天然气、甲烷、乙烷、丙烷、氢气等火灾。

4. D 类火灾

指金属火灾，如钾、钠、镁、铝、镁合金等火灾。

5. E 类火灾

带电火灾，物体带电燃烧的火灾。

6. F 类火灾

烹饪器具内的烹饪物火灾。

二、常见灭火器的种类

灭火器是一种可以人为移动的轻便灭火器具，其种类繁多，适用范围也有所不同，只有正确选择灭火器的类型，才能有效地扑救不同类型的火灾，达到预期的效果。

（一）灭火器种类

（1）按其移动方式分为手提式和推车式。
（2）按驱动灭火剂的动力来源可分为：储气瓶式、储压式、化学反应式。
（3）按所充装灭火剂可分为：泡沫、干粉、卤代烷、二氧化碳、酸碱、清水等。

（二）常用灭火器

常见的手提式灭火器有干粉灭火器、二氧化碳灭火器、泡沫灭火器。

1. 干粉灭火器

常见的干粉灭火器有两种：一是 BC 干粉灭火器，二是 ABC 干粉灭火器。BC 干粉灭火器充装的灭火剂是碳酸氢钠干粉，ABC 干粉灭火器充装的灭火剂是磷酸铵盐干粉。

（1）灭火的原理。干粉灭火剂主要通过在加压气体作用下，喷出的粉雾与火焰接触、混合时发生的物理、化学作用灭火。一是产生化学抑制和副催化作用，使燃烧链反应中止而灭火；二是干粉的粉末落在可燃烧物表面，发生化学反应，形成覆盖层隔绝氧气达到窒息灭火。

（2）使用方法。干粉灭火器最常用的是压把式（俗称：鸭嘴式）。使用前上下晃动几下，使筒内的干粉松动，然后拔去保险销，将喷嘴对准火焰压下压把，灭火剂便会喷出灭火。

2. 二氧化碳灭火器

二氧化碳灭火器的灭火剂是液态的二氧化碳，主要依靠窒息和冷却作用灭火。

（1）灭火原理。二氧化碳具有较高的密度，约为空气的 1.5 倍。在常压下，液态二氧化碳喷出会立即汽化。一般 1 000 克的液态二氧化碳可产生 0.5 立方米的气体，灭火时二氧化碳气体可以包围在燃烧物表面或分布于较密闭的空间中，从而降低燃烧物周围或防护空间内的氧浓度，产生窒息作用而灭火。另外，二氧化碳由液体迅速汽化吸收周围热量，起到冷却的作用。

（2）使用方法。二氧化碳灭火器常用的有两种，分别是手轮式启闭阀和压把式启闭阀。手轮式使用时一手握住喷筒把手，另一只手撕掉铅封，将手轮逆时针方向旋转，打开开关，二氧化碳灭火剂即会喷出；压把式使用时，拔出保险销，一只手握住喷筒手柄，另一只手紧握启闭阀的压把，灭火剂即会喷出。

（3）二氧化碳灭火器使用时应注意。一是不能直接用手抓住喇叭筒外壁和金属连接管，防止手被冻伤；二是在室内窄小空间使用时，灭后应迅速离开，以防窒息。

3. 泡沫灭火器

泡沫灭火器分为化学泡沫灭火器和空气泡沫灭火器两种，这里主要介绍化学泡沫灭火器。

（1）使用原理。泡沫灭火器内有两个容器，分别盛装硫酸铝和碳酸氢钠两种溶液，另外灭火器内还加入了一些发泡剂。此类灭火器主要是通过筒内酸性溶液与碱性溶液混合发生化学反应，将生成的泡沫压出喷嘴进行灭火。

（2）使用方法。当使用灭火器时，将灭火器倒立，泡沫即从灭火器中喷出，覆盖在燃烧物上，使燃烧物与空气隔离，并降低温度，达到灭火目的。

（三）针对不同类型的火灾，要选择不同种类的灭火器

（1）扑救 A 类火灾（固体物质火灾），应选用水型、泡沫、磷酸铵盐干粉等灭火器。

（2）扑救 B 类火灾（液体火灾和可熔化的固体火灾），应选择干粉、泡沫、二氧化碳灭火器。

（3）扑救 C 类火灾（气体火灾），应选用干粉、二氧化碳灭火器。

（4）扑救 D 类火灾（金属火灾），千万不能用水施救，否则将发生更大的爆炸性灾难。如果一旦发生此类火灾应采用专业的 D 类灭火剂、D 类灭火器进行有效扑灭，没有储备该类灭火器设备则可以采用沙土将其隔离、覆盖，让其自行燃烧殆尽，以防止灾害进一步扩大。

（5）扑救 E 类火灾（带电火灾），应选择二氧化碳、干粉灭火器。

（6）扑救 F 类火灾，应选择干粉、泡沫灭火器。

三、灭火的基本方法

燃烧必须同时具备 3 个条件，即可燃物、助燃物和着火源。只要能去掉一个条件或使其不发生相互作用，就不会产生燃烧。根据这个基本原理，人们在灭火器实践中总结出以下几种基本方法，我们只要掌握了这些基本方法，就可以按照客观实际情况，创造出多种多样具体、有效的灭火方法。

1. 冷却法

这是根据可燃物质发生燃烧时必须达到一定温度的条件，将灭火剂直接喷洒（撒）在燃烧的物体上，使可燃物的温度降低到燃点以下，从而使燃烧停止。冷却法是灭火的主要方法，常用的灭火剂是水和二氧化碳。

2. 隔离法

这是根据发生燃烧必须具备可燃物这个条件，将着火的地方或物体与其周围的可燃物

隔离或移开，燃烧就会因为缺少可燃物而停止。如关闭电源开关，关闭易燃气体、液体阀门，拆除与着火物相毗邻的易燃建筑物等。

3. 窒息法

这是根据燃烧需要足够的空气（氧气）这个条件，阻止空气流入燃烧区域或用不燃烧的物质冲淡空气，使燃烧物得不到足够的氧气而熄灭。这种方法适用于扑灭较封闭的场所发生的火灾。

4. 抑制法

这种方法是使用化学灭火剂参与燃烧的连锁反应，使燃烧过程中产生的活性游离基消失，形成稳定分子，从而使燃烧反应停止。

以上方法在运用中，可根据实际情况，采用一种或各种方法并用，达到迅速灭火的目的。

> **安全知识互动**
>
> 1. 火灾的基本成因有哪些？
> 2. 请分析常见的灭火器类型，并研究其使用方法。
> 3. 简述灭火的基本方法有哪些。

第二课　如何确保校园消防安全

大学校园中，火灾一直是威胁师生生命财产安全的重要因素。近年来，少数大学曾发生火灾事故，严重影响了教学科研活动的正常进行，同时对师生的人身财产安全造成危害。预防校园火灾，大学生发挥着十分重要的作用，大学生应该掌握消防知识，提高防火技能，为校园的消防安全尽一份力。

一、校园火灾的特点

由于学校的特殊性，校园火灾具有下列显著特点。

（一）人员伤亡大

学校特别是高校是人群高度集中的地方，如教学楼、宿舍、图书馆、食堂等，一旦发生火灾，极易造成群死群伤的严重后果。如 2008 年 11 月 14 日，上海商学院学生宿舍发生火灾，一个宿舍 4 人死亡。

（二）损失大

学校教学、科研、实验仪器设备多，动植物标本、图书资料多，珍贵的标本、档案往往是经过几十年甚至上百年的积累和保存，因火灾造成的损失，特别是无形资产的损失将无法弥补。

（三）影响大

高校历来是国家、社会和家庭高度关注的地方，一旦发生重大火灾，其影响将无法估量。

二、引发校园火灾的常见原因

（一）用火不慎，引起火灾

1. 点蜡烛

个别学生在熄灯后或偶遇停电时，点蜡烛照明，极易发生火灾。

> **典型案例**
>
> **某大学生出门未灭蜡烛 造成宿舍火灾**
>
> 郭同学，道路与铁道工程专业研三学生。2022年，一个周六的傍晚，他独自一人在宿舍。突然宿舍停电了，原来是电费用完了。因为此时已经不能交费，他便点燃蜡烛照明，并将其放在地面上。晚上8点左右，郭同学临时有事出门一趟，但是他忘了熄灭蜡烛。蜡烛燃烧过程中引燃了旁边的塑料收纳箱，引起了明火。晚10点宿管员巡楼时发现火情，立刻报警扑救。经消防部门及时扑救，火情迅速得到了控制，但此时宿舍内已经一片狼藉，火灾烧毁了宿舍同学的书籍、衣物、电脑，直接经济损失超过3 000元，所幸的是并未造成人身和重大财产损失。根据该校《大学学生违纪处理条例》第十八条第十九款之规定，"凡因违章用电或违反消防管理规定引起火灾或其他事故，未酿成严重后果者，除赔偿损失外，给予记过以上处分"。郭同学被予以记过处分，并承担全部赔偿责任。
>
> （资料来源：以上信息为作者自行收集）

安全无小事，同学们必须养成良好的安全习惯，离寝室断电、锁门，在寝室不私拉乱接电线，不使用明火，时刻保持警醒。要从思想上高度重视安全问题，自觉遵守校纪校规；要定期开展消防安全自查，及时消除隐患，对违章用电行为（含违规使用大功率电器，人走不关灯或电源、引发明火，以及私拉乱接电线等行为）进行整改。

2. 点蚊香

点燃的蚊香有700℃左右，而布匹的燃点为200℃，纸张的燃点为130℃，若这类可燃物靠近蚊香，极易被引燃起火。

3. 吸烟

烟头的表面温度为200℃~300℃，中心温度为700℃~800℃，一般可燃物的燃点大多低于烟头表面温度，一旦烟头触及低于烟头温度的可燃物，就可能引起火灾。

4. 违规使用炉具

个别同学使用煤油炉、酒精炉，酒精（乙醇）是易燃液体，如果使用不当，极易引起火灾事故。

5. 焚烧私密物品、废物

有的大学生在宿舍内焚烧私密信件等物品，不慎使火星飞到蚊帐、衣物、被褥等可燃物上，极易引发火灾事故。

6. 树林草坪违规用火

如在树林里、草坪上吸烟、野炊、烧荒、玩火都会引发火灾。因树林地下有大量的落叶和枯草，冬季草坪枯萎，特别是天气干燥，一遇火种，极易引发火灾。

（二）电气火灾

电气火灾，除少数是设备上的原因，大多数是人为因素造成的。

1. 违规用电

学校建筑物供电线路、供电设备，都是按照实际使用情况设计的，有些同学在宿舍内使用大功率电器，如电炉、电饭煲、电水壶等，使供电线路超负荷运行，造成线路短路起火。

2. 使用电器不当

如用纸张充当灯罩，长时间烘烤；充电器长时间充电，或被衣服覆盖，积热不散；电风扇长期不关，造成转叶过热。诸如此类的情况都易引发火灾。

3. 不关开关或忘关开关

有的同学在使用电器时没有关闭电源就离开宿舍，或突然停电，放下手中的电器，没有拔下电源插头就离开，来电时宿舍又没有人，造成电器长时间工作，引发火灾。

> **大学女生用热得快引发火灾**
>
> 2008年11月14日早晨6点10分，上海某大学商学院6楼某宿舍女生在宿舍内违规使用"热得快"时，正好是学校夜间拉闸时间，突然停电使得她们忘记关闭"热得快"，清晨6时许，学校恢复供电后，"热得快"空烧，将一个堆放杂物的下铺引燃。因为火苗不是很大，她们以为用脸盆接水，就可以迅速扑灭，于是，两名女生离开宿舍前往卫生间接水，当这两名女生接水返回时，宿舍门怎么也打不开了。6点15分左右，留在宿舍内没有逃出去的四个女生被大火逼到了阳台。随后，火势加剧，四名女生在万般无奈之下选择跳楼逃生，先后从6楼跳下，待120急救人员赶到后，发现4人均已当场死亡。
>
> （资料来源：以上信息为作者自行收集）

案例中的大学生因消防安全意识淡薄，缺乏逃生意识和技能，在宿舍违章使用"热得快"时，引发火灾，而且对火灾发展速度快、温度高、危害大，认识肤浅，缺乏及时逃生意识，失去了最佳逃生时机，盲目扑救并退守阳台，最后4名女孩失去了自己宝贵的生命。

4. 乱拉乱接电线

现在大学生的电子、电器产品越来越多，宿舍内的电源插座远远不够，私自拉线的情况相当普遍。

（三）违反操作规程引发火灾

大学生在实验和实训中用火、用电以及取用危险物品时，若违反操作规程或安全管理制度，也会造成火灾的发生。

（四）人为纵火

以实施破坏为目的的放火行为，是一种严重的犯罪行为。

三、校园火灾预防

（一）学生宿舍的火灾预防

"预防为主、防消结合"是与火灾做斗争的两个基本手段。在学校管理工作中，要将火灾预防放在首位，积极贯彻落实各项防火措施，防止火灾发生。同时要加强火灾应急处理方法的宣传教育，使学生在面对火灾险情时能从容应对。根据以往的火灾事故教训，宿舍火灾预防主要应做好以下预防措施。

（1）严格用电管理，加装用电控制设备（电流过大时会自动切断），防止学生在宿舍中使用大功率电器。

（2）要经常检查学生宿舍，防止学生乱拉电线、违规使用电器设备等。

（3）严格危险品管理，特别是燃气设施、酒精、打火机、易燃化妆品等，这些物品的储存或使用不当会引起火灾事故。

（4）加强对吸烟的管理。严禁学生在宿舍吸烟，防止因吸烟引起的火灾。

（5）加强对动用明火的管理，特别是节日期间，禁止在宿舍燃放烟花和鞭炮、点蜡烛、烧垃圾等。

（6）加强对学生的管理教育，不使用假冒伪劣及质量不合格电器，让学生学会基本的防火方法。

（7）开展消防培训，组织消防演习。

（二）校园公共场所火灾预防

大学生经常出入的场所，如教室、食堂、图书馆、体育馆等，都是人员密度较大的公共场所。这些场所有的是装修可燃材料多，有的是易燃、易爆危险品多，有的是用电量大、高热量设备多，是校园的重点防火场所。一旦发生火灾极易造成人员伤亡，特别是群死、群伤的重大事故。因此，同学们在校园内公共场所的消防安全上应注意以下几个方面。

（1）严格遵守公共场所的消防管理规定，自觉维护公共场所的秩序。

（2）切勿携带易燃、易爆危险品进入公共场所和乘坐公共交通工具。

（3）在公共场所不吸烟，不随手丢弃烟头、火种，不使用明火照明。

（4）爱护消防设备和器材，不损坏、不挪用、不圈占和埋压。

（5）不随便触弄公共场所的各类开关和电气设备，更不能触摸电线，以免触电或引起线路短路，发生火灾。

（6）要保证安全通道、楼梯和出入口的畅通。

（三）实验室、实训室的火灾预防

实验室和实训室是学校各种精密仪器、设备和化学危险品集中的场所，数量多、价格高，一旦发生火灾，损失大、伤亡大，影响教学和科研的正常开展，其损失是无法用时间和金钱弥补的。因此，加强实验室、实训室的安全防火至关重要。

进入实验室必须做到以下几点。

（1）熟悉实验、实训内容，掌握实验、实训步骤，严格按规程操作，防止因不规范操作造成火灾事故。

（2）服从老师的指导，严守实验室、实训室纪律，禁止玩耍打闹，不做与实验、实训无关的事。

（3）严格遵守实验、实训室用电制度，特别注意电热器具的正确使用和保管，正在使用的电热器具不准接近可燃物，用后要及时断电。

（4）掌握实验、实训室内化学物品的特性，严禁将化学性质相抵触的物品混装，剩余药品必须按规定处理，严禁带走或倒入下水道。

（5）实验、实训前后，都要认真检查电源、管线、火源、辅助仪器设备等情况，实验、实训完毕后要关闭电源、火源、气源和水源。

四、发生火灾后如何自救？

（一）火灾报警

报告火警就是人们在发现起火时，向公安消防队或本单位领导、群众及附近的专职消防队、义务消防队报告火灾信息的一种行为。一般来说，发现火灾以后，首先应考虑迅速准确地报警，"报警早、损失少"是人们长期同火灾做斗争中得出的一条宝贵经验。只有早报警，才能在较短的时间内调集较强的灭火力量到达火场，及时控制火势蔓延和扑灭火灾，并为被困人员赢得安全疏散的时间，从而避免和减少重大火灾事故的发生。

1. 火灾报警的对象

发生火灾，同学们首先可能想到的是拨打119报警，这种做法是十分正确的，其实同学们报警的对象还有很多，例如，向周围人员报警，召集他们前来参加扑救；向本单位专职、义务消防队报警；向公安消防队报警；向本单位的人员发出警报，做好疏散准备等。

2. 火灾报警的方法及要求

（1）发现火警应立即拨打119，通过总机的电话报警时，应先拨打外线号码再拨119或要求总机接线员迅速转接，并在接通后首先要询问是不是119报警中心，得到肯定回答后，立刻报警。

（2）为使消防队员迅速准确地到达火场扑救火灾，报警时一定要沉着冷静、耐心地回答119报警台的提问，并简练准确地讲清起火单位的全称、详细地址、燃烧物质的性质、有无受困人员、有无爆炸和毒气泄漏、火势情况、报警人的姓名及联系电话、火场周围的明显标志和主要参照物等。

（3）报警后，要派人员到主要路口迎接消防车到达火场，并主动向消防队介绍火场情况及水源位置。

（4）向火场及周围人群报警时，要选择好报警方式和范围，能让人们立即明白是发生了火灾，并尽量使其明白是什么地方和什么东西着火，应该前来灭火还是紧急疏散，以及起火处和通道方向。尽可能地避免人们因不明情况而惊慌、争相逃生、堵塞通道,造成疏散和灭火受阻,甚至因拥挤导致人员伤亡。

(二) 组织扑救

1. 组织扑救的原则

一旦发生火灾,采取正确的、有效的灭火方法来控制和扑灭火灾是至关重要的。要注意掌握三个原则:救人第一原则;先控制、后消灭原则;先重点、后一般原则。

(1) 就地取材。使用火场附近的灭火器进行灭火,利用初起火灾特点,争取最佳的灭火时间,将火灾消灭在初起阶段。

(2) 若有多人参与扑救,应组织分工扑救,可成立灭火组、抢险组、疏散组、警戒组、通信组等分头抢险灭火。

(3) 如有老弱病残人员和贵重物资,首先要疏散到安全地带。

(4) 听从指挥,不莽撞行事,要特别注意自身的安全。

2. 几种常见火灾的扑救方法

(1) 炒菜油锅着火。可直接盖上锅盖灭火,如没有锅盖,可将蔬菜倒入锅内降低温度灭火,切忌用水浇,以防燃油溅出,引燃其他可燃物,如火势较大,可用干粉灭火器灭火。

(2) 家用电器着火。首先,要关闭电源开关,用干粉或二氧化碳灭火器、湿毛毯、湿衣服将火扑灭。电视机着火应从侧面扑救,以防显像管爆裂伤人。

(3) 煤气、液化气灶着火。能关闭阀门的要先关闭阀门,然后用浸湿的毛毯、被褥等捂压,还可用干粉、苏打粉用力撒向火焰根部。有干粉灭火器最好。火焰扑灭后要迅速关闭阀门,要注意阀门烫手。

(4) 汽油、煤油、酒精等易燃液体着火。切勿用水扑救,可用灭火器、细沙或湿毛毯、被褥等捂盖灭火。

(5) 衣物、织物及小件物等着火。可迅速将起火物拿到室外或卫生间较为安全的地方,用水浇灭,不要在家里乱扑乱打,以免火星飞溅引燃其他可燃物。

(6) 身上衣物着火。可就地打滚压灭身上的火苗,千万不要胡乱奔跑,可让他人帮助用毛毯、被子或灭火器灭火,但不要用二氧化碳灭火器,防止冻伤。

(7) 扑救房间内火灾时,不要急于开启门窗,以防空气对流加大火势。

(三) 组织疏散

火灾初起时,要马上采取措施疏散在场群众,坚持救人第一原则,如楼宇一侧还没有起火时,要组织在场人员快速有序地撤离火场,起火一侧则注意是否有呼救声音,窗户、阳台、天台等是否有求救信号和求救人员。一旦发现要及时通知消防人员进行救援,注意不要乘坐电梯疏散。

有关专家研究曾得出这样的结论,历次火灾中的死亡者,如果掌握了正确的逃生自救方法,至少有一半以上的遇难人员是可以化险为夷的。因此,学习和掌握逃生自救的常识意义重大。

1. 火灾逃生中的几种典型错误行为

（1）原路脱险。

大多数人总是习惯沿着进来的出入口和楼道进行逃生，当发现此路被火封死时，才被迫去寻找其他出入口，所以可能已失去最佳逃生时间。

（2）向光朝亮。

由于本能、生理、心理的原因，人们总是向着有光、明亮的方向逃生。而在火场中，电源可能被切断或已造成短路、跳闸的情况下，光亮之地正是火焰肆虐之处。

（3）直身乱跑，大声呼喊。

当发生大火时，燃烧会产生大量的有毒有害气体和烟雾，直立狂跑或一路大声呼喊，容易造成中毒窒息死亡。

（4）盲目追随。

当人们在火场遇到危险时，不能冷静判断，惊慌失措，听到或看到有人跑动时，第一反应就盲目地紧随其后，以致误入险地。

（5）贪恋财物。

有人在火场中担心财物被毁，而忙于抢运财物，甚至一次、两次冲入火场，没有掌握好逃生时机而葬身火海。应记住，人的生命是最宝贵的。

（6）方向错误。

在火场中，很多人是向上逃生的，认为跑到天台容易被救，其实不然。由于烟囱效应，火是向上燃烧的，火在猛烈阶段，其向上燃烧的速度比人向上逃生的速度还快，在你还没有到达屋顶就已超越你或追上你。除非向下的通道已被堵塞，在万不得已时，方可就近逃到天台等待救援。

（7）误乘电梯。

在高层建筑发生火灾时，由于习惯心理，多数会往电梯里跑，想从电梯逃离火场。由于火场的电气线路随时会被切断，造成电梯停在楼层中间，不易营救。另外，电梯井的"烟囱效应"使烟气大量涌入，易造成中毒窒息等伤亡事故。

（8）冒险跳楼。

由于人们缺乏逃生自救常识，一旦被火困住，很容易失去理智，盲目采取跳楼等冒险行为。

2. 正确的逃生理念

（1）熟悉环境，牢记出口。

当你入住酒店，进商场购物，进入娱乐场所时，务必留心和记住疏散通道、楼梯位置和安全出口，特别要明辨自己所处方位，关键时刻就能快速逃离现场。

（2）通道出口，保持畅通。

通道、楼梯、安全出口是火灾发生时最重要的逃生之路，任何时候都应保持畅通无阻，切不可堆放杂物或将安全门上锁而自断后路。

（3）保持冷静，迅速撤离。

身处火灾现场，要保持冷静的头脑，迅速判断出安全地点和危险地点，并确定逃生方法和路线，尽快撤离险地。

(4) 低姿匍匐，掩住口鼻。

火灾事故中真正被烧死的人并不多，80%是吸入有毒气体中毒而死。在烟雾弥漫的情况下，采取低姿或者匍匐行进较为科学，并用淋湿的毛巾、衣服等掩住口鼻。如在逃生中大喊大叫，乱跑乱窜会增大烟气和有毒气体的吸入量，对生命安全造成威胁。

(5) 不贪财物，不入险地。

身处险境，应争分夺秒用最短的时间尽快撤离，不要把宝贵的逃生时间浪费在寻找财物和贵重物品上。已逃离险境的人员，切莫因钱财重返危险之地。

(6) 利用通道，善用设施。

现代建筑都是按规范设计建造的（部分自建房除外），都会有充足的疏散楼梯、通道和安全出口，要根据现场的实际情况选择进入相对安全的楼梯通道，也可利用阳台、窗台、天台屋顶等攀爬到周围的安全地点，也可沿着水管、避雷线等建筑结构中的凸出物滑下脱险（这样的逃生需要有较好的身体素质或经过演练、训练）。

(7) 火场被围，借助器材。

一般高层、多层公共建筑内部设有高空缓降器或安全绳、软梯、救生梯等，被困人员可以通过这些设施安全逃生。如无器材，可利用周围物品自制绳索逃离火场。

(8) 暂时避难，等待救援。

在被火围困，无路可逃的情况下，要积极寻找避难场所。公共建筑一般都设有避难室或利用冲凉房、卫生间等暂时避难，并主动与外界联系，以便尽早获救。

(9) 信号显著，寻求救助。

被困人员应尽量躲避在阳台、窗口等易被发现和求助并能避免烟火威胁的地方。可用电话报警求助，如无电话，白天可向窗外晃动色彩明显的衣物或投掷软质物品，晚上可用手电筒或有光亮的物品在窗口闪动，也可敲击金属物品，引起救援者的注意。

(10) 万不得已，跳楼求生。

跳楼是被困人员在万不得已的情况下，也就是不跳必死才采取的逃生方法。用此方法要尽可能采取一些救护措施，如有消防人员准备好的救生气垫，或将床垫沙发垫抛在选择好的着地点做缓冲物，并使身体尽量降低与地面的垂直距离，做好准备以后再跳。

(11) 逃生预演，临危不乱。

对自己工作、学习或居住所在的建筑物结构及疏散通道、出口要做到了如指掌。可集中组织应急逃生预演，一旦发生火灾则能遇险不惊，顺利逃生。

3. 火场逃生的注意事项

(1) 不能因为惊慌失措而忘记报警，大家都知道"早报警、损失少"的道理，报警晚，后果不堪设想。

(2) 争分夺秒扑灭初起火灾。可利用周围的灭火设备，抓紧有利时机，趁火灾还没有发展起来，及时控制和扑灭，把损失降至最低。

(3) 建筑物起火后，切莫进入电梯逃生，火场电梯的供电系统随时会断电使乘梯人员困在其中，由于电梯井的烟囱效应，有毒烟气和高温直接威胁被困人员的生命。

(4) 逃生时，每过一道门窗，要随手关闭，防止产生空气对流，使烟火沿行走路线蔓延。

(5) 逃生时为防止吸入烟气中毒，穿过烟火区域时，应佩戴防毒面具，用淋湿的被褥、毯子裹身，如无防毒面具，可用毛巾捂鼻，降低身姿，快速冲出险区。

（6）逆风撤离。应根据火灾发生时的风向来确定逃生方向，迅速逃到火场的上风处躲避火焰和烟气，同时也能获得更多的逃生时间。

（7）如果是宾馆、饭店发生火灾，应注意听广播通知，广播会报告着火的楼层、部位，以及安全疏散的路线、方法等。

（8）疏散要有序。遇到不顾他人死活的行为和无序拥挤现象，要坚决制止，只有有序地快速疏散，才能最大限度地减少伤亡。

> **安全知识互动**
> 1. 校园火灾的特点有哪些？
> 2. 火灾逃生中的几种典型错误行为有哪些？
> 3. 火场逃生有哪些注意事项？

第三课　煤气中毒重在预防

一、什么是煤气中毒

当煤燃烧不完全时会产生一氧化碳，这种气体被人吸入肺中，与血红蛋白结合，生成碳氧血红蛋白，使血液失去运送氧气的能力，造成人体组织缺氧，发生一系列中毒症状。轻度的可有头痛头晕、恶心、四肢无力等；中度或严重者可出现昏迷、虚脱，常可并发脑水肿、肺水肿、心肌损害、心律失常、传导阻滞等，甚至危及生命，造成死亡。

> **典型案例**
>
> **女大学生室内吃烤鱼，一氧化碳中毒**
>
> 2021年6月8日上午，漳州芗城区一所高校的大二学生小羽（化名），只因在密闭的房间里吃烤鱼，进而引发了一氧化碳中毒，险些酿成悲剧。
>
> 6月8日上午，在第909医院急诊医学科的普通病房里，小羽仍在接受治疗。据她介绍，6月5日那天晚上8点多，她和同学到一家烤鱼店吃饭，由于她们点的是烤鱼，加上门窗长时间紧闭着，使得空气不流通，导致了一氧化碳中毒。事发后，小羽的中毒症状最明显，起初，她还只是有些头晕、胸闷，可过了没多久，她便不省人事了。所幸在同伴采取掐人中处置后，小羽逐渐恢复了少许意识，随即被迅速送至第909医院。
>
> 入院后经诊断，小羽是出现了急性一氧化碳中毒。通过对症进行脱水、减轻脑水肿、营养神经等综合治疗，目前她的病情逐渐康复，即将痊愈出院。
>
> 借此机会，负责小羽病情的陈桂喜副主任医师提醒市民，一氧化碳为无色无味无刺激的毒气，平时应避免长时间接触大量不完全燃烧的煤气、煤炭和木炭。即使不得已要身处其中，也需记住保持门窗通风。若发现有人疑似一氧化碳中毒，应迅速将其移送到空气清新的地方，中毒程度轻的通风换气后可缓解，程度重的要及早送医。
>
> （资料来源：快资讯）

二、如何预防煤气中毒

(1) 正确使用燃气热水器。燃气热水器必须安装在通风良好的环境中，严禁安装在浴室内。一人洗澡，要有他人照看，防止热水器火焰熄灭，造成漏气，如图9-1所示。

(2) 防止燃气管道和燃气灶具漏气。睡觉前应检查煤气开关是否关好，厨房是否有煤气泄漏特有的臭味。如有可疑，可将肥皂水涂抹在怀疑漏气的地方，如有漏气，被检查处便会冒肥皂泡，如图9-2所示。

图9-1 洗澡漏气的情况

图9-2 燃气管道检查

千万不要用点火的办法来检查漏气，因为，当空气中煤气的含量达5%~40%时，遇明火就会发生爆炸，如图9-3所示。

(3) 防止燃气点燃后被浇灭，而导致大量泄气。在煮饭、烧水、煨汤、熬药等的时候，应有人看管，切不可在点燃煤气后离开厨房，去做其他事情。

(4) 正确使用煤炉。用煤炉烧饭、做菜、取暖时，一定要把产生的废气通过管道输出室外，如图9-4所示。

图9-3 明火检查漏气

图9-4 正确使用煤炉

三、如何救助煤气中毒者

(1) 确保现场环境安全及保护自己，才可进入现场。

(2) 应尽快让中毒者移到空气清新的地方，并立即打开门窗，流通空气。在保证中毒环境空气流通前，禁止使用易产生明火、电火花的设备，如电灯、电话、手机、电视、燃气灶、手电筒、蜡烛等，防止一氧化碳浓度过高遇到明火发生爆炸。拨打求助电话时应该远离中毒环境或者等到中毒环境空气流通之后。

（3）松解中毒者的衣扣，保持呼吸道通畅，清除口鼻分泌物，保证患者有自主呼吸，并同时注意给中毒者保暖。

（4）神志不清的中毒者应尽快搬移出中毒环境，在最短的时间内，检查病人的呼吸、脉搏情况。

（5）若呼吸心跳停止，应立即进行人工呼吸和心脏按压。

（6）中毒者醒后应安静休息，避免活动，加重心、肺负担及增加氧气消耗量。

（7）尽快将病人护送到医院进一步检查治疗。

安全知识互动

（1）什么是煤气中毒？
（2）如何预防煤气中毒？
（3）如何救助煤气中毒者？

第十讲
心理健康 共育成长

素质教育导读

随着自然科学的飞速发展和信息时代的到来，我们所处的社会也在发生着前所未有的变化。工业化、现代化、社会化、一体化程度在不断提高；人们的生活节奏不断加快，时间越来越宝贵，人越来越为效益所驱使；自主的、创造性的劳动和高级的智力劳动越来越多；人们的活动范围在不断拓展，人与人的交往越来越多，处理微妙复杂的人际关系为每个人所不可避免的；各种各样的竞争强度也越来越巨大，人与人之间的收入、社会地位等差异越来越显著。生活在这样一个纷繁复杂和扑朔迷离的大环境里，就要求人必须具备较高的心理素质来适应时代与社会的要求。

案例导入

高校成为抑郁重灾区？

在中国科学院发布的心理健康蓝皮书《2022年中国国民心理健康报告》中，对近8万名大学生的心理健康状况进行了调查，发现抑郁和焦虑风险的检出率大约分别是21.48%和45.28%。

另一项发表在《心理学前沿》的研究中表示，在调查了全国43个城市、23所大学后，发现大约10万名大学生的平均心理障碍患病率为22.8%。国内一项研究表明，有73.2%的大学生存在不同程度的心理压力，其中对心理健康影响最大的当属学业压力和不确定性压力。感知到较高学业压力的大学生患上精神障碍的可能性相对来说要高出1.43倍，年级越高，学业压力也会升高，导致高年级大学生的患病率更高。

（资料来源：https://m.thepaper.cn/baijiahao_24637771）

案例点评：

不确定性压力指的是对当下和未来发展的不确定性所带来的压力。大学生作为年轻人，缺乏社会经验和心理成熟度，会产生对当前状态、生活意义、人生目标和毕业去向等方面的不确定性，常常伴随着不安全感、自我否定和自我怀疑，最终造成焦虑和抑郁问题。回避和压抑并不会让负面情绪消失，而是会不断地在内心累积、蔓延。

作为新时代的大学生，当各种原因导致的心理困扰，不能得到很好的改善时，一定要有勇气向学校或医院的精神心理专业人员寻求帮助。善于求助不代表软弱，而是心理强大的表现。

第一课　心理健康基础知识

一、什么是心理健康

（一）心理的定义

心理是客观事物在脑中的反映，是感觉、知觉、表象、注意、记忆、想象、思维、情绪、意志等的总称。人的心理是在劳动和语言的影响下产生和发展起来的，与动物心理有本质的区别，它分为心理过程、心理状态、个性特征三个部分。

（二）健康的定义

每个人都期望能够健康，但什么是真正的"健康"？不一定人人都有正确认识。

1989 年，世界卫生组织（WHO）将健康定义为："一个人只有在身体健康、心理健康、社会适应良好和道德健康四个方面都健全，才算是完全健康的人。"可见，衡量一个人是否健康必须从生理、心理、社会、行为等因素分析，不仅看他有没有器质性或功能性异常，还要看他有没有主观不适感，有没有社会公认的不健康行为。

世界卫生组织还对健康的具体内容，规定了以下十条标准。

（1）有足够充沛的精力，能从容不迫地应付日常生活和工作压力而不感到过分紧张。
（2）态度积极，乐于承担责任，不论事情大小都不挑剔。
（3）善于休息，睡眠良好。
（4）能适应外界环境的各种变化，应变能力强。
（5）能够抵抗一般性的感冒和传染病。
（6）体重得当，身体匀称，站立时头、肩、臀的位置协调。
（7）反应敏锐，眼睛明亮，眼睑不发炎。
（8）牙齿清洁，无空洞，无痛感，无出血现象，齿龈颜色正常。
（9）头发有光泽，无头屑。
（10）肌肉和皮肤富有弹性，走路轻松。

从这十条健康标准可以看出，健康包括身体健康和心理健康两个方面，两者相辅相成，缺一不可。严格地说，没有一种病是纯粹的身体方面的，也没有一种病是纯粹的心理方面的。

（三）心理健康的定义

1946 年第三届国际心理卫生大会将心理健康定义为："所谓心理健康是指在身体、智能以及情感上与他人的心理健康不相矛盾的范围内，将个人的心境发展成最佳的状态。"《简明不列颠百科全书》认为，心理健康是指个人心理在本身及环境条件许可范围内所能达到的最佳功能状态，但不是十全十美的绝对状态。

我国王效道等认为心理健康具有如下特征，智力水平处在正常范围内，并能正确反映事物；心理和行为特点与生理年龄基本相符；情绪稳定、积极，与情境适应；心理与行为协调一致；社会适应，主要是人际关系的心理适应与协调；行为反应适度，不过敏、不迟钝，与刺激情境相应；不背离社会行为规范，在一定程度上能实现个人动机并使合理要求获得满足；自我意识与自我实际基本相符，"理想我"和"现实我"之间的差距不大。

虽然人们所站的角度不同，对心理健康的理解有一定的差异，但都存在一些共同之处。

综上所述，我们将心理健康定义为，心理健康是一种持续的良好心境，个体在这种状态下，其认识活动、情绪反应、意志行动处于积极状态，而且具有正常的、适当的调控能力，并能充分发挥其身心的潜能。

简而言之，心理健康是指心理的各个方面及活动过程处于一种良好或正常的状态。心理健康的理想状态是保持性格完好、智力正常、认知正确、情感适当、意志合理、态度积极、行为恰当、适应良好的状态。

（四）心理健康的标准

心理学家将心理健康的标准描述为以下几点。

（1）有适度的安全感，有自尊心，对自我的成就有价值感。

（2）适度地自我批评，不过分夸耀自己也不过分苛责自己。

（3）在日常生活中，具有适度的主动性，不为环境所左右。

（4）理智，现实，客观，与现实有良好的接触，能容忍生活中挫折的打击，无过度的幻想。

（5）适度地接受个人的需要，并具有满足此种需要的能力。

（6）有自知之明，了解自己的动机和目的，能对自己的能力做客观的估计。

（7）能保持人格的完整与和谐，个人的价值观能适应社会的标准，对自己的工作能集中注意力。

（8）有切合实际的生活目标。

（9）具有从经验中学习的能力，能适应环境的需要改变自己。

（10）有良好的人际关系，有爱人的能力和被爱的能力。在不违背社会标准的前提下，能保持自己的个性，既不过分阿谀，也不过分寻求社会赞许，有个人独立的意见，有判断是非的标准。

（五）心理健康的"灰色地带"

当然，心理健康也有"灰色地带"，就如图10-1所示。

人们习惯于将人的心理健康看作是黑白分明的事情。要么你是正常的人，要么你就是个疯子，这种观点将人的精神正常与否看作简单的差异，忽视了正常人与精神病患者的巨大量差的变化。事实上，人的心理健康存在着一个广泛的灰色区域。若我们将人的精神健康比作白色，精神不健康比作黑色，那么，在白色和黑色之间存在一个巨大的缓冲区域——灰色区，大多数人的精神状况都散落在这一灰色区域内。换言之，灰色区是人非器质性精神痛苦的总和，其中包括了人的心理不平衡、情绪障碍及变态人格。这些问题不同程度地干扰了人们的正常生活与情绪状态。

第十讲　心理健康　共育成长

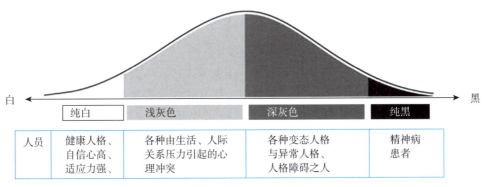

图 10-1　心理健康的"灰色地带"

灰色区又进一步划分为浅灰色和深灰色。浅灰色区域的人只有心理冲突而无人格变态，其突出表现为诸如失恋、丧亲、夫妻纠纷、家庭不和、工作不顺心、人际关系不佳等生活矛盾而带来的心理不平衡和精神压抑。深灰色的人则患有种种异常人格和神经症，如强迫症、焦虑症、癔症、性倒错等。浅灰色和深灰色也无明显界限，后者往往包含了前者。

心理健康的状态不是静止不变的，而是一个动态发展变化的过程。心理健康的水平会随着个人的成长、经验的积累、环境的改变，以及自我保健意识的发展而变化。

如果我们不注意心理保健，经常出现不良的心理状态，那么心理健康水平就会下降，甚至出现心理变态和心理疾病；反过来，如果心理有了困扰或出现失衡时，学会及时自我调整和寻求心理咨询的帮助，就会很快解除烦恼，恢复健康的心理。

二、影响心理健康的因素

人的心理健康是一个极为复杂的动态过程，影响心理健康的因素是多种多样的，既有外界环境因素的影响，也有个体自身的心理素质的影响。美国哈佛大学著名精神病学家弗列曼教授认为："人们患病的原因，心理因素占了很大比例。"

> **典型案例**
>
> **超六成留学生患抑郁症**
>
> 根据最近的数据显示，留学市场逐渐回暖。越来越多的人选择出国学习，这是一个很好的发展态势，但留学生在国外遇到的种种问题，却让人陷入了沉思。
>
> 研究报告显示超过 60% 的留学生患有抑郁症，这个数据结果表明留学生心理健康问题一定要重视起来。留学生在国外常见的心理问题主要有抑郁、焦虑、人际障碍。
>
> 抑郁症可能是留学生中最常见的心理障碍。由于学业压力大、环境不适应、语言障碍、经济压力、情绪疏通不及时，造成情绪的低落，逐渐发展成为抑郁症。同时，留学生孤身在外，环境的变化、教育方式的不同，焦虑课堂的进度、学业成绩，前思后想，造成睡眠问题，压力倍增。另外，留学生去了一个陌生环境，即使是外语学得好的同学，也会觉得自己学了"假外语"，从而产生自卑心理，不敢与别人交往。这些心理问题对于留学生的影响是非常大的，影响学业和生活，甚至危及生命健康。
>
> （资料来源：https://www.dzwww.com/xinwen/jishixinwen/202403/t20240326_13890853.htm）

(一) 外部因素

1. 家庭因素

家庭是人生的奠基石，父母是孩子的第一任老师，对人的成长与成才的影响是长久而深远的。家庭的影响主要包括家庭的情绪氛围、父母的教养态度及家庭结构、家庭经济状况四个方面。家庭的情绪氛围是良好心理素质形成的前提，家庭成员间的语言及人际氛围，直接影响着每个成员的心理。父母的教养态度和教育方法直接影响孩子的行为和心理，民主、平等、开明的教养态度与教育方法有利于心理的健康发展；家庭结构的破坏，如父母不和及离异、继父（母）虐待等往往会给人造成一定的心理创伤；家庭经济状况也对人的心理成长有一定影响。

2. 学校因素

随着社会的进步，人们在学校学习的年限逐渐延长。以一个普通大学生为例，他从3岁上幼儿园到22岁大学毕业，有19年的时间在学校中度过。学校是学生学习、生活的主要场所，所以学校生活对学生的心理健康影响极大。学校因素中的种种条件和关系，如果处理不当，会影响学生的心理健康发展。比如，校风学风不良、教育方法不当、学习负担过重、师生情感对立、同学关系不和等，都会使学生的心理抑郁、精神焦虑，若调适不及时，容易造成心理失调，严重时会导致学生产生心理障碍。

3. 社会因素

社会大环境的变化、生活节奏的加快、社会不良风气的增长等也是影响人心理健康的不可忽视的因素。据相关数据统计，发达国家的心理障碍发生率比第三世界高，先进地区的心理障碍发生率比落后地区高，城市的心理障碍发生率比农村高。美国未来学家威廉斯曾说，今后30年的变化在规模上可能等于过去2~3个世纪的变化，一部分人会因为感到难以适应未来世界的变化而产生心理危机和心理不适应。

4. 重大生活事件

一些重大的生活事件也是个体心理障碍产生的诱发因素。这些重大事件包括升学、转学、考试、职业选择、工作调动、恋爱以及亲人的生死离别等。它们都要求人消耗相当的精力去适应由此引起的生活环境的变化和某种情感上的冲击，无论它们是成功还是失败，作为一种刺激都可能诱发心理障碍，影响人的心理健康。

(二) 内部因素

内部因素是一个人自身所具有的一种内在和主观的因素。

1. 生物遗传因素

（1）先天遗传因素。先天遗传因素在很大程度上决定一个人的生物学特性，同时对人的心理健康有着直接的影响。

（2）身体状况。健康的身体是健康心理的前提。孩子营养不良或是营养过剩都会影响大脑发育，进而影响智力发育；智力发育的迟缓又极易引起社会适应不良，对孩子的心理健康造成影响。先天体弱多病或有生理缺陷的孩子，由于自身的缺陷，特别容易产生自卑心理，在遭遇嘲笑、批评或者挫折时，往往更容易心理失衡。

某些躯体疾病也会伴发精神障碍，当外界环境中的病毒、细菌、螺旋体、真菌、原生虫及寄生虫侵入机体时，病毒、细菌等的毒素对脑细胞可能造成直接的损害。例如流行性感冒、肺炎、疟疾、流行性出血热、狂犬病以及艾滋病都可能导致精神障碍，临床上应鉴别疾病伴发的功能性精神病与非感染性精神病，若为疾病伴发的功能性精神病要首先对身体疾病进行治疗。

2. 心理状态因素

一个人的心理状态一旦成型，就可预测其以后的心理发展和变化。心理状态因素包括认知因素和情绪因素。

（1）认知因素。认知过程就是信息的获得、贮存、转换、提取和使用的过程。人类个体的认知因素涵盖范围很广，包括感知、记忆、注意、思维、想象、言语等。认知因素之间是相互影响的。倘若某一认知因素发展不正常或某几种认知因素之间的关系失调，就会产生认知的矛盾和冲突，从而会使人感到紧张、烦躁和焦虑。认知因素之间的失调程度越严重，则人们减轻或消除失调、维持平衡的需要和期望就越强烈。如果这种期望和需要长时间得不到满足，则可能使人产生心理偏差或心理障碍。

（2）情绪因素。俗话说"情急百病生，情舒百病除"。可见情绪对人的身心健康具有非常重要的意义。不论是积极的还是消极的极端情绪都会影响心理健康。过度的兴奋和高兴可能导致神经系统出现障碍，严重的可能导致精神性疾病。适度的愉悦可以减少心理压力和紧张感，使人放松，身心和谐。

（三）协同作用

上述各种因素既相互独立，又相互制约，对一个人的心理健康往往协同起作用，而这种协同作用要超过单个因素作用的简单相加。由此，在诊断心理失调、心理障碍或心理疾病时，必须要充分考虑到各种因素的作用，逐一考察，全面、正确地做出诊断，才能采取有效的措施进行心理调适和治疗。

随着社会的发展，人们的心理健康就显得愈发重要。那么达到怎样的要求才算心理健康？心理健康又能给我们带来什么呢？

三、大学生心理健康的标准

心理健康的评价标准有其相对性，体现在不同时代、不同社会、不同地区、不同场合、不同对象都可以有不同的标准。它随时代变迁而变化，随文化背景区别而有差异，随性别、年龄、情境的不同有不同的表现。

大学生的普遍年龄一般在18~25岁之间，从心理学的观点来看正处于青年期。受文化层次、接受教育程度及所处环境的影响，大学生的心理除了具有这一年龄阶段青年的普遍特征外，还有其特殊之处。根据我国大学生的实际情况，评判大学生的心理健康水平，应该考虑以下几项标准。

（一）身心感觉良好

自我感觉是否良好，是判断个体心理健康与否的基本条件。身心是一个整体，自感精力旺盛、神清气爽、身心愉悦、心理需要基本上能得到满足，都是心理健康的重要表现。

（二）积极的自我观念

心理健康的大学生，能正确认识自己，包括自己的机体状态、认知水平、行为表现；

能实事求是地看待自己的学业和成就,有切合实际的志向水平;能悦纳自己、关心自己、尊重自己,大胆地、恰当地表现自己;能恰如其分地评价自己,正确对待自己的长处和不足,对自己的优点感到欣慰,但又不至于狂妄自大,自满自足,对自己的弱点、缺点不回避,泰然处之,不过于自卑、自责、自暴自弃。

(三) 情绪积极,稳定协调

情绪积极稳定的大学生,对客体有正确的认知和合理的态度,绝大多数情况下,都能产生正常适度的情感体验和积极的情绪反应。愉快、乐观、开朗、满意等积极情绪状态总是占优势的,虽然也会有悲、忧、愁、怒等消极情绪体验,但一般不会长久;同时能适度地表达和控制自己的情绪,喜不狂,忧不绝,胜不骄,败不馁,谦而不卑,情绪相对稳定,不会动辄失去平衡,反复无常。

为了分析情绪控制与管理的重要性,美国心理学家米歇尔(Walter Mischel)曾经设计过一个名为"一颗棉花糖的诱惑"的心理实验(如图10-2所示)。实验充分说明了情绪状态对个体产生的巨大影响。

图10-2 "一颗棉花糖的诱惑"的心理实验

(1) 实验目的:分析控制冲动、延缓满足、抵制诱惑的水平对今后成功的影响。

(2) 实验操作:实验人员对4岁的孩子说:"你现在可以马上得到一颗棉花糖,但是你如果等我外出办事回来就可以得到两颗糖。"

(3) 观察发现。

①A组孩子:在实验人员出门的一刹那就抓取并吃了一颗糖。

②B组孩子:为抵制诱惑,或闭目低头,或自言自语,或玩游戏甚至去睡觉,一直等到实验人员回来得到两颗糖的回报。

(4) 后续实验:实验人员对A、B两组的孩子进行追踪研究,一直持续到高中毕业(12~14年)。

(5) 结论:在12~14年后,B组孩子表现出较强的社会竞争性和较高的自信心,他们能较好地应付生活中的挫折;A组孩子中有1/3的人缺乏上述品质,而且有较多的人出现心理问题。两组孩子高中毕业时在SAT(Scholastic Aptitude Test,学业能力倾向测量)中,B组的平均分数高出A组120分。因此,这项研究得出结论:延迟满足、抵制诱惑的自我控制能力是个人获得成功的要素之一。这些能力都与情绪有关,属于情绪管理范畴。

（四）人格和谐健全

人格健全的大学生，在思维模式、行为方式和情感反应等方面表现出积极、协调的态度，凡事能从积极乐观的方面去考虑。具体来说，主要表现为：理智而不冷漠、重情而不滥情、活泼而不轻浮、豪放而不粗鲁、坚定而不固执、勇敢而不鲁莽、稳重而不寡断、谨慎而不胆怯、忠厚而不愚蠢、老练而不世故、自信而不自负、自谦而不自卑、自尊而不自骄、自爱而不自恋。在行动的自觉性、果断性、顽强性和自制力等方面都表现出较高的水平；在困难和挫折面前能采取合理的反应方式，具备面对失败的不屈性、面对厄运的刚毅性、面对困难的勇敢性。

（五）人际关系良好

心理健康的大学生拥有良好的人际关系，他们乐于与人交往，有稳定而广泛的人际关系。在交往中不卑不亢，保持人格独立完整，对他人尊重、诚挚、热情，富于同情心和爱心。在群体中，一方面，具有合作与竞争的协调意识，既不强迫别人的意志，又能向他人提出自己的看法；另一方面，具有独立自主的意识和能力，既不随意附和他人，又能适当地听取他人的意见，与异性同学能保持热情而又理智的交往。

（六）良好的适应能力

人处于复杂、多变的社会中，心理有波动，甚至短时期不适和异常是难免的。心理不健康的人遇到这样的情况，往往不知所措，一味希望别人替自己解决问题；心理健康的人则能够控制自己的言行，并进行有效的自我心理调整，与社会保持良好的接触。现实生活是复杂多样的，不能看到社会的阴暗面，其心理是幼稚的；只看到阴暗面，心理必然是灰暗和痛苦的。

（七）心理行为符合年龄特征

大学生正处在人生中精力最充沛、思维最敏捷、情感最活跃的阶段，与之相对的，行为上应该表现为朝气蓬勃、热情洋溢、生龙活虎、反应敏捷、勇于探索、勤学好问。如果缺乏朝气、萎靡不振，或者喜怒无常、大吵大闹、过于幼稚、过于依赖，那么，有可能是心理不健康的表现。

除此之外，每个人都可以有以下四种年龄。

1. 实际年龄

指人们的自然年龄。

2. 心理年龄

指每个人都具有心理成熟期与发展阶段的特征。由于每个人的心理健康状不一样，有的超越自己的心理期，称为心理年龄提前，反之，则是心理发展迟缓。如果个人的心理行为经常严重偏离自己的年龄特征，就是心理不健康的表现。

3. 生理年龄

指生理发育成长的实际情况，与实际年龄有差异。每个人所处的地理环境、营养条件等因素不同，会造成生理年龄与实际年龄的差异。如热带地区的人生理发育早，生理年龄早于实际年龄；寒带地区的人或营养不良的人，生理发育要晚于实际年龄。

4. 社会年龄

指一个人处世待人、适应社会能力的强弱。有人老练，有人幼稚。对于大多数心理健康者来说，要求心理、社会、生理及实际年龄基本一致，既不能"少年老成"，又不能"成人幼稚"化。

四、心理健康的作用

（一）心理健康是大学生健康成长的前提和基础

世界卫生组织认为心理健康比躯体健康的意义更重要。从发展心理学的角度来看，一个人从小到老要依次经过婴儿期、幼儿期、童年期、青春期、青年期、中年期、老年期等不同人生发展阶段，每个人生发展阶段都有相应的人生发展课题，一个人的发展就是不断完成其人生发展课题的过程。大学生正处于青年期，这是人生发展的高峰时期，也是关键时期，这一时期包含着诸如学习、交往、爱情、求职等许多重要的人生发展课题，这些课题完成得好与不好对今后的人生历程具有决定性的意义，而心理健康是完成好这些课题的前提和基础。

心理健康的大学生，具有正常的智力、积极的情绪、坚强的意志、完整的人格，能够充分挖掘自身的潜力，能够充分发挥良好的心理效能，圆满地完成繁重的学习任务，恰当地处理复杂的人际关系，正确看待和妥善解决爱情问题，在激烈的社会竞争中获得理想的职业。心理不健康的大学生，心理困扰多，心理效能低，难以完成大学阶段的发展课题。

（二）心理健康能够增强大学生的环境适应能力

适应具有重要的意义。生物学家曾说，物竞天择，适者生存。心理学家皮亚杰认为，适应是智慧的本质。

大学生面临着多种多样的适应问题。在校期间，要适应大学的学习方法，适应大学的生活环境，适应大学的人际关系；毕业以后，要适应工作要求，适应婚姻生活，适应社会竞争等。适应能力强的大学生，能够充分利用环境中的有利条件，改变不利条件，求得不断发展，在生存竞争中取胜；适应能力弱的大学生，常常与周围的环境不相容，容易使自己发展受限。适应能力强与弱在很大程度上取决于心理是否健康。心理健康的大学生，能够根据外界环境的变化，相应调节自己的心理状态和行为方式，取得与外界环境的平衡与协调，保持良好的适应；心理不健康的大学生，心理功能紊乱，调节能力低下，难以与外界环境保持良好的适应。

（三）心理健康能够提高大学生的综合素质

心理素质是主体在心理方面比较稳定的内在特点，包括个人的精神面貌、气质、性格和情绪等心理要素，是其他素质形成和发展的基础。学生求知和成长，实质上是一种持续不断的心理活动和心理发展过程。教育提供给学生的文化知识，只有通过个体的选择、内化，才能渗透于个体的人格特质中，帮助其从幼稚走向成熟。这个过程，也是个体的心理素质水平不断提高的过程。学生综合素质的提高，在很大程度上要受到心理素质的影响，以心理素质为中介。意识、自主人格、竞争能力、适应能力的形成和发展要以心理素质为先导。在复杂多变的社会环境中，保持良好的心理适应状况，是抗拒诱惑、承受挫折、实现自我调节的关键。正是从这个意义上说，大学生综合素质的强弱，主要取决于其心理素质的高低，取决于学校心理健康教育的成功与否。

> **安全知识互动** >>
>
> 1. 测试自己是否出现心理老化问题，对于以下16个问题，请用"是"或"否"来回答。
> (1) 是否变得很健忘？
> (2) 是否经常束手无策？
> (3) 是否总把心思集中在以自己为中心的事情上？
> (4) 是否喜欢谈起往事？
> (5) 是否总是爱发牢骚？
> (6) 是否对发生在眼前的事漠不关心？
> (7) 是否对亲人产生疏离感，甚至想独自生活？
> (8) 是否对接受新事物感到非常困难？
> (9) 是否对与自己有关的事过于敏感？
> (10) 是否不愿与人交往？
> (11) 是否觉得自己已经跟不上时代？
> (12) 是否常常很冲动？
> (13) 是否常会莫名其妙地伤感？
> (14) 是否觉得生活枯燥无味，没有意义？
> (15) 是否渐渐喜好收集不实用的东西？
> (16) 是否常常无缘无故地生气？
> 如果你的答案有7条以上是肯定的，那么你就有出现心理老化的危机了，要小心呵护自己的心理了。
> 2. 分析一下书中大学生心理健康的标准是否合理。

第二课　大学生自我评价的偏差及调适

一、大学生自我评价的偏差

大学生自我评价的偏差主要表现在呈两极性，即自我评价偏高和自我评价偏低。

大学生的自我意识发展迅速，思维的独立性和批判性也有所提高，对人生、社会的探索精神日益加强，喜欢辩论，提出自己的"高见"，但由于社会阅历浅，对生活和社会的认识、判断能力还不够成熟，因此，容易过分夸大自己的能力，自以为了不起；反之，又会低估自我，产生自卑感。于是表现出自我评价的两极性——高估自我和低估自我。其中最常见的是高估自我。在大学生中自我评价偏高是主要倾向，但同时我们又不可忽视低估自我的现象。

> **典型案例**
>
> **某大学优等生因对自己要求太高而焦虑**
>
> 小优，某名牌大学大三学生。大学三年期间，小优学习认真、刻苦，曾获得专业二等奖学金，成绩排名位于班级前列。有一天，小优同寝室同学找到辅导员，告知辅导员小优近期经常夜不归宿，并频繁在QQ空间中更改心情短语，表示自己目前很痛苦，寝室的氛围让人感觉很压抑。辅导员得知情况后立即约谈小优。在谈话中辅导员发现小优自我要求非常高，不满自己成绩一直处于二等的位置，眼看就要毕业，自己获得一等奖学金的希望落空，因此情绪非常低落，不断自我否定与贬低，对学业与考试产生了强烈的焦虑情绪。同时，由于小优比较自卑，在与同学相处的过程中，希望得到别人的关心，但是又害怕接受别人的关心。鉴于此种情况，在征得小优同意后，辅导员联系学校心理咨询教师，小优前往心理咨询中心接受心理咨询。之后小优终于重新调整状态，恢复刻苦学习状态。
>
> （资料来源：以上信息为作者自行收集）

（一）自我评价偏高

有人对98名大学生的自我鉴定与本人实际表现进行了比较分析，相符合的只占1/4，有3/4的大学生对自己的优点和成绩的评价都有不同程度的偏高。自我评价偏高，会使大学生产生骄傲情绪，无根据地高估自己的能力，结果是认识问题往往带有一定的偏激和固执；评价他人往往求全责备；观察社会易于简单化；行动目标往往力不能及。因此，不可避免地引起实际行动中的失败和冲突，引起情感损伤。严重者还可能丧失自知之明而导致自我扩张的变态心理。

为什么有不少大学生的自我评价出现偏高现象呢？主要有以下几方面原因。

1. 优越感强，过于自信

大学生精力充沛、思维敏捷，对自己的精力和能力充满着自信。家庭和社会对他们十分偏爱，把他们视为"时代宠儿、天之骄子"，使他们具有强烈的优越感和自信心，自我感觉非常好，自我现状极易肯定，对未来充满信心和希望，幻想着能干成就一番丰功伟业。过于自信是一种认识障碍，它将导致自我评价偏高，盲目自大，丧失清醒的头脑；蔑视他人，缺乏谦虚谨慎的精神。

2. 强烈的自尊心和好胜心

大学生在同龄的社会青年中，一般说来，智力水平高，知识更丰富，好学上进，有理想，有追求，故自尊心与好胜心非常强烈。一些大学生由于自尊和好胜，力求做生活的强者，喜欢受到他人的羡慕、称赞和青睐，哪怕是被他人嫉妒，也感到是一种荣耀，生怕被人瞧不起。过于自尊和好胜就容易转化为虚荣心，自我欣赏，喜欢炫耀自己的才干，看不起别人，过高地估计自己的能力，而忽视了自己的缺点。家长的过分溺爱、袒护，学校、老师过多地赞誉，更会使得一部分过于自尊、好胜的大学生更加妄自尊大，而丧失自知之明以导致自我扩张的变态心理（自我扩张型学生的特点是：过分高估"现实自我"，将虚假的"理想自我"替代了"现实自我"的位置，过分悦纳自我）。

3. 大学生思维发展尚有水平不高的一面

大学生逻辑思维虽已基本确立，其中辩证思维也有相当发展，但仍存在一定的片面性和肤浅性。由于他们个体独立性的迅速增强，这种片面性和肤浅性往往会导致学生认识问题时带有一定的偏激和固执，还不善于准确无误地对来自各个方面的信息进行分析、综合判断，得出科学的结论，尤其是对社会、对人生的看法更缺乏本质的认识。他们看社会和他人容易从消极方面看，反过来对自己则容易从积极方面看，过度地肯定自己，于是出现了"高估自我"的现象。

（二）自我评价偏低

自我评价偏低，会降低大学生的社会要求水平，导致对自己各种能力的怀疑，限制了自己对未来事业及美好生活的憧憬，引起严重的情感挫伤的内心冲突。过低的自我评价不仅对自己的发展和完善不利，对社会也无益。因为过低的自我评价不能最大限度地发挥自己的潜力和才能，在学习与工作上也就不可能取得更大、更好的成绩。当然，不能否认，人对自己的评价适当的低些，可能成为人积极进取的动力。这里讲的偏低是指没有实事求是地评价自己。

自尊心强烈的大学生，为什么也会出现自我评价偏低的现象呢？原因有如下几点。

1. 过强的自尊心

大学生的自尊心比较强，其积极的一面，可以成为大学生成才的一种心理动力；但自尊心过强却会导致出一种消极的心理品质，如虚荣心的要求得不到满足，便不能悦纳自我，就感到自己处处不如别人，心里惆怅，自信心丧失，而逐渐产生了自卑感。自卑心理过于严重就会导致自我拒绝心理。有自我拒绝心理的学生，不但悲观自责，还会自暴自弃、自轻自戕。

2. 自我期望水平偏高，使"理想自我"与"现实自我"距离增大，引起学生对现实不满

"理想自我"的目标水平高一些，对大学生来讲是有积极意义的。但由于一些学生的"理想自我"过于脱离实际，或在实现"理想自我"的过程中缺乏应有的耐心和方法，往往在经过努力仍无法接近目标后，就容易急躁、失去自信，从而产生否定自我的心理。

3. 适应能力差，导致消极的否定性情绪体验

大学生适应能力差，易积累一定的挫折感，导致消极的否定性情绪体验。刚入大学的大学生，有人又称之为"大龄中学生"，由于心理调节能力差，故适应能力弱，往往因为小小的失败，容易累积成为一定的挫折感。例如，面临大学较之中学复杂、陌生的人际关系而不适应；加之正处于心理断乳期所产生的心理闭锁性而交友困难；学习的方式、方法发生变化加上学习效果不佳而不适应；生活环境的改变、生活上不能自理而不适应；性意识的觉醒，渴求异性朋友未能得到满足而不适应等。种种的不适应产生了一系列的挫折感，对于一些挫折容忍力差的学生，就会感到孤寂、痛苦、烦恼，对自己不满，认为自己无能，进而转化为自卑感。

4. 认识障碍造成的偏差

由于人生观、生活观不健全，大学生在认识和理解问题的方式上，往往理论多于实际。对社会、人生的认识，尤其是对自我的认识缺乏科学的态度，更未能内化为自己稳定的心理结构，因而对自我的认识常常从消极方面出发，产生自我否定的心理。

二、大学生自我评价偏差的心理调适

大学生自我评价的发展水平在一定程度上反映了大学生心理发展成熟的程度。生活中，大学生经常把自己看作是有价值的、令人喜欢的、优越的、能干的人。但如果一个人只看到自己比别人好，而看不到自己的缺点，就会盲目乐观、自以为是，因此就处理不好人际关系，而且还会常常碰壁，产生难于消解的苦闷。相反，一个人自我评价偏低，就看不到自己的价值，觉得处处不如人，就会丧失自信，产生厌恶自己并否定自己的自卑感，从而失去进取心。由此看来，大学生自我评价的偏差，极不利于他们的成长，对他们自我意识的正确发展和心理的成熟是有危害的。因此，帮助大学生纠正自我评价的偏差，对提高他们自我评价的发展水平是极为重要的。

大学生可以通过以下几种途径来纠正自我评价的偏差。

（一）注意通过别人的评价来认识自己

"不识庐山真面目，只缘身在此山中"，说的就是一个自我认知的距离感问题。大学生出现自我评价偏差，就是因为缺乏"距离感"，从而形成"主观者迷"的局面。大学生对自己的认识在很大程度上是来自周围人对自己的评价，特别是他们所尊重的父母、长辈、教师和同学的评价，对他们自我认知、自我评价的发展有很大的影响。因此，作为被评价者，大学生要认真分析和接受别人评价中的合理部分，注意保持"距离感"，更不要因为忠言逆耳便充耳不闻、我行我素，从而避免自我评价的偏差。

（二）学会在与别人的正确比较中评价自己

大学生自我评价过高或过低，主要是因为不能与其他人作客观比较而产生的。而纠正自我评价的偏差，必须是把自己与自己类似的人作客观的比较。著名心理学家柯里曾指出，别人对自己的态度是自我评价的"一面镜子"。大学生每时每刻都处在人际交往中，尤其是与老师、同学、亲友交往甚密，对此大学生要自觉地与他们相比，从他们的言谈举止中，从他们对自己的褒贬评价中找差距。从比较中取长补短、发展自己，从而纠正自我评价过高或过低的现象。

（三）内省调适法

内省调适法，是指运用自我观察、自我分析、自我报告的方法进行自我评价。它是纠正自我评价偏差的根本，万万不可忽视。所谓自我观察，就是大学生对自己的言行举止、活动等全过程的心理体验进行耐心观察。在自我观察中加强自我分析，在合理的自我分析中形成自我报告。所谓自我报告，就是活动的主体向自己报告活动的过程和结果、个人的言论和行为及所表现出来的个性品质。这个报告不但要报告行动前的内心体验及过程，而且更重要的是对结果的分析及评价。通过对报告的内省，进而达到使自我变得更为自由和客观，更加独立和稳定，避免自我评价的过高或过低。

（四）积极参加学习和实践活动

健康顺利的学习活动，不仅发展着大学生的抽象思维能力，而且也发展着大学生自我

评价、自我教育的能力。也只有在实践中，大学生才能发现自己的不足。为克服自己的不足，他们须不断修正、完善自我形象，有目的地教育自己、管理自己，从而提高自我评价的水平。积极参加学习和实践活动是大学生提高自我评价客观性的有效途径，也是纠正自我评价偏差的最重要途径。

以上分析了大学生自我评价过高或过低的危害性，并提出了几条帮助大学生纠正自我评价偏差、提高自我评价发展水平的有效途径。大学生只要根据实际情况，有所侧重地选用调适方法，并发挥主观能动性，进行适合自己的调适，就一定能取得良好的效果，顺利完成自我意识的发展。

三、自我认知的结论

（一）明确自身优势

首先是明确自己的能力大小，给自己打分，看看自己的优势和劣势，这就需要进行自我分析。通过对自己的分析，旨在深入了解自身，根据过去的经验选择、推断未来可能的工作方向与机会，从而彻底解决"我能干什么？"的问题。只有从自身实际出发、顺应社会潮流，有的放矢，才能马到成功。要知道个体是不同的、有差异的，我们就是要找出自己与众不同的地方并发扬光大。定位，就是给自己亮出一个独特的招牌，让自己的才华更好地为招聘单位所识；对自己的认识分析一定要全面、客观、深刻，绝不回避缺点和短处。

1. 我学习了什么？

在学期间，我从学习的专业中获取了什么收益，参加过什么社会实践活动，提高和升华了哪些方面的知识。专业也许在未来的工作中并不起多大作用，但在一定程度上决定了自身的职业方向，因而尽自己最大努力学好专业课程是生涯规划的前提条件之一。不可否认知识在人生历程中的重要作用，特别是在知识经济日益受到重视的今天会得到满意的结果。

2. 我曾经做过什么？

即自己已有的人生经历和体验，如在校期间担当的学生干部，曾经为某知名组织工作过等社会实践活动，取得的成就及经验的积累，获得过的奖励等。经历是个人最宝贵的财富，往往从侧面可以反映出一个人的素质、潜力状况，因而备受招聘组织的关注，同时这也是自我简历的亮点所在和重要组成部分，绝对忽视不得。对一名应聘者来说，经历往往比知识更为重要，因为许多事情只有经历过，才可能有深刻体会。

3. 我最成功的是什么？

我做过很多事情，但最成功的是什么？为何成功的，是偶然还是必然？是否自己能力所为？通过对最成功事例的分析，可以发现自我优越的一面，譬如坚强、果断、智慧超群，以此作为个人深层次挖掘的动力之源和魅力闪光点，形成职业规划的有力支撑；寻找职业方向，往往是要从自己的优势出发，以己之长立足社会。

（二）发现自己的不足

1. 性格的弱点

人无法避免与生俱来的弱点，必须正视，并尽量减少其对自己的影响。譬如，一个独立性强的人会很难与他人默契合作。而一个优柔寡断的人绝对难以担当组织管理者的重任。卡耐基曾说："人性的弱点并不可怕，关键要有正确的认识，认真对待，尽量寻找弥补、克服的方法，使自我趋于完善。"因此要注意安下心来，多跟别人好好聊聊，尤其是与自己相熟的父母、同学、朋友等交谈。看看别人眼中的你是什么样子，与你的预想是否一致，找出其中的偏差，这将有助于自我提高。

2. 经验与经历中所欠缺的方面

"金无足赤，人无完人"，由于自我经历的不同，环境的局限，每个人都无法避免一些经验上的欠缺，特别是面对招聘单位纷纷要求数年工作经验条件的时候。有欠缺并不可怕，怕的是自己还没有认识到或认识到而一味地不懂装懂。正确的态度是，认真对待，善于发现，并努力克服和提高。

四、给现在一个期许，给未来一个回忆

作为一个大学生，你也许以前试过给过去的自己写信，向年轻时的自己传授一些人生的智慧和观点，你希望那时的自己就能知道这些。现在我们换个角度看问题，如果让你给未来的自己写封信，你会写点什么？想象一下，给5年后的自己写一封信，当5年后你打开那封信时，你会产生多少共鸣。也许当你给未来的自己写信时，你会慢慢理清希望自己在人生旅途的那个特定时刻变成什么样子。建议自己经过深思熟虑后给自己写一封这样的信，不少于1 000字。

安全知识互动 ≫

1. 简要分析一下大学生的心理偏差出现的原因。
2. 简述大学生心理调适的方式都有哪些。
3. 与同桌一起讨论一下各自的优点与缺点，激励对方积极改进，共同进步。

第三课　大学生常见心理问题与解决途径

大学生中极端心理异常，即有心理障碍或精神病的学生极少，多数学生遇到的都是一般性心理困扰。但是，即使一般性心理困扰也会在很大程度上影响学生的发展。大学生中常见的心理问题按照其严重性，可以分为一般困扰、情绪及行为障碍和精神障碍等。

心理有正常与异常之分。正常心理是具备正常功能的心理活动；心理异常是指有典型精神障碍症状的心理活动，是大脑的结构或机能失调或者人对客观现实反映的紊乱和歪曲，既反映了个人自我概念和某些能力的异常，也反映为社会人际关系和个人生活上的适应障碍。心理正常与异常，是标明和讨论"有无精神障碍"等问题的一对范畴。我们平时说的"心理健康"与"心理不健康"都属于心理正常的范围，是用来讨论"正常心理"水平的高低和程度如何。

人的心理状态是一个动态发展的过程。因此，现实社会中的每一个人在一定程度上均

存在心理问题，即人的心理问题是普遍存在的，只是程度不同而已，绝对健康的人数几乎为零。要清晰地判别正常心理和异常心理，不是一件容易的事情。首先，异常心理与正常心理之间的差别常常是相对的，两者之间在某些情况下可能有本质的差别，但又可能只是程度的不同。其次，异常心理的表现受多种因素的影响，诸如生物因素、心理状态、社会环境等，所取的角度不一样，标准也就不一致了。因此，判断一个人心理是否异常，需要专业人员，如临床心理学家、心理咨询师等，运用心理学和精神病学的理论、技术、方法和手段，根据严格的诊断标准、按照严格的程序去实施。

典型案例

大学生怕接父母电话

小红，女，大一学生。自从进入大学以来就一直情绪低落，整天愁眉苦脸，唉声叹气。不乐于与同学交往，对任何事情都提不起兴趣。尤其害怕接到父母电话，更不愿意回家，因为她害怕父母的唠叨。据小红自己说，每当接到父母电话的时候，心情就特别烦，心跳加快，甚至有一种窒息的感觉。母亲是个全职太太，每天陪同自己上学、放学，甚至连她来上大学，母亲都提出要陪读，这种要求让小红感到很崩溃，甚至想过自杀。小红所表现出的问题就是我们常说的抑郁。导致小红产生抑郁心理问题的主要原因就在于其父母的家庭教养方式。

（资料来源：以上信息为作者自行收集）

（一）大学生常见的心理困扰

1. 生活适应问题

这一问题在刚入大学的新生中较为常见。新生来到大学后，在自我认知、同学交往、生活环境等方面都面临着需要全面地去适应。由于部分大学生的自理能力、适应能力和调整能力普遍较弱，所以在大学生中，生活适应问题广泛存在。

2. 学习问题

大学生的主要任务是学习，学习上的困难与挫折对大学生的影响是最为显著的。学习问题，包括学习方法、学习态度、学习兴趣、学习注意力、考试焦虑等。

3. 人际关系问题

进入大学后，由于每个人待人接物的态度不同、个性特征不同，再加上青春期心理固有的闭锁、羞怯、敏感和冲动，都使大学生在人际交往过程中不可避免地遇到各种困难，从而产生困惑、焦虑等心理问题，这些问题甚至会严重影响他们的健康成长。

4. 恋爱与性心理问题

大学生处于青年中后期，性发育成熟是重要特征，恋爱与性问题是不可回避的。总的来说，大学生接受青春期教育不够，对性发育成熟缺乏心理准备，对异性的神秘感、恐惧感和渴望交织在一起，由此产生了各种心理问题，严重的还会导致心理障碍，如失恋、单相思等。

（二）大学生常见的情绪及行为障碍

大学生常见的情绪及行为障碍包括以下四个方面。

1. 焦虑障碍

（1）特定对象恐惧症，指对某个或某些物体或场所有强烈的、持续的恐惧，尽管知道它实际上并不具有威胁，如对蛇、猫等动物，或对高处、黑暗、空旷的场所、飞机和电梯等特定情景恐惧。

（2）社交焦虑症，就是对暴露在陌生人面前或可能被别人注视的一个或多个社交场合产生持续、显著的畏惧。

（3）强迫症，是以明知不必要，但又无法摆脱，反复呈现的观念、情绪或行为为临床特征的一种心理障碍。强迫症往往包括两类症状，强迫思维和强迫行为。

①强迫思维，比如有的病人出门后总是怀疑门是否关好；有的病人寄出信之后常担心地址是否写错。患者明知这些想法毫无意义，但又非想不可，因此焦虑不安，非常痛苦。

②强迫行为，其目的旨在缓解强迫思维带来的焦虑，比如强迫性反复洗手，强迫性计数，强迫性礼仪动作等。

（4）广泛性焦虑，广泛焦虑障碍的基本特征为广泛性和持续性焦虑，常伴有头晕、胸闷、口干、尿频、尿急、出汗、震颤等自主神经症状和运动性紧张，但其紧张不安与恐慌程度与现实处境很不相符。

（5）创伤后应激障碍，是指由异乎寻常的痛苦事件引发的精神障碍，也即对异乎寻常的威胁性、灾难性事件的延迟或持久的反应。它能够诱发恐惧、无助或对损伤、死亡威胁反映出的恐怖。典型表现是有与痛苦记忆或与创伤性事件有关的噩梦，试图避免引发创伤的线索以及生理性唤醒的提高。

2. 性心理障碍

性心理障碍也称性行为变态，是指与生殖活动没有直接关系，在寻求性满足的对象和方式上与常人不同，且违反社会习俗。常见的性行为变态有性欲倒错，比如恋物癖、裸露癖、窥视癖、异装癖和施虐癖等。还有一种性心理障碍叫性别认同障碍，指具有与一个人自身生物性别相反的性别认同或性别感。

3. 人格障碍

人格障碍指明显偏离正常人格并与他人和社会相悖的一种持久和牢固的适应不良的情绪和行为反应方式。人格障碍患者形成了特有的行为模式，对环境适应不良，常影响其社会功能，甚至与社会发生冲突，给自己或社会造成恶果。人格障碍常开始于幼年，青年期定型。持续至成年期或者终生。大学生中常见的人格障碍有偏执型人格、强迫型人格、边缘型人格、依赖型人格等。

（1）偏执型人格障碍，是一种以猜疑和偏执为主要特点的人格障碍。表现出普遍性猜疑，不信任或者怀疑他人忠诚，过分警惕与防卫；强烈地意识到自己的重要性，有将周围发生的事件解释为"阴谋"、不符合现实的先占观念；过分自负，认为自己正确，将挫折和失败归咎于他人；容易产生病理性嫉妒；对挫折和拒绝特别敏感，不能谅解别人，长期耿耿于怀，常与人发生争执或沉湎于诉讼，人际关系不良。

（2）强迫型人格障碍，以要求严格和完美为主要特点。希望遵循一种他所熟悉的常规，认为万无一失，无法适应新的变更。缺乏想象，不会利用时机，做事过分谨慎与刻板，事先反复计划，事后反复检查，不厌其烦。犹豫不决，优柔寡断也是其特点之一。

（3）回避型人格障碍，此类人的特征是长期和全面的脱离社会关系。他们回避社交，特别是涉及较多人际交往的职业活动，害怕被取笑、嘲弄和羞辱。自感无能，过分焦虑和担心，怕在社交场合被批评或拒绝。

4. 心境障碍

在情绪与行为障碍中的心境障碍主要指抑郁症，其中自杀问题也是值得我们关注的一个重要问题。

抑郁症，是一种常见疾病，每十位男性中就有一位可能患有抑郁；而女性则每五位中就有一位患有抑郁。抑郁症严重困扰患者的生活和工作，给家庭和社会带来沉重的负担，约15%的抑郁症患者死于自杀。抑郁症患者心境不良，情绪消沉，对日常活动丧失兴趣，丧失愉快感，精力减退，严重者感到绝望无助，大部分患者有着结束自己生命的意念，患者思维缓慢，自我评价降低，精神运动明显抑制，联想困难，言语减少，语音低沉，行动缓慢。

三、大学生如何确保心理健康

大学阶段是大学生们成长发展的重要阶段，为了让大学生能够更好地成长，我们需要对其心理健康进行有的维护。

（一）掌握心理健康知识

（1）通过阅读书籍、报纸杂志，浏览网络媒体等方式获取心理健康知识。

（2）主动学习心理健康教育的相关课程。

（3）积极参加学校组织的心理健康教育活动。

（二）积极的自我调适

1. 树立正确的人生观与世界观

正确的人生观与世界观可以使人心胸宽广，人生态度积极进取，心理健康。大学生活充满了挑战，但挑战并非不可逾越。积极应对挑战和压力，是培养心理韧性的关键。学会设定目标，制定合理的计划，采用积极的思维方式，寻求专业人士的帮助，都是有效的压力应对策略。

2. 认识自己与接纳自己

了解自己是心理健康的起点。大学是自我认知的宝贵阶段，透过反思和自省，你能够更深刻地理解自己的需求、欲望和价值观。积极思考自己的优点与缺点，接受自己的不完美，从而增强自信，减少自卑感。大学生要对自己有正确的估价，既不能自轻自贱、自惭自卑，也不能自骄自傲、自我中心，要自尊、自信、自立、自制、自强、自爱；不盲目与其他人比较，欣赏自己的独特性，同他人比较的标准恰当；有适当的抱负水平，能根据自己的实际情况制定恰当的目标，注重享受实现目标的过程。

3. 管理和调整好自己的情绪

大学生要建立理性的认知方式，学会以适当的方式管理情绪。情绪是人类的天性，但情绪的管理需要技巧。学会正确认识和表达自己的情感，不仅可以减轻内心的压力，还能增强与他人的沟通能力。适时的情绪释放，如倾诉、写作、艺术创作，都是舒缓情绪的有效途径。

4. 扩大人际交往，建立广泛的社会支持系统

社交是人类的基本需求，良好的人际关系是心理健康的重要支撑。积极参与社交活动，培养真诚的友谊，建立互信和尊重的关系，不仅能减轻孤独感，还有助于分享快乐和烦恼，获得情感支持。大学生应当积极主动地参加各类社会实践活动，并在活动中全面提高自身素质，通过群体交往活动，理解人与人之间的关系，体验友谊与沟通的快乐，拓宽视野，并寻找广泛的社会支持。当面临挫折与压力时，广泛宽厚的社会支持会帮助我们走出沼泽地，走向开满鲜花的岁月。

5. 拥有健康、文明的生活方式

生活方式是指人们在日常生活中遵循的行为规范，即习惯化了的生活方式。健康的心理与健康的身体密不可分。对大学生而言，健康的生活方式包括以下几点。

（1）合理作息，起居有常，早睡早起，充足睡眠。

（2）平衡膳食，坚持吃早餐；体重保持正常水平。

（3）科学用脑，实行时间管理，提高学习效率；劳逸结合，有张有弛，避免用脑过度。

（4）积极休闲，选择文明高雅的休闲娱乐方式，愉悦身心。

（5）适量运动，积极参加体育锻炼，不吸烟，不喝酒。

（三）寻求心理帮助

当心理有问题不能解决时，可以求助于学校的心理咨询室。学校的心理咨询不等同于医院的心理治疗，学校心理咨询主要是发展性的咨询，即帮助我们解决一般的心理困扰，协助我们更好地认识自我，开发潜能，使我们获得更好的发展。主动寻求心理咨询可以及时调整心态。

大学生活，如同一座充满活力的城市，汇聚了无数的机遇和挑战。在这个多变而激动人心的阶段，保持良好的心理健康显得尤为重要。

大学生活是一个精彩的探索之旅，在这个阶段，我们不仅需要学习专业知识，更需要培养健康的心理状态。通过深入探索自我、精细管理情绪、建立良好的人际关系、构建健康生活方式以及智慧地应对压力，我们能够在大学生活中保持心灵的平衡与坚韧，成为内外兼修的综合人才。愿你的大学时光充满光彩，心理健康护航，航向美好未来。

> **安全知识互动**
>
> 1. 大学生常见的心理困扰有哪些？
> 2. 大学生常见的情绪及行为障碍有哪些？
> 3. 简述大学生该如何确保自己的心理健康。

附录 1

中华人民共和国国家安全法

第一章 总 则

第一条 为了维护国家安全，保卫人民民主专政的政权和中国特色社会主义制度，保护人民的根本利益，保障改革开放和社会主义现代化建设的顺利进行，实现中华民族伟大复兴，根据宪法，制定本法。

第二条 国家安全是指国家政权、主权、统一和领土完整、人民福祉、经济社会可持续发展和国家其他重大利益相对处于没有危险和不受内外威胁的状态，以及保障持续安全状态的能力。

第三条 国家安全工作应当坚持总体国家安全观，以人民安全为宗旨，以政治安全为根本，以经济安全为基础，以军事、文化、社会安全为保障，以促进国际安全为依托，维护各领域国家安全，构建国家安全体系，走中国特色国家安全道路。

第四条 坚持中国共产党对国家安全工作的领导，建立集中统一、高效权威的国家安全领导体制。

第五条 中央国家安全领导机构负责国家安全工作的决策和议事协调，研究制定、指导实施国家安全战略和有关重大方针政策，统筹协调国家安全重大事项和重要工作，推动国家安全法治建设。

第六条 国家制定并不断完善国家安全战略，全面评估国际、国内安全形势，明确国家安全战略的指导方针、中长期目标、重点领域的国家安全政策、工作任务和措施。

第七条 维护国家安全，应当遵守宪法和法律，坚持社会主义法治原则，尊重和保障人权，依法保护公民的权利和自由。

第八条 维护国家安全，应当与经济社会发展相协调。

国家安全工作应当统筹内部安全和外部安全、国土安全和国民安全、传统安全和非传统安全、自身安全和共同安全。

第九条 维护国家安全，应当坚持预防为主、标本兼治，专门工作与群众路线相结合，充分发挥专门机关和其他有关机关维护国家安全的职能作用，广泛动员公民和组织，防范、制止和依法惩治危害国家安全的行为。

第十条 维护国家安全，应当坚持互信、互利、平等、协作，积极同外国政府和国际组织开展安全交流合作，履行国际安全义务，促进共同安全，维护世界和平。

第十一条 中华人民共和国公民、一切国家机关和武装力量、各政党和各人民团体、企业事业组织和其他社会组织，都有维护国家安全的责任和义务。

中国的主权和领土完整不容侵犯和分割。维护国家主权、统一和领土完整是包括港澳同胞和台湾同胞在内的全中国人民的共同义务。

第十二条 国家对在维护国家安全工作中作出突出贡献的个人和组织给予表彰和奖励。

第十三条 国家机关工作人员在国家安全工作和涉及国家安全活动中,滥用职权、玩忽职守、徇私舞弊的,依法追究法律责任。

任何个人和组织违反本法和有关法律,不履行维护国家安全义务或者从事危害国家安全活动的,依法追究法律责任。

第十四条 每年4月15日为全民国家安全教育日。

第二章 维护国家安全的任务

第十五条 国家坚持中国共产党的领导,维护中国特色社会主义制度,发展社会主义民主政治,健全社会主义法治,强化权力运行制约和监督机制,保障人民当家作主的各项权利。

国家防范、制止和依法惩治任何叛国、分裂国家、煽动叛乱、颠覆或者煽动颠覆人民民主专政政权的行为;防范、制止和依法惩治窃取、泄露国家秘密等危害国家安全的行为;防范、制止和依法惩治境外势力的渗透、破坏、颠覆、分裂活动。

第十六条 国家维护和发展最广大人民的根本利益,保卫人民安全,创造良好生存发展条件和安定工作生活环境,保障公民的生命财产安全和其他合法权益。

第十七条 国家加强边防、海防和空防建设,采取一切必要的防卫和管控措施,保卫领陆、内水、领海和领空安全,维护国家领土主权和海洋权益。

第十八条 国家加强武装力量革命化、现代化、正规化建设,建设与保卫国家安全和发展利益需要相适应的武装力量;实施积极防御军事战略方针,防备和抵御侵略,制止武装颠覆和分裂;开展国际军事安全合作,实施联合国维和、国际救援、海上护航和维护国家海外利益的军事行动,维护国家主权、安全、领土完整、发展利益和世界和平。

第十九条 国家维护国家基本经济制度和社会主义市场经济秩序,健全预防和化解经济安全风险的制度机制,保障关系国民经济命脉的重要行业和关键领域、重点产业、重大基础设施和重大建设项目以及其他重大经济利益安全。

第二十条 国家健全金融宏观审慎管理和金融风险防范、处置机制,加强金融基础设施和基础能力建设,防范和化解系统性、区域性金融风险,防范和抵御外部金融风险的冲击。

第二十一条 国家合理利用和保护资源能源,有效管控战略资源能源的开发,加强战略资源能源储备,完善资源能源运输战略通道建设和安全保护措施,加强国际资源能源合作,全面提升应急保障能力,保障经济社会发展所需的资源能源持续、可靠和有效供给。

第二十二条 国家健全粮食安全保障体系,保护和提高粮食综合生产能力,完善粮食储备制度、流通体系和市场调控机制,健全粮食安全预警制度,保障粮食供给和质量安全。

第二十三条 国家坚持社会主义先进文化前进方向,继承和弘扬中华民族优秀传统文化,培育和践行社会主义核心价值观,防范和抵制不良文化的影响,掌握意识形态领域主导权,增强文化整体实力和竞争力。

第二十四条　国家加强自主创新能力建设，加快发展自主可控的战略高新技术和重要领域核心关键技术，加强知识产权的运用、保护和科技保密能力建设，保障重大技术和工程的安全。

第二十五条　国家建设网络与信息安全保障体系，提升网络与信息安全保护能力，加强网络和信息技术的创新研究和开发应用，实现网络和信息核心技术、关键基础设施和重要领域信息系统及数据的安全可控；加强网络管理，防范、制止和依法惩治网络攻击、网络入侵、网络窃密、散布违法有害信息等网络违法犯罪行为，维护国家网络空间主权、安全和发展利益。

第二十六条　国家坚持和完善民族区域自治制度，巩固和发展平等团结互助和谐的社会主义民族关系。坚持各民族一律平等，加强民族交往、交流、交融，防范、制止和依法惩治民族分裂活动，维护国家统一、民族团结和社会和谐，实现各民族共同团结奋斗、共同繁荣发展。

第二十七条　国家依法保护公民宗教信仰自由和正常宗教活动，坚持宗教独立自主自办的原则，防范、制止和依法惩治利用宗教名义进行危害国家安全的违法犯罪活动，反对境外势力干涉境内宗教事务，维护正常宗教活动秩序。

国家依法取缔邪教组织，防范、制止和依法惩治邪教违法犯罪活动。

第二十八条　国家反对一切形式的恐怖主义和极端主义，加强防范和处置恐怖主义的能力建设，依法开展情报、调查、防范、处置以及资金监管等工作，依法取缔恐怖活动组织和严厉惩治暴力恐怖活动。

第二十九条　国家健全有效预防和化解社会矛盾的体制机制，健全公共安全体系，积极预防、减少和化解社会矛盾，妥善处置公共卫生、社会安全等影响国家安全和社会稳定的突发事件，促进社会和谐，维护公共安全和社会安定。

第三十条　国家完善生态环境保护制度体系，加大生态建设和环境保护力度，划定生态保护红线，强化生态风险的预警和防控，妥善处置突发环境事件，保障人民赖以生存发展的大气、水、土壤等自然环境和条件不受威胁和破坏，促进人与自然和谐发展。

第三十一条　国家坚持和平利用核能和核技术，加强国际合作，防止核扩散，完善防扩散机制，加强对核设施、核材料、核活动和核废料处置的安全管理、监管和保护，加强核事故应急体系和应急能力建设，防止、控制和消除核事故对公民生命健康和生态环境的危害，不断增强有效应对和防范核威胁、核攻击的能力。

第三十二条　国家坚持和平探索和利用外层空间、国际海底区域和极地，增强安全进出、科学考察、开发利用的能力，加强国际合作，维护我国在外层空间、国际海底区域和极地的活动、资产和其他利益的安全。

第三十三条　国家依法采取必要措施，保护海外中国公民、组织和机构的安全和正当权益，保护国家的海外利益不受威胁和侵害。

第三十四条　国家根据经济社会发展和国家发展利益的需要，不断完善维护国家安全的任务。

第三章　维护国家安全的职责

第三十五条　全国人民代表大会依照宪法规定，决定战争和和平的问题，行使宪法规定的涉及国家安全的其他职权。

全国人民代表大会常务委员会依照宪法规定，决定战争状态的宣布，决定全国总动员或者局部动员，决定全国或者个别省、自治区、直辖市进入紧急状态，行使宪法规定的和全国人民代表大会授予的涉及国家安全的其他职权。

第三十六条 中华人民共和国主席根据全国人民代表大会的决定和全国人民代表大会常务委员会的决定，宣布进入紧急状态，宣布战争状态，发布动员令，行使宪法规定的涉及国家安全的其他职权。

第三十七条 国务院根据宪法和法律，制定涉及国家安全的行政法规，规定有关行政措施，发布有关决定和命令；实施国家安全法律法规和政策；依照法律规定决定省、自治区、直辖市的范围内部分地区进入紧急状态；行使宪法法律规定的和全国人民代表大会及其常务委员会授予的涉及国家安全的其他职权。

第三十八条 中央军事委员会领导全国武装力量，决定军事战略和武装力量的作战方针，统一指挥维护国家安全的军事行动，制定涉及国家安全的军事法规，发布有关决定和命令。

第三十九条 中央国家机关各部门按照职责分工，贯彻执行国家安全方针政策和法律法规，管理指导本系统、本领域国家安全工作。

第四十条 地方各级人民代表大会和县级以上地方各级人民代表大会常务委员会在本行政区域内，保证国家安全法律法规的遵守和执行。

地方各级人民政府依照法律法规规定管理本行政区域内的国家安全工作。

香港特别行政区、澳门特别行政区应当履行维护国家安全的责任。

第四十一条 人民法院依照法律规定行使审判权，人民检察院依照法律规定行使检察权，惩治危害国家安全的犯罪。

第四十二条 国家安全机关、公安机关依法搜集涉及国家安全的情报信息，在国家安全工作中依法行使侦查、拘留、预审和执行逮捕以及法律规定的其他职权。

有关军事机关在国家安全工作中依法行使相关职权。

第四十三条 国家机关及其工作人员在履行职责时，应当贯彻维护国家安全的原则。

国家机关及其工作人员在国家安全工作和涉及国家安全活动中，应当严格依法履行职责，不得超越职权、滥用职权，不得侵犯个人和组织的合法权益。

第四章 国家安全制度

第一节 一般规定

第四十四条 中央国家安全领导机构实行统分结合、协调高效的国家安全制度与工作机制。

第四十五条 国家建立国家安全重点领域工作协调机制，统筹协调中央有关职能部门推进相关工作。

第四十六条 国家建立国家安全工作督促检查和责任追究机制，确保国家安全战略和重大部署贯彻落实。

第四十七条 各部门、各地区应当采取有效措施，贯彻实施国家安全战略。

第四十八条 国家根据维护国家安全工作需要，建立跨部门会商工作机制，就维护国家安全工作的重大事项进行会商研判，提出意见和建议。

第四十九条 国家建立中央与地方之间、部门之间、军地之间以及地区之间关于国家安全的协同联动机制。

第五十条 国家建立国家安全决策咨询机制，组织专家和有关方面开展对国家安全形势的分析研判，推进国家安全的科学决策。

第二节 情报信息

第五十一条 国家健全统一归口、反应灵敏、准确高效、运转顺畅的情报信息收集、研判和使用制度，建立情报信息工作协调机制，实现情报信息的及时收集、准确研判、有效使用和共享。

第五十二条 国家安全机关、公安机关、有关军事机关根据职责分工，依法搜集涉及国家安全的情报信息。

国家机关各部门在履行职责过程中，对于获取的涉及国家安全的有关信息应当及时上报。

第五十三条 开展情报信息工作，应当充分运用现代科学技术手段，加强对情报信息的鉴别、筛选、综合和研判分析。

第五十四条 情报信息的报送应当及时、准确、客观，不得迟报、漏报、瞒报和谎报。

第三节 风险预防、评估和预警

第五十五条 国家制定完善应对各领域国家安全风险预案。

第五十六条 国家建立国家安全风险评估机制，定期开展各领域国家安全风险调查评估。

有关部门应当定期向中央国家安全领导机构提交国家安全风险评估报告。

第五十七条 国家健全国家安全风险监测预警制度，根据国家安全风险程度，及时发布相应风险预警。

第五十八条 对可能即将发生或者已经发生的危害国家安全的事件，县级以上地方人民政府及其有关主管部门应当立即按照规定向上一级人民政府及其有关主管部门报告，必要时可以越级上报。

第四节 审查监管

第五十九条 国家建立国家安全审查和监管的制度和机制，对影响或者可能影响国家安全的外商投资、特定物项和关键技术、网络信息技术产品和服务、涉及国家安全事项的建设项目，以及其他重大事项和活动，进行国家安全审查，有效预防和化解国家安全风险。

第六十条 中央国家机关各部门依照法律、行政法规行使国家安全审查职责，依法作出国家安全审查决定或者提出安全审查意见并监督执行。

第六十一条 省、自治区、直辖市依法负责本行政区域内有关国家安全审查和监管工作。

第五节 危机管控

第六十二条 国家建立统一领导、协同联动、有序高效的国家安全危机管控制度。

第六十三条 发生危及国家安全的重大事件,中央有关部门和有关地方根据中央国家安全领导机构的统一部署,依法启动应急预案,采取管控处置措施。

第六十四条 发生危及国家安全的特别重大事件,需要进入紧急状态、战争状态或者进行全国总动员、局部动员的,由全国人民代表大会、全国人民代表大会常务委员会或者国务院依照宪法和有关法律规定的权限和程序决定。

第六十五条 国家决定进入紧急状态、战争状态或者实施国防动员后,履行国家安全危机管控职责的有关机关依照法律规定或者全国人民代表大会常务委员会规定,有权采取限制公民和组织权利、增加公民和组织义务的特别措施。

第六十六条 履行国家安全危机管控职责的有关机关依法采取处置国家安全危机的管控措施,应当与国家安全危机可能造成的危害的性质、程度和范围相适应;有多种措施可供选择的,应当选择有利于最大程度保护公民、组织权益的措施。

第六十七条 国家健全国家安全危机的信息报告和发布机制。

国家安全危机事件发生后,履行国家安全危机管控职责的有关机关,应当按照规定准确、及时报告,并依法将有关国家安全危机事件发生、发展、管控处置及善后情况统一向社会发布。

第六十八条 国家安全威胁和危害得到控制或者消除后,应当及时解除管控处置措施,做好善后工作。

第五章 国家安全保障

第六十九条 国家健全国家安全保障体系,增强维护国家安全的能力。

第七十条 国家健全国家安全法律制度体系,推动国家安全法治建设。

第七十一条 国家加大对国家安全各项建设的投入,保障国家安全工作所需经费和装备。

第七十二条 承担国家安全战略物资储备任务的单位,应当按照国家有关规定和标准对国家安全物资进行收储、保管和维护,定期调整更换,保证储备物资的使用效能和安全。

第七十三条 鼓励国家安全领域科技创新,发挥科技在维护国家安全中的作用。

第七十四条 国家采取必要措施,招录、培养和管理国家安全工作专门人才和特殊人才。

根据维护国家安全工作的需要,国家依法保护有关机关专门从事国家安全工作人员的身份和合法权益,加大人身保护和安置保障力度。

第七十五条 国家安全机关、公安机关、有关军事机关开展国家安全专门工作,可以依法采取必要手段和方式,有关部门和地方应当在职责范围内提供支持和配合。

第七十六条 国家加强国家安全新闻宣传和舆论引导,通过多种形式开展国家安全宣传教育活动,将国家安全教育纳入国民教育体系和公务员教育培训体系,增强全民国家安全意识。

第六章 公民、组织的义务和权利

第七十七条 公民和组织应当履行下列维护国家安全的义务:

(一)遵守宪法、法律法规关于国家安全的有关规定;

（二）及时报告危害国家安全活动的线索；
（三）如实提供所知悉的涉及危害国家安全活动的证据；
（四）为国家安全工作提供便利条件或者其他协助；
（五）向国家安全机关、公安机关和有关军事机关提供必要的支持和协助；
（六）保守所知悉的国家秘密；
（七）法律、行政法规规定的其他义务。

任何个人和组织不得有危害国家安全的行为，不得向危害国家安全的个人或者组织提供任何资助或者协助。

第七十八条　机关、人民团体、企业事业组织和其他社会组织应当对本单位的人员进行维护国家安全的教育，动员、组织本单位的人员防范、制止危害国家安全的行为。

第七十九条　企业事业组织根据国家安全工作的要求，应当配合有关部门采取相关安全措施。

第八十条　公民和组织支持、协助国家安全工作的行为受法律保护。

因支持、协助国家安全工作，本人或者其近亲属的人身安全面临危险的，可以向公安机关、国家安全机关请求予以保护。公安机关、国家安全机关应当会同有关部门依法采取保护措施。

第八十一条　公民和组织因支持、协助国家安全工作导致财产损失的，按照国家有关规定给予补偿；造成人身伤害或者死亡的，按照国家有关规定给予抚恤优待。

第八十二条　公民和组织对国家安全工作有向国家机关提出批评建议的权利，对国家机关及其工作人员在国家安全工作中的违法失职行为有提出申诉、控告和检举的权利。

第八十三条　在国家安全工作中，需要采取限制公民权利和自由的特别措施时，应当依法进行，并以维护国家安全的实际需要为限度。

第七章　附　则

第八十四条　本法自公布之日起施行。

附录 2

普通高等学校学生安全教育及管理暂行规定

第一章 总　则

第一条 为了加强高等学校管理，维护正常的教学和生活秩序，保障学生的人身和财物的安全，促进身心健康发展，特制定本暂行规定。

第二条 高等学校学生安全教育及管理的主要任务是：宣传、贯彻国家有关安全管理工作的方针、政策、法律、法规，对学生实施安全教育及管理，妥善处理各类安全事故，引导学生健康成长。

第三条 高等学校 学生安全教育及管理，要以预防为主，本着保护学生、教育先行、明确责任、教管结合、实事求是、妥善处理的原则，做好教育、管理和处理工作。

第四条本暂时规定所称学生指在普通高等学校学习取得学籍的全日制学生。即按国家任务、用人单位委托培养、自费三种计划形式录取的学生。

第二章　安全教育

第五条 高等学校应将对学生进行安全教育作为一项经常性工作，列入学校工作的重要议事日程，加强领导。学校各部门和有关群众团体或组织要互相配合，积极开展安全教，育普及安全知识，增强学生的安全意识和法制观念，提高防范能力。

第六条 学生安全教育应根据不同专业及青年学生的特点，从学生入学到毕业，在各种教学活动和日常生活中，特别是节假日前适时进行，并善于利用发生的安全事故教育学生，防患于未然。

学校应根据环境、季节及有关规律进行防盗、防火、防特、防病、防事故等方面的教育，并使之经常化、制度化。

第七条 高等学校对学生进行安全教育须注重心理疏导，加强思想政治工作，教育学生注意保持健康的心理状态，帮助学生克服因各种原因造成的心理障碍，把事故消除在萌芽状态。

第三章　安全管理

第八条 高等学校要做好学生日常安全管理工作，加强安全防范，建立和健全规章制度，严格管理。学校要把安全教育及管理工作纳入领导任期的责任目标，落实到年级班主任。学校应由一名校领导主要负责。

第十条 高等学校应确定学生安全教育及管理工作的主管部门，明确其职责，具体组织实施安全教育及其管理工作。各有关部门应分工协作，积极配合。

第十条 全体教职工要从关心学生、爱护学生出发，树立安全思想，努力做好本职工作和改善环境与条件，保护学生人身和财产安全。

第十一条　学生发生意外事故以及学生要求保护人身或财物安全等情况下，学校应迅速采取有效措施。

第十二条　学生必须严格遵守国家法律、法规和学校的各项规章制度，注意自身的人身和财物安全，防止各种事故的发生。

第十三条　学生日常教学及各项活动中，应遵守纪律和有关规定，听从指导，服从管理；在公共场所，要遵守社会公德，增强安全防范意识，提高自我保护能力。

第十四条　学生组织集体课外活动，须经学校同意，按学校规定进行。学校须认真进行安全审查，条件不具备时不得批准。

第十五条　学生应严格遵守宿舍管理的规定，自觉维护宿舍的安全与卫生，提高自我管理能力。

第十六条　发现刑事、治安案件或交通、灾害等事故，在场学生应保护现场，及时报告学校或公安部门并协助处理。在学校范围内的，学校应迅速采取措施，控制事态发展，减轻伤害和损失。

第四章　事故处理

第十七条　学生人身和财产发生一般伤害后，学校要及时调查处理，根据当事人或他人的过错，责令其赔偿损失，并给予批评教育或相关的行政、纪律处分。

在校园内，发生学生非正常死亡、重伤或被窃、失火等造成财产重大损失事故后，学校应迅速采取措施进行抢救、保护现场，同时加强思想政治工作，稳定情绪，恢复秩序，并协同地方有关部门妥善处理。

第十八条　学校对事故调查后认为涉及追究刑事责任的，要及时与公安部门联系，协助调查处理。

重大事故学校有关领导应亲自参与调查工作，并认真研究调查报告，及时处理。

第十九条　在安全管理或事故处理过程中，学校认为有必要需搜查学生住处，须报请公安部门依法进行。调查处理案件中要以事实为依据，不得逼供或诱供。

第二十条　重大事故发生后，学校应在一天内向所在省、直辖市、自治区有关主管部门报告，并及时通知学生家长。事故处理结束后一周内书面报告有关主管部门。

第二十一条　学生在教学、实习过程与日常生活中，因学校或有关单位责任发生死亡、重伤或残疾，由学校或有关单位承担责任，做好处理及善后工作。

在教学、实习过程与日常生活中，学生因不遵守纪律或不按要求活动而发生意外事故，学校不承担责任。

第二十二条　因忽视安全生产、管理不善；工作不负责任，违章指挥；玩忽职守，徇私舞弊等对学生造成严重的人身、财物损害的，由其所在单位或上级主管部门，视情况对有关责任人员分别给予责令检查、赔偿损失、行政处分，直至依法追究刑事责任。

第二十三条　学生未经批准擅自离校不归发生意外事故的，学校不承担责任。

对擅自离校不归，学校不知去向的学生，学校应及时寻找并报告当地公安部门，及时通知学生家长。半月不归且未说明原因者，学校可张榜公布，按自动退学除名。

第二十四条　学生假期或办理离校手续后发生意外事故的，学校不承担责任。

第二十五条　在校内正常生活及由学校在校外组织的活动中，由于不能避免的原因或自然灾害而发生的事故，由学校视具体情况处理。

第二十六条 有条件的高等学校可为学生办理人身保险。

第二十七条 凡经学校指定的专业医院确诊为精神病、癫痫病患者的学生，应予退学，由监护人负责领回。学生及其监护人不得无理纠缠，扰乱学校教学、生活秩序。

第二十八条 因事故伤残的学生，经治疗后病情稳定，学校认为生活能自理，能坚持在校学习，可留校继续学习；不能坚持在校学习者，应予退学，由学校按其实际学习年限发给疑业证书，并根据事故性质和伤残程度一次性给予适当经济补助。退学学生回其监护人所在地，当地民政等有关部门应协助做好接收、落户等工作，由当地劳动部门按照国家关于残疾人劳动就业有关规定安置。

第二十九条 学生因病死亡和责任不由学校承担的意外死亡，学校不承担丧葬费。如家庭确有困难者，学校可酌情予以一次性经济补助。

第三十条 因责任不在本人的意外死亡学生，由学校或有关单位参照国家关于事业单位职工死亡丧葬有关规定处理，负担丧葬费的全部，学校可一次性给予适当经济补助。无论何种情况（事故）给予的经济

补助，一般不超过国家规定的学生在校期间（以四年计）的平均奖学金数。

凡是事故责任由学校以外的其他单位、个人承担的，学校不再给予经济补助。

第三十一条 因保护国家财产和他人人身安全，见义勇为而致残或英勇牺牲的学生，学校应报请所在省、自治区、直辖市人民政府授予荣誉称号，并给予相应的待遇。

第三十二条 对事故处理不服或持有异议者，可向学校或学校上一级部门申诉，或者依法向人民法院提起民事诉讼。

第五章 附 则

第三十三条 普通高等学校研究生事故处理，参照本办法执行。

第三十四条 本暂行规定结合《普通高等学校学生管理规定》《高等学校校园秩序管理若干规定》执行。

第三十五条 各省、自治区、直辖市教育行政部门和各高等学校可根据本暂行规定制定实施细则。

第三十六条 本暂行规定由教育部解释。

第三十七条 本暂行规定自发布之日起试行。

附录 3

学生伤害事故处理办法

第一章 总　则

第一条　为积极预防、妥善处理在校学生伤害事故，保护学生、学校的合法权益，根据《中华人民共和国教育法》、《中华人民共和国未成年人保护法》和其他相关法律、行政法规及有关规定，制定本办法。

第二条　在学校实施的教育教学活动或者学校组织的校外活动中，以及在学校负有管理责任的校舍、场地、其他教育教学设施、生活设施内发生的，造成在校学生人身损害后果的事故的处理，适用本办法。

第三条　学生伤害事故应当遵循依法、客观公正、合理适当的原则，及时、妥善地处理。

第四条　学校的举办者应当提供符合安全标准的校舍、场地、其他教育教学设施和生活设施。

教育行政部门应当加强学校安全工作，指导学校落实预防学生伤害事故的措施，指导、协助学校妥善处理学生伤害事故，维护学校正常的教育教学秩序。

第五条　学校应当对在校学生进行必要的安全教育和自护自救教育；应当按照规定，建立健全安全制度，采取相应的管理措施，预防和消除教育教学环境中存在的安全隐患；当发生伤害事故时，应当及时采取措施救助受伤害学生。

学校对学生进行安全教育、管理和保护，应当针对学生年龄、认知能力和法律行为能力的不同，采用相应的内容和预防措施。

第六条　学生应当遵守学校的规章制度和纪律；在不同的受教育阶段，应当根据自身的年龄、认知能力和法律行为能力，避免和消除相应的危险。

第七条　未成年学生的父母或者其他监护人（以下称为监护人）应当依法履行监护职责，配合学校对学生进行安全教育、管理和保护工作。

学校对未成年学生不承担监护职责，但法律有规定的或者学校依法接受委托承担相应监护职责的情形除外。

第二章　事故与责任

第八条　发生学生伤害事故，造成学生人身损害的学校应当按照《中华人民共和国侵权责任法》及相关法律、法规的规定，承担相应的事故责任。

第九条　因下列情形之一造成的学生伤害事故，学校应当依法承担相应的责任：

（一）学校的校舍、场地、其他公共设施，以及学校提供给学生使用的学具、教育教学和生活设施、设备不符合国家规定的标准，或者有明显不安全因素的；

（二）学校的安全保卫、消防、设施设备管理等安全管理制度有明显疏漏，或者管理混乱，存在重大安全隐患，而未及时采取措施的；

（三）学校向学生提供的药品、食品、饮用水等不符合国家或者行业的有关标准、要求的；

（四）学校组织学生参加教育教学活动或者校外活动，未对学生进行相应的安全教育，并未在可预见的范围内采取必要的安全措施的；

（五）学校知道教师或者其他工作人员患有不适宜担任教育教学工作的疾病，但未采取必要措施的；

（六）学校违反有关规定，组织或者安排未成年学生从事不宜未成年人参加的劳动、体育运动或者其他活动的；

（七）学生有特异体质或者特定疾病，不宜参加某种教育教学活动，学校知道或者应当知道，但未予以必要的注意的；

（八）学生在校期间突发疾病或者受到伤害，学校发现，但未根据实际情况及时采取相应措施，导致不良后果加重的；

（九）学校教师或者其他工作人员体罚或者变相体罚学生，或者在履行职责过程中违反工作要求、操作规程、职业道德或者其他有关规定的；

（十）学校教师或者其他工作人员在负有组织、管理未成年学生的职责期间，发现学生行为具有危险性，但未进行必要的管理、告诫或者制止的；

（十一）对未成年学生擅自离校等与学生人身安全直接相关的信息，学校发现或者知道，但未及时告知未成年学生的监护人，导致未成年学生因脱离监护人的保护而发生伤害的；（十二）学校有未依法履行职责的其他情形的。

第十条 学生或者未成年学生监护人由于过错，有下列情形之一，造成学生伤害事故，应当依法承担相应的责任：

（一）学生违反法律法规的规定，违反社会公共行为准则、学校的规章制度或者纪律，实施按其年龄和认知能力应当知道具有危险或者可能危及他人的行为的；

（二）学生行为具有危险性，学校、教师已经告诫、纠正，但学生不听劝阻、拒不改正的；

（三）学生或者其监护人知道学生有特异体质，或者患有特定疾病，但未告知学校的；

（四）未成年学生的身体状况、行为、情绪等有异常情况，监护人知道或者已被学校告知，但未履行相应监护职责的；

（五）学生或者未成年学生监护人有其他过错的。

第十一条 学校安排学生参加活动，因提供场地、设备、交通工具、食品及其他消费与服务的经营者，或者学校以外的活动组织者的过错造成的学生伤害事故，有过错的当事人应当依法承担相应的责任。

第十二条 因下列情形之一造成的学生伤害事故，学校已履行了相应职责，行为并无不当的，无法律责任：

（一）地震、雷击、台风、洪水等不可抗的自然因素造成的；

（二）来自学校外部的突发性、偶发性侵害造成的；

（三）学生有特异体质、特定疾病或者异常心理状态，学校不知道或者难于知道的；

（四）学生自杀、自伤的；

（五）在对抗性或者具有风险性的体育竞赛活动中发生意外伤害的；

（六）其他意外因素造成的。

第十三条 下列情形下发生的造成学生人身损害后果的事故，学校行为并无不当的，不承担事故责任；事故责任应当按有关法律法规或者其他有关规定认定：

（一）在学生自行上学、放学、返校、离校途中发生的；

（二）在学生自行外出或者擅自离校期间发生的；

（三）在放学后、节假日或者假期等学校工作时间以外，学生自行滞留学校或者自行到校发生的；

（四）其他在学校管理职责范围外发生的。

第十四条 因学校教师或者其他工作人员与其职务无关的个人行为，或者因学生、教师及其他个人故意实施的违法犯罪行为，造成学生人身损害的，由致害人依法承担相应的责任。

第三章 事故处理程序

第十五条 发生学生伤害事故，学校应当及时救助受伤害学生，并应当及时告知未成年学生的监护人；有条件的，应当采取紧急救援等方式救助。

第十六条 发生学生伤害事故，情形严重的，学校应当及时向主管教育行政部门及有关部门报告；属于重大伤亡事故的，教育行政部门应当按照有关规定及时向同级人民政府和上一级教育行政部门报告。

第十七条 学校的主管教育行政部门应学校要求或者认为必要，可以指导、协助学校进行事故的处理工作，尽快恢复学校正常的教育教学秩序。

第十八条 发生学生伤害事故，学校与受伤害学生或者学生家长可以通过协商方式解决；双方自愿，可以书面请求主管教育行政部门进行调解。

成年学生或者未成年学生的监护人也可以依法直接提起诉讼。

第十九条 教育行政部门收到调解申请，认为必要的，可以指定专门人员进行调解，并应当在受理申请之日起60日内完成调解。

第二十条 经教育行政部门调解，双方就事故处理达成一致意见的，应当在调解人员的见证下签订调解协议，结束调解；在调解期限内，双方不能达成一致意见，或者调解过程中一方提起诉讼，人民法院已经受理的，应当终止调解。

调解结束或者终止，教育行政部门应当书面通知当事人。

第二十一条 对经调解达成的协议，一方当事人不履行或者反悔的，双方可以依法提起诉讼。

第二十二条 事故处理结束，学校应当将事故处理结果书面报告主管的教育行政部门；重大伤亡事故的处理结果，学校主管的教育行政部门应当向同级人民政府和上一级教育行政部门报告。

第四章 事故损害的赔偿

第二十三条 对发生学生伤害事故负有责任的组织或者个人，应当按照法律法规的有关规定，承担相应的损害赔偿责任。

第二十四条 学生伤害事故赔偿的范围与标准，按照有关行政法规、地方性法规或者最高人民法院司法解释中的有关规定确定。

教育行政部门进行调解时，认为学校有责任的，可以依照有关法律法规及国家有关规定，提出相应的调解方案。

第二十五条 对受伤害学生的伤残程度存在争议的，可以委托当地具有相应鉴定资格的医院或者有关机构，依据国家规定的人体伤残标准进行鉴定。

第二十六条 学校对学生伤害事故负有责任的，根据责任大小，适当予以经济赔偿，但不承担解决户口、住房、就业等与救助受伤害学生、赔偿相应经济损失无直接关系的其他事项。

学校无责任的，如果有条件，可以根据实际情况，本着自愿和可能的原则，对受伤害学生给予适当的帮助。

第二十七条 因学校教师或者其他工作人员在履行职务中的故意或者重大过失造成的学生伤害事故，学校予以赔偿后，可以向有关责任人员追偿。

第二十八条 未成年学生对学生伤害事故负有责任的，由其监护人依法承担相应的赔偿责任。

学生的行为侵害学校教师及其他工作人员以及其他组织、个人的合法权益，造成损失的，成年学生或者未成年学生的监护人应当依法予以赔偿。

第二十九条 根据双方达成的协议、经调解形成的协议或者人民法院的生效判决，应当由学校负担的赔偿金，学校应当负责筹措；学校无力完全筹措的，由学校的主管部门或者举办者协助筹措。

第三十条 县级以上人民政府教育行政部门或者学校举办者有条件的，可以通过设立学生伤害赔偿准备金等多种形式，依法筹措伤害赔偿金。

第三十一条 学校有条件的，应当依据保险法的有关规定，参加学校责任保险。

教育行政部门可以根据实际情况，鼓励中小学参加学校责任保险。

提倡学生自愿参加意外伤害保险。在尊重学生意愿的前提下，学校可以为学生参加意外伤害保险创造便利条件，但不得从中收取任何费用。

第五章 事故责任者的处理

第三十二条 发生学生伤害事故，学校负有责任且情节严重的，教育行政部门应当根据有关规定，对学校的直接负责的主管人员和其他直接责任人员，分别给予相应的行政处分；有关责任人的行为触犯刑律的，应当移送司法机关依法追究刑事责任。

第三十三条 学校管理混乱，存在重大安全隐患的，主管的教育行政部门或者其他有关部门应当责令其限期整顿；对情节严重或者拒不改正的，应当依据法律法规的有关规定，给予相应的行政处罚。

第三十四条 教育行政部门未履行相应职责，对学生伤害事故的发生负有责任的，由有关部门对直接负责的主管人员和其他直接责任人员分别给予相应的行政处分；有关责任人的行为触犯刑律的，应当移送司法机关依法追究刑事责任。

第三十五条 违反学校纪律，对造成学生伤害事故负有责任的学生，学校可以给予相应的处分；触犯刑律的，由司法机关依法追究刑事责任。

第三十六条 受伤害学生的监护人、亲属或者其他有关人员，在事故处理过程中无理取闹，扰乱学校正常教育教学秩序，或者侵犯学校、学校教师或者其他工作人员的合法权益的，学校应当报告公安机关依法处理；造成损失的，可以依法要求赔偿。

第六章　附　则

第三十七条　本办法所称学校，是指国家或者社会力量举办的全日制的中小学（含特殊教育学校）、各类中等职业学校、高等学校。本办法所称学生是指在上述学校中全日制就读的受教育者。

第三十八条　幼儿园发生的幼儿伤害事故，应当根据幼儿为完全无行为能力人的特点，参照本办法处理。

第三十九条　其他教育机构发生的学生伤害事故，参照本办法处理。

在学校注册的其他受教育者在学校管理范围内发生的伤害事故，参照本办法处理。

第四十条　本办法自 2002 年 9 月 1 日起实施，原国家教委、教育部颁布的与学生人身安全事故处理有关的规定，与本办法不符的，以本办法为准。

在本办法实施之前已处理完毕的学生伤害事故不再重新处理。

附录 4

高等学校消防安全管理规定

第一章 总 则

第一条 为了加强和规范高等学校的消防安全管理，预防和减少火灾危害，保障师生员工生命财产和学校财产安全，根据消防法、高等教育法等法律、法规，制定本规定。

第二条 普通高等学校和成人高等学校（以下简称学校）的消防安全管理，适用本规定。

驻校内其他单位的消防安全管理，按照本规定的有关规定执行。

第三条 学校在消防安全工作中，应当遵守消防法律、法规和规章，贯彻预防为主、防消结合的方针，履行消防安全职责，保障消防安全。

第四条 学校应当落实逐级消防安全责任制和岗位消防安全责任制，明确逐级和岗位消防安全职责，确定各级、各岗位消防安全责任人。

第五条 学校应当开展消防安全教育和培训，加强消防演练，提高师生员工的消防安全意识和自救逃生技能。

第六条 学校各单位和师生员工应当依法履行保护消防设施、预防火灾、报告火警和扑救初起火灾等维护消防安全的义务。

第七条 教育行政部门依法履行对高等学校消防安全工作的管理职责，检查、指导和监督高等学校开展消防安全工作，督促高等学校建立健全并落实消防安全责任制和消防安全管理制度。

公安机关依法履行对高等学校消防安全工作的监督管理职责，加强消防监督检查，指导和监督高等学校做好消防安全工作。

第二章 消防安全责任

第八条 学校法定代表人是学校消防安全责任人，全面负责学校消防安全工作，履行下列消防安全职责：

（一）贯彻落实消防法律、法规和规章，批准实施学校消防安全责任制、学校消防安全管理制度；

（二）批准消防安全年度工作计划、年度经费预算，定期召开学校消防安全工作会议；

（三）提供消防安全经费保障和组织保障；

（四）督促开展消防安全检查和重大火灾隐患整改，及时处理涉及消防安全的重大问题；

（五）依法建立志愿消防队等多种形式的消防组织，开展群众性自防自救工作；

（六）与学校二级单位负责人签订消防安全责任书；

（七）组织制定灭火和应急疏散预案；

（八）促进消防科学研究和技术创新；

（九）法律、法规规定的其他消防安全职责。

第九条 分管学校消防安全的校领导是学校消防安全管理人，协助学校法定代表人负责消防安全工作，履行下列消防安全职责：

（一）组织制定学校消防安全管理制度，组织、实施和协调校内各单位的消防安全工作；

（二）组织制定消防安全年度工作计划；

（三）审核消防安全工作年度经费预算；

（四）组织实施消防安全检查和火灾隐患整改；

（五）督促落实消防设施、器材的维护、维修及检测，确保其完好有效，确保疏散通道、安全出口、消防车通道畅通；

（六）组织管理志愿消防队等消防组织；

（七）组织开展师生员工消防知识、技能的宣传教育和培训，组织灭火和应急疏散预案的实施和演练；

（八）协助学校消防安全责任人做好其他消防安全工作。

其他校领导在分管工作范围内对消防工作负有领导、监督、检查、教育和管理职责。

第十条 学校必须设立或者明确负责日常消防安全工作的机构（以下简称学校消防机构），配备专职消防管理人员，履行下列消防安全职责：

（一）拟订学校消防安全年度工作计划、年度经费预算，拟订学校消防安全责任制、灭火和应急疏散预案等消防安全管理制度，并报学校消防安全责任人批准后实施；

（二）监督检查校内各单位消防安全责任制的落实情况；

（三）监督检查消防设施、设备、器材的使用与管理，以及消防基础设施的运转，定期组织检验、检测和维修；

（四）确定学校消防安全重点单位（部位）并监督指导其做好消防安全工作；

（五）监督检查有关单位做好易燃易爆等危险品的储存、使用和管理工作，审批校内各单位动用明火作业；

（六）开展消防安全教育培训，组织消防演练，普及消防知识，提高师生员工的消防安全意识、扑救初起火灾和自救逃生技能；

（七）定期对志愿消防队等消防组织进行消防知识和灭火技能培训；

（八）推进消防安全技术防范工作，做好技术防范人员上岗培训工作；

（九）受理驻校内其他单位在校内和学校、校内各单位新建、扩建、改建及装饰装修工程和公众聚集场所投入使用、营业前消防行政许可或者备案手续的校内备案审查工作，督促其向公安机关消防机构进行申报，协助公安机关消防机构进行建设工程消防设计审核、消防验收或者备案以及公众聚集场所投入使用、营业前消防安全检查工作；

（十）建立健全学校消防工作档案及消防安全隐患台账；

（十一）按照工作要求上报有关信息数据；

（十二）协助公安机关消防机构调查处理火灾事故，协助有关部门做好火灾事故处理及善后工作。

第十一条 学校二级单位和其他驻校单位应当履行下列消防安全职责：

（一）落实学校的消防安全管理规定，结合本单位实际制定并落实本单位的消防安全制度和消防安全操作规程；

（二）建立本单位的消防安全责任考核、奖惩制度；

（三）开展经常性的消防安全教育、培训及演练；

（四）定期进行防火检查，做好检查记录，及时消除火灾隐患；

（五）按规定配置消防设施、器材并确保其完好有效；

（六）按规定设置安全疏散指示标志和应急照明设施，并保证疏散通道、安全出口畅通；

（七）消防控制室配备消防值班人员，制定值班岗位职责，做好监督检查工作；

（八）新建、扩建、改建及装饰装修工程报学校消防机构备案；

（九）按照规定的程序与措施处置火灾事故；

（十）学校规定的其他消防安全职责。

第十二条 校内各单位主要负责人是本单位消防安全责任人，驻校内其他单位主要负责人是该单位消防安全责任人，负责本单位的消防安全工作。

第十三条 除本规定第十一条外，学生宿舍管理部门还应当履行下列安全管理职责：

（一）建立由学生参加的志愿消防组织，定期进行消防演练；

（二）加强学生宿舍用火、用电安全教育与检查；

（三）加强夜间防火巡查，发现火灾立即组织扑救和疏散学生。

第三章 消防安全管理

第十四条 学校应当将下列单位（部位）列为学校消防安全重点单位（部位）：

（一）学生宿舍、食堂（餐厅）、教学楼、校医院、体育场（馆）、会堂（会议中心）、超市（市场）、宾馆（招待所）、托儿所、幼儿园以及其他文体活动、公共娱乐等人员密集场所；

（二）学校网络、广播电台、电视台等传媒部门和驻校内邮政、通信、金融等单位；

（三）车库、油库、加油站等部位；

（四）图书馆、展览馆、档案馆、博物馆、文物古建筑；

（五）供水、供电、供气、供热等系统；

（六）易燃易爆等危险化学物品的生产、充装、储存、供应、使用部门；

（七）实验室、计算机房、电化教学中心和承担国家重点科研项目或配备有先进精密仪器设备的部位，监控中心、消防控制中心；

（八）学校保密要害部门及部位；

（九）高层建筑及地下室、半地下室；

（十）建设工程的施工现场以及有人员居住的临时性建筑；

（十一）其他发生火灾可能性较大以及一旦发生火灾可能造成重大人身伤亡或者财产损失的单位（部位）。

重点单位和重点部位的主管部门，应当按照有关法律法规和本规定履行消防安全管理职责，设置防火标志，实行严格消防安全管理。

第十五条 在学校内举办文艺、体育、集会、招生和就业咨询等大型活动和展览，主办单位应当确定专人负责消防安全工作，明确并落实消防安全职责和措施，保证消防设施和消防器材配置齐全、完好有效，保证疏散通道、安全出口、疏散指示标志、应急照明和消防车通道符合消防技术标准和管理规定，制定灭火和应急疏散预案并组织演练，并经学校消防机构对活动现场检查合格后方可举办。

依法应当报请当地人民政府有关部门审批的，经有关部门审核同意后方可举办。

第十六条 学校应当按照国家有关规定，配置消防设施和器材，设置消防安全疏散指示标志和应急照明设施，每年组织检测维修，确保消防设施和器材完好有效。

学校应当保障疏散通道、安全出口、消防车通道畅通。

第十七条 学校进行新建、改建、扩建、装修、装饰等活动，必须严格执行消防法规和国家工程建设消防技术标准，并依法办理建设工程消防设计审核、消防验收或者备案手续。学校各项工程及驻校内各单位在校内的各项工程消防设施的招标和验收，应当有学校消防机构参加。

施工单位负责施工现场的消防安全，并接受学校消防机构的监督、检查。竣工后，建筑工程的有关图纸、资料、文件等应当报学校档案机构和消防机构备案。

第十八条 地下室、半地下室和用于生产、经营、储存易燃易爆、有毒有害等危险物品场所的建筑不得用作学生宿舍。

生产、经营、储存其他物品的场所与学生宿舍等居住场所设置在同一建筑物内的，应当符合国家工程建设消防技术标准。

学生宿舍、教室和礼堂等人员密集场所，禁止违规使用大功率电器，在门窗、阳台等部位不得设置影响逃生和灭火救援的障碍物。

第十九条 利用地下空间开设公共活动场所，应当符合国家有关规定，并报学校消防机构备案。

第二十条 学校消防控制室应当配备专职值班人员，持证上岗。

消防控制室不得挪作他用。

第二十一条 学校购买、储存、使用和销毁易燃易爆等危险品，应当按照国家有关规定严格管理、规范操作，并制定应急处置预案和防范措施。

学校对管理和操作易燃易爆等危险品的人员，上岗前必须进行培训，持证上岗。

第二十二条 学校应当对动用明火实行严格的消防安全管理。禁止在具有火灾、爆炸危险的场所吸烟、使用明火；因特殊原因确需进行电、气焊等明火作业的，动火单位和人员应当向学校消防机构申办审批手续，落实现场监管人，采取相应的消防安全措施。作业人员应当遵守消防安全规定。

第二十三条 学校内出租房屋的，当事人应当签订房屋租赁合同，明确消防安全责任。出租方负责对出租房屋的消防安全管理。学校授权的管理单位应当加强监督检查。

外来务工人员的消防安全管理由校内用人单位负责。

第二十四条 发生火灾时，学校应当及时报警并立即启动应急预案，迅速扑救初起火灾，及时疏散人员。

学校应当在火灾事故发生后两个小时内向所在地教育行政主管部门报告。较大以上火灾同时报教育部。

火灾扑灭后，事故单位应当保护现场并接受事故调查，协助公安机关消防机构调查火灾原因、统计火灾损失。未经公安机关消防机构同意，任何人不得擅自清理火灾现场。

第二十五条 学校及其重点单位应当建立健全消防档案。

消防档案应当全面反映消防安全和消防安全管理情况，并根据情况变化及时更新。

第四章 消防安全检查和整改

第二十六条 学校每季度至少进行一次消防安全检查。检查的主要内容包括：
（一）消防安全宣传教育及培训情况；
（二）消防安全制度及责任制落实情况；
（三）消防安全工作档案建立健全情况；
（四）单位防火检查及每日防火巡查落实及记录情况；
（五）火灾隐患和隐患整改及防范措施落实情况；
（六）消防设施、器材配置及完好有效情况；
（七）灭火和应急疏散预案的制定和组织消防演练情况；
（八）其他需要检查的内容。

第二十七条 学校消防安全检查应当填写检查记录，检查人员、被检查单位负责人或者相关人员应当在检查记录上签名，发现火灾隐患应当及时填发《火灾隐患整改通知书》。

第二十八条 校内各单位每月至少进行一次防火检查。检查的主要内容包括：
（一）火灾隐患和隐患整改情况以及防范措施的落实情况；
（二）疏散通道、疏散指示标志、应急照明和安全出口情况；
（三）消防车通道、消防水源情况；
（四）消防设施、器材配置及有效情况；
（五）消防安全标志设置及其完好、有效情况；
（六）用火、用电有无违章情况；
（七）重点工种人员以及其他员工消防知识掌握情况；
（八）消防安全重点单位（部位）管理情况；
（九）易燃易爆危险物品和场所防火防爆措施落实情况以及其他重要物资防火安全情况；
（十）消防（控制室）值班情况和设施、设备运行、记录情况；
（十一）防火巡查落实及记录情况；
（十二）其他需要检查的内容。

防火检查应当填写检查记录。检查人员和被检查部门负责人应当在检查记录上签名。

第二十九条 校内消防安全重点单位（部位）应当进行每日防火巡查，并确定巡查的人员、内容、部位和频次。其他单位可以根据需要组织防火巡查。巡查的内容主要包括：
（一）用火、用电有无违章情况；
（二）安全出口、疏散通道是否畅通，安全疏散指示标志、应急照明是否完好；
（三）消防设施、器材和消防安全标志是否在位、完整；
（四）常闭式防火门是否处于关闭状态，防火卷帘下是否堆放物品影响使用；
（五）消防安全重点部位的人员在岗情况；
（六）其他消防安全情况。

校医院、学生宿舍、公共教室、实验室、文物古建筑等应当加强夜间防火巡查。

防火巡查人员应当及时纠正消防违章行为，妥善处置火灾隐患，无法当场处置的，应当立即报告。发现初起火灾应当立即报警、通知人员疏散、及时扑救。

防火巡查应当填写巡查记录，巡查人员及其主管人员应当在巡查记录上签名。

第三十条 对下列违反消防安全规定的行为，检查、巡查人员应当责成有关人员改正并督促落实：

（一）消防设施、器材或者消防安全标志的配置、设置不符合国家标准、行业标准，或者未保持完好有效的；

（二）损坏、挪用或者擅自拆除、停用消防设施、器材的；

（三）占用、堵塞、封闭消防通道、安全出口的；

（四）埋压、圈占、遮挡消火栓或者占用防火间距的；

（五）占用、堵塞、封闭消防车通道，妨碍消防车通行的；

（六）人员密集场所在门窗上设置影响逃生和灭火救援的障碍物的；

（七）常闭式防火门处于开启状态，防火卷帘下堆放物品影响使用的；

（八）违章进入易燃易爆危险物品生产、储存等场所的；

（九）违章使用明火作业或者在具有火灾、爆炸危险的场所吸烟、使用明火等违反禁令的；

（十）消防设施管理、值班人员和防火巡查人员脱岗的；

（十一）对火灾隐患经公安机关消防机构通知后不及时采取措施消除的；

（十二）其他违反消防安全管理规定的行为。

第三十一条 学校对教育行政主管部门和公安机关消防机构、公安派出所指出的各类火灾隐患，应当及时予以核查、消除。

对公安机关消防机构、公安派出所责令限期改正的火灾隐患，学校应当在规定的期限内整改。

第三十二条 对不能及时消除的火灾隐患，隐患单位应当及时向学校及相关单位的消防安全责任人或者消防安全工作主管领导报告，提出整改方案，确定整改措施、期限以及负责整改的部门、人员，并落实整改资金。

火灾隐患尚未消除的，隐患单位应当落实防范措施，保障消防安全。对于随时可能引发火灾或者一旦发生火灾将严重危及人身安全的，应当将危险部位停止使用或停业整改。

第三十三条 对于涉及城市规划布局等学校无力解决的重大火灾隐患，学校应当及时向其上级主管部门或者当地人民政府报告。

第三十四条 火灾隐患整改完毕，整改单位应当将整改情况记录报送相应的消防安全工作责任人或者消防安全工作主管领导签字确认后存档备查。

第五章　消防安全教育和培训

第三十五条 学校应当将师生员工的消防安全教育和培训纳入学校消防安全年度工作计划。

消防安全教育和培训的主要内容包括：

（一）国家消防工作方针、政策，消防法律、法规；

（二）本单位、本岗位的火灾危险性，火灾预防知识和措施；

（三）有关消防设施的性能、灭火器材的使用方法；

（四）报火警、扑救初起火灾和自救互救技能；

（五）组织、引导在场人员疏散的方法。

第三十六条 学校应当采取下列措施对学生进行消防安全教育，使其了解防火、灭火知识，掌握报警、扑救初起火灾和自救、逃生方法。

（一）开展学生自救、逃生等防火安全常识的模拟演练，每学年至少组织一次学生消防演练；

（二）根据消防安全教育的需要，将消防安全知识纳入教学和培训内容；

（三）对每届新生进行不低于4学时的消防安全教育和培训；

（四）对进入实验室的学生进行必要的安全技能和操作规程培训；

（五）每学年至少举办一次消防安全专题讲座，并在校园网络、广播、校内报刊开设消防安全教育栏目。

第三十七条 学校二级单位应当组织新上岗和进入新岗位的员工进行上岗前的消防安全培训。

消防安全重点单位（部位）对员工每年至少进行一次消防安全培训。

第三十八条 下列人员应当依法接受消防安全培训：

（一）学校及各二级单位的消防安全责任人、消防安全管理人；

（二）专职消防管理人员、学生宿舍管理人员；

（三）消防控制室的值班、操作人员；

（四）其他依照规定应当接受消防安全培训的人员。

前款规定中的第（三）项人员必须持证上岗。

第六章　灭火、应急疏散预案和演练

第三十九条 学校、二级单位、消防安全重点单位（部位）应当制定相应的灭火和应急疏散预案，建立应急反应和处置机制，为火灾扑救和应急救援工作提供人员、装备等保障。

灭火和应急疏散预案应当包括以下内容：

（一）组织机构：指挥协调组、灭火行动组、通信联络组、疏散引导组、安全防护救护组；

（二）报警和接警处置程序；

（三）应急疏散的组织程序和措施；

（四）扑救初起火灾的程序和措施；

（五）通信联络、安全防护救护的程序和措施。

（六）其他需要明确的内容。

第四十条 学校实验室应当有针对性地制定突发事件应急处置预案，并将应急处置预案涉及的生物、化学及易燃易爆物品的种类、性质、数量、危险性和应对措施及处置药品的名称、产地和储备等内容报学校消防机构备案。

第四十一条 校内消防安全重点单位应当按照灭火和应急疏散预案每半年至少组织一次消防演练，并结合实际，不断完善预案。

消防演练应当设置明显标识并事先告知演练范围内的人员，避免意外事故发生。

第七章　消防经费

第四十二条 学校应当将消防经费纳入学校年度经费预算，保证消防经费投入，保障消防工作的需要。

第四十三条 学校日常消防经费用于校内灭火器材的配置、维修、更新，灭火和应急疏散预案的备用设施、材料，以及消防宣传教育、培训等，保证学校消防工作正常开展。

第四十四条 学校安排专项经费，用于解决火灾隐患，维修、检测、改造消防专用给水管网、消防专用供水系统、灭火系统、自动报警系统、防排烟系统、消防通信系统、消防监控系统等消防设施。

第四十五条 消防经费使用坚持专款专用、统筹兼顾、保证重点、勤俭节约的原则。任何单位和个人不得挤占、挪用消防经费。

第八章 奖 惩

第四十六条 学校应当将消防安全工作纳入校内评估考核内容，对在消防安全工作中成绩突出的单位和个人给予表彰奖励。

第四十七条 对未依法履行消防安全职责、违反消防安全管理制度，或者擅自挪用、损坏、破坏消防器材、设施等违反消防安全管理规定的，学校应当责令其限期整改，给予通报批评；对直接负责的主管人员和其他直接责任人员根据情节轻重给予警告等相应的处分。

前款涉及民事损失、损害的，有关责任单位和责任人应当依法承担民事责任。

第四十八条 学校违反消防安全管理规定或者发生重特大火灾的，除依据消防法的规定进行处罚外，教育行政部门应当取消其当年评优资格，并按照国家有关规定对有关主管人员和责任人员依法予以处分。

第九章 附 则

第四十九条 学校应当依据本规定，结合本校实际，制定本校消防安全管理办法。高等学校以外的其他高等教育机构的消防安全管理，参照本规定执行。

第五十条 本规定所称学校二级单位，包括学院、系、处、所、中心等。

第五十一条 本规定自2010年1月1日起施行。

参 考 文 献

[1] 丁志卫,武红阵. 大学生安全教育:安全知识保护你我他[M]. 苏州:苏州大学出版社,2021.
[2] 李英霞,李玉侠. 新时代大学生安全教育教程[M]. 北京:中国人民大学出版社,2021.
[3] 覃攀. 大学生安全教育[M]. 西安:西安电子科技大学出版社,2021.
[4] 蒋丽芬,张威. 大学生安全教育(第二版)[M]. 北京:高等教育出版社,2021.
[5] 郑大远,韩江卫. 大学生安全教育[M]. 北京:人民邮电出版社,2022.
[6] 韩娟. 大学生安全教育[M]. 西安:西安电子科技大学出版社,2021.
[7] 郭振勇,陈爱文,沈昌海. 大学生安全教育与自我防范[M]. 成都:西南交通大学出版社,2021.
[8] 黄勇林. 大学生安全教育[M]. 天津:天津大学出版社,2021.
[9] 汪家兵. 大学生安全教育教程[M]. 北京:科学出版社,2021.
[10] 张宪民,蒋利明,欧阳雅文. 大学生安全与法制教育[M]. 北京:中国林业出版社,2019.
[11] 王焕斌. 大学生安全教育[M]. 上海:上海交通大学出版社,2018.
[12] 李宗茂. 大学生安全与法纪教育读本[M]. 北京:中国人民大学出版社,2019.
[13] 李先德,刘凤健. 大学生国家安全教育[M]. 太原:山西人民出版社,2021.
[14] 《总体国家安全观干部读本》编委会. 总体国家安全观干部读本[M]. 北京:人民出版社,2016.
[15] 唐娣芬,王争辉,李晓林. 大学生安全教育——平安进校园[M]. 北京:国防科技大学出版社,2017.
[16] 刘跃进. 国家安全学[M]. 北京:中国政法大学出版社,2004.
[17] 吴少怡. 大学生心理健康教育[M]. 济南:山东大学出版社,2012.
[18] 胡凯. 大学生心理健康理论与方法[M]. 北京:人民出版社,2010.